Anton de Waal

Katakomben-Bilder

Sechs Erzählungen aus den ersten Jahrhunderten der römischen Kirche

Anton de Waal

Katakomben-Bilder
Sechs Erzählungen aus den ersten Jahrhunderten der römischen Kirche

ISBN/EAN: 9783743412163

Hergestellt in Europa, USA, Kanada, Australien, Japan

Cover: Foto ©Lupo / pixelio.de

Weitere Bücher finden Sie auf **www.hansebooks.com**

Sechs Erzählungen

aus den

ersten Jahrhunderten der römischen Kirche

von

Anton de Waal.

I. Bändchen:

1. Kranz und Krone. — 2. Domitian. —
3. Welt und Weisheit.

Mit zahlreichen Textbildern.

Der Reinertrag ist zum Besten des Priester-Collegiums von Campo santo
zu Rom.

Zweite, verbesserte Auflage.

————— •♦• —————

Regensburg, New York & Cincinnati.
Druck und Verlag von Friedrich Pustet.
1895.

Vorwort zur ersten Auflage.

Die freundliche Aufnahme, welche die „Valeria" gefunden, ermuthigte mich, verwandten Stoffen nachzugehen, und so biete ich hiermit dem Leser sechs kleine Erzählungen, die, aus den ersten vier Jahrhunderten genommen, mit einander ein Bild der römischen Kirche, ihrer Entwicklung, ihrer Kämpfe und ihrer Leiden von der ersten Aussaat des Evangeliums in Rom bis zu ihrem glorreichen Siege unseren Blicken vorführen.

Allen Erzählungen liegt nicht nur ein geschichtlicher Kern zu Grunde, sondern meistens sind sämmtliche Hauptpersonen historisch, und ich habe sie genau nach dem Leben zu malen gesucht, ebenso wie die Zeitereignisse, auf deren Hintergrund sich die Bilder abheben.

Als Anhang sind jeder Erzählung Anmerkungen hinzugefügt, welche über Glauben und Sitten der ersten Christen, über bürgerliche und staatliche Einrichtungen und Verhältnisse bei den alten Römern, über heilige und profane Monumente des Alterthums aufklären.

Die Illustrationen sind zum Theil neu angefertigt, zum Theil aus anderen Werken entlehnt, wozu die betreffenden Verlagshandlungen freundlichst die Genehmigung ertheilt haben.

Während eine lüsterne Belletristik den Markt überschwemmt, haben wir immer noch Mangel an einer Unterhaltungslektüre, die man der Jugend ohne Bedenken in die Hand geben darf, an welcher gleichfalls der Gebildete Genuß findet. Hat nun schon überhaupt ein geschichtlicher Stoff an sich einen besondern Reiz, so gilt dies in noch höherm Maße, wenn mit dem Interesse für die Vergangenheit sich das religiöse verbindet, wenn der Erzähler dem christlichen Leser Zeiten, Geschlechter, Personen vorführt, in denen wir die Glanzperiode der Kirche, die Ideale christlichen Lebens und Strebens zu verehren gewohnt sind. Ein mehr denn zwanzigjähriger Aufenthalt in Rom unter steter Beschäftigung mit den Monumenten des Alterthums mag mich befähigt haben, den Personen, Orten und Ereignissen das richtige Colorit zu geben; aber etwas Anderes ist die Farbe, und etwas Anderes die Composition. Allein wie auch ein minderwerthiges Bühnenstück Beifall findet, wenn die Hauptrollen das Publikum zu fesseln vermögen, so vertraue ich auch, daß zumal die heiligen Heldengestalten, die vor den Augen des Lesers aufwachsen, in ihrer leuchtenden Erscheinung Mängel und Fehler der Zeichnung verdecken werden. — Vor dem Mißgriff, den man oft mit Recht solchen Erzählungen zum Vorwurf macht, daß sie alles Licht auf die eine, allen Schatten auf die andere Seite aufgetragen, glaube ich mich gehütet zu haben; wie viel schwärzer wäre ein Domitian erschienen, wenn ich ihn so hätte schildern wollen, wie die Historiker dieses Scheusal darstellen.

Und so geht denn hinaus, ihr sechs Kinder, und traget eure Grüße in die Heimath; kehret ein in Hütten und Paläste und wendet euch an Groß und Klein; erzählet ihnen von Rom und von den Katakomben, von den Schülern der Apostel, von den Martyrern und heiligen Jungfrauen, von der langen Leidensbahn der ersten Kirche bis zu der Höhe des glorreichen Triumphes, — und wenn ihr hier im Glauben stärket, dort ein Herz ermuthigt und begeistert, Diesen tröstet, Jenen warnt, Alle unterhaltet, belehret, erbauet, dann sei Gott gepriesen; etwas Anderes hab' ich nicht gewollt, als ich euch hinaussandte.

Rom, im August 1890.

Der Verfasser.

Vorwort zur zweiten Auflage.

Die vorliegenden Bilder hat der Verfasser, bevor er sie zur zweiten Auflage von Rom in die Heimath schickt, sorgfältig gereinigt, hat hie und da die Zeichnung korrekter und schärfer ausgeführt, frischere Farben aufgetragen, wo es dienlich schien.

Das christliche Alterthum, jene Glanzperiode der Kirche, ist die große Schule, die uns in den Söhnen und Enkeln der Apostelschüler, in den glorreichen Martyrern und Bekennern die Vorbilder vor Augen stellt zu einem Leben nach, zu einem Streiten und Sterben für die Wahrheit.

Es sind nicht erdichtete, sondern geschichtliche und bekannte Ereignisse wie Personen, welche wir zu malen versuchten; der klassische Boden aber des alten Rom, in der Blüthezeit der Wissenschaften und der Künste, das ist die Bühne, auf welcher sie vor uns hintreten. So lernen wir in gleicher Weise christliches und klassisches Alterthum kennen, und wenn es vor Allem die leuchtenden Gestalten der Streiter und Streiterinen Christi sind, welche uns anziehen, so erscheinen nicht minder auch im Heidenthume edle Männer und Frauen, zu denen wir mit Bewunderung emporblicken.

Darum widme ich diese Bilder mit Vorliebe der studirenden Jugend, ihr, die nach Idealen verlangt, denen sie nachstrebe, ihr, der in Romanen und Schauspielen nur zu gern Helden vorgeführt werden, welche ihr andere

Wege zeigen, als die der Tugend und der Pflicht, blumen=
reiche Wege, aber die sich in Abgründe verirren.

Zugleich mit den „Katakomben=Bildern" er=
scheint die „Valeria" jetzt in dritter Auflage; bis Ende
des Jahres hoffe ich diesen Erzählungen eine weitere hin=
zuzufügen, welche gleichfalls, mit einem welthistorischen
Ereignisse im Hintergrunde, in Rom und in jener alt=
christlichen Zeit spielt. Jenes glorreiche Zeitalter der
Kirche ist ja eine unerschöpfliche Goldgrube, wo der Berg=
mann seine Hacke überall ansetzen darf, um überall auf
edelstes Metall zu stoßen.

Rom, am Feste Petri Stuhlfeier 1895.

.

Der Verfasser.

Kranz und Krone.

Eine Erzählung

aus den Tagen der Apostel.

Die priscillianische Villa.

Es war im Sommer des Jahres 64 nach Christi Geburt. Auf die fünf ersten Jahre einer verhältnißmäßig segensreichen Regierung hatte Nero eine Herrschaft folgen lassen, die von Tag zu Tag grausamer und unerträglicher wurde. Die besten und edelsten Männer waren aus dem Wege geräumt worden; an ihrer Statt umgab sich Nero mit einem Schwarm der verworfensten Menschen, meist Freigelassenen, die seinen Leidenschaften schmeichelten und ihn zu immer ärgeren Verirrungen und Verbrechen trieben. Unter Andern stand der Schauspieler Alityrus, ein Jude, bei ihm in höchster Gunst;[1] als Nero nach Grie-

chenland ging, ließ er den Freigelassenen Helius als seinen
Stellvertreter mit so unbeschränkter Vollmacht zurück, daß
derselbe Confiscation der Güter, Verbannung und Todes=
urtheile selbst gegen Ritter und Senatoren vollstrecken
konnte, ohne auch nur dem Kaiser vorher Anzeige davon
zu machen. Vatinius, ein Mensch von niedrigster Herkunft,
in einer Schusterbude zu Benevent aufgewachsen, mißge=
staltet, von possenhafter Komik, wußte sich beim Herrscher
durch niedrigste Kriecherei beliebt zu machen; durch An=
schuldigungen und Verleumdungen aller Rechtschaffenen
erlangte er nach dem Berichte des Tacitus eine so große
Macht, daß sein Einfluß seinem Reichthum gleichkam,
während seine Ruchlosigkeit die der Schlechtesten des Hofes
übertraf. Allmächtig aber beim Kaiser war Tigellinus,
der Genosse seiner Laster und Ausschweifungen, der wäh=
rend der ganzen Regierungszeit seinen unbeschränkten Ein=
fluß zu behaupten wußte, bis er, als Nero's Sturz drohte,
den Kaiser verrieth und zu dessen Feinden übertrat. —

Wenn die Sprossen der alten Adelsgeschlechter mit
tiefstem Unwillen dieses Treiben im Palaste betrachteten,
so erfüllte dasselbe noch viel mehr einen Mann mit Ab=
scheu, der nicht bloß mit dem Auge des Aristokraten, son=
dern auch mit dem ganzen Ernste christlicher Lebensan=
schauung Zeuge solcher Verkommenheit des Hofes sein
mußte. Der Senator Pudens und seine edle Gattin
Sabinilla gehörten zu den Ersten aus vornehmem
Geschlechte, welche in Rom das Christenthum angenom=
men hatten. Durch ihren Verwandten, den von Petrus
zu Cäsarea getauften Hauptmann Cornelius, war der
Apostel in ihr Haus eingeführt worden, als er das erste
Mal, nach seiner Rettung aus der Gefangenschaft des
Herodes, nach Rom gekommen;[2] bald fand die Lehre Jesu

Eingang in ihre Herzen, und beide Gatten ließen sich nebst ihren Kindern Novatus und Timotheus, Pudentiana und Praxedis vom Apostel die Taufe spenden; ihnen schloß sich Priscilla, des Senators hochbetagte Mutter, an.

Außer einem mit fürstlicher Pracht ausgestatteten Palaste am esquilinischen Hügel, in der Patrizierstraße,[3]) besaß der Senator große Güter in der Umgebung Rom's, wie in verschiedenen Gebieten Italien's. Zumal seit der zunehmenden Mißregierung des Kaisers hatte er regelmäßig den Sommer auf seinen Besitzungen in Campanien oder an den Seen in Oberitalien zugebracht, wo er zunächst unter seiner ländlichen Sklavenfamilie für die Verbreitung des Christenthums thätig gewesen. Wenn er in dem Jahre, mit welchem unsere Erzählung beginnt, zum Sommeraufenthalt seine Villa an der salarischen Straße in der Nähe Rom's gewählt hatte, so lag der Grund in der Anwesenheit beider Apostelfürsten, die vor Kurzem wiederum nach langen Reisen zu ihrer Heerde in die ewige Stadt zurückgekehrt waren.[4])

Pudens hatte diese Villa von seiner Mutter Priscilla geerbt; dort hatte er auch eine eigene Familiengruft gebaut mit einer Kapelle oder Memoria über der unterirdischen Grabkammer, wo als die Erste seine Mutter beigesetzt worden war. In Erinnerung an sie hatte er dem Landhause ihren Namen gegeben, und diesen erbte bis auf den jetzigen Tag auch die Katakombe, welche sich in der Folge um die Familiengruft des Pudens zu einem der merkwürdigsten Coemeterien der Roma subterranea, des unterirdischen Rom's, entwickeln sollte.[5])

Einen größeren Saal hatte der Senator zu einem Oratorium herrichten lassen, wo er, als guter christlicher Hausvater, am Morgen und Abende seine Familie, seine

Gäste, sowie die allmählich ganz für den Glauben ge-
wonnene Dienerschaft zu gemeinsamem Gebete versammelte. Dort pflegten auch von Zeit zu Zeit die Apostel
„das Brod zu brechen“, und das war dann stets ein
Festtag für Pudens, wenn er die römische Kirche unter
seinem Dache um den Altar vereint sehen und nachher
die ganze Gemeinde im christlichen Liebesmahle an seiner
Tafel speisen durfte. Er und seine fromme Gattin Sabinilla ließen es sich dann nicht nehmen, selber den Gästen
zu dienen; mit besonderer Liebe wandten sie dabei ihre
Sorgfalt den Armen und Sklaven zu, die in Jesus
Christus ihre Brüder geworden.

Einen solchen Festtag feierte auch heute, es war der
17. Juli, der Senator. Schon beim ersten Grauen des
Morgens waren die Gläubigen auf der salarischen und zum
Theil auf Umwegen über die nomentanische Straße nach
der Villa geeilt. Die große Sommerhitze, wie die Besorgniß, Aufsehen zu erregen, erheischten diese doppelte Vorsicht. Denn genossen auch noch die Christen, weil sie in
den Augen der Heiden damals nur als eine Sekte der
Juden angesehen wurden, das Privilegium freier Reli-
gionsübung, welches frühere Kaiser diesen gewährt hatten,
so theilten sie ebenso den allgemeinen Haß und Abscheu,
mit welchem die Römer, die Vornehmen wie die Massen,
Alles, was jüdisch hieß, verfolgten. Wiederholt aber waren
von Seite der Synagoge Anstrengungen gemacht worden,
die Christen von dem Genusse jenes Privilegiums auszu-
schließen, und so mußte man Alles vermeiden, was die
Aufmerksamkeit auf sich ziehen und den Haß des römischen
Volkes herausfordern konnte.

Es war eine unbeschreiblich ehrwürdige Versammlung,
die zum Gottesdienst zusammengekommen war; viele der

Anwesenden kennen wir aus den Briefen des heiligen Paulus. Da erblickte man Prisca und ihren Gemahl Aquilas,
die der Apostel als seine Mitarbeiter in Christus Jesus rühmt
und denen nicht allein er, sondern sämmtliche Gemeinden
der Heidenchristen zu Dank verpflichtet seien; Andronicus
und Junias, die mit Paulus die Gefangenschaft getheilt;
Ampliatus, den der Apostel seinen Vielgeliebten im Herrn
nennt und dessen Grab in den Katakomben der Domitilla
vor wenigen Jahren wieder gefunden wurde; Rufus und
seine Mutter; die frommen Frauen Maria, Tryphäna,
Tryphosa, Persis, Olympias und viele Andere.

Petrus, umgeben von den ersten Priestern und Diakonen der römischen Kirche, feierte die heiligen Geheimnisse
und brach den Versammelten das Brod des Lebens; mit der
gewaltigen Macht seiner hinreißenden Beredtsamkeit pre-
digte Paulus vom Glauben an Jesus Christus und von der
Nothwendigkeit gänzlicher Hingabe an ihn, sei es auch um
den Preis des Lebens. War es im prophetischen Vorgefühl
einer nahen Verfolgung, daß der greise Völkerapostel in so
ergreifender Rede auf das Opfer selbst des Blutes hinwies,
und daß man Alles hingeben müsse, um Christum zu gewinnen? — Pudens wenigstens faßte die Worte so auf; auch
sein Herz bewegte etwas wie eine geheime Ahnung nahe be-
vorstehender schwerer Trübsale. Allein er verscheuchte absichtlich diese trüben Gedanken. Der heutige Tag war ihm
ja noch darum besonders festlich, weil seine beiden Knaben
Novatus und Timotheus in die Zahl der Leviten aufgenommen worden waren und zum ersten Male heute als camilli*)
ihren Dienst am Altare versehen hatten. In innigstem Gebete hatte er sie Gott geweiht und seinem Dienste. In gleich
hingebender Aufopferung brachte er auch seine beiden jüngern Kinder, die kleinen Mädchen Pudentiana und Praxe-

dis dem Himmel zum Opfer, indem er sie im Geiste von
den Armen ihrer Ammen auf den Altar legte. —

Wie der Weihrauchduft noch lange die Kirche erfüllt,
wenn schon der Gottesdienst beendigt ist, so hielt auch in
der Brust des Senators den Tag über die fromme Stimm=
ung nach, die am Morgen seine Seele zum Himmel gehoben.
Als daher nach dem Mahle die Gäste sich allmählich zer=
streut hatten, um in gesonderten Gruppen und auf verschie=
denen Straßen in die Stadt zurückzukehren, drängte es ihn,
die beiden Apostel aufzusuchen, um in der Unterredung
mit ihnen neue Erhebung für sein Herz zu finden.

In diesem Augenblicke wurde ein Besuch angemeldet, bei
dessen Nennung sich dem Senator unwillkürlich die Stirne
runzelte. Es war nicht bloß der natürliche Widerwille eines
Römers von altem Adel gegen einen Emporkömmling, einen
freigelassenen Sklaven und Barbaren, der mit frecher Un=
verschämtheit und Anmaßung durch seine Reichthümer und
seine Stellung am Hofe die Makel der Geburt zu verdecken
vermeinte, was dem Senator die Stirne in Falten legte; es
war ungleich mehr noch der Abscheu gegen die Art und die
Mittel, durch welche jene Schätze und Würden erworben
worden waren und stets vermehrt wurden, sowie gegen
die Zwecke und Ziele, denen sie dienen mußten. Alityrus,
der Jude, der Schauspieler und vielvermögende Günstling
des Kaisers, war es, der sich hatte anmelden lassen.

Was mochte er wollen? —

Fassen wir uns den Mann in's Auge, bevor er zu
Pudens kommt. Er ist von kleiner Statur, schwächlich,
mit kahlem Scheitel und der bekannten Nase seiner Stam=
mesgenossen. Die auf das sorgfältigste in Falten gelegte
weiße Toga von feinster Wolle, die von Brillanten blitzen=
den Ringe an seinen Fingern, wie das starke Parfum wohl=

riechender Oele verrathen einen Mann, der es liebt, seinen Reichthum zur Schau zu tragen. Alityrus ist Jude; aber er thut Alles, um für einen Römer zu gelten; von den Charakter=Eigenthümlichkeiten seines Volkes hat er nur die schlechten behalten. Wenn er auch die Götter Rom's als eitle Götzen verachtet, so begleitet er doch unbedenklich seinen kaiserlichen Herrn in den Tempel des Jupiter Capitolinus zum Opfer, und wenn es sein muß, schwört er bei allen Göttern der Ober= und der Unterwelt. Er weiß, durch welche Mittel er Nero's Gunst erkauft hat, und er scheute keines, sich in dieser Gunst zu festigen. Gegen den hohen römischen Adel hat er einen natürlichen Abscheu und Widerwillen; schon mehr denn einen aus den stolzen Patriziern hat er in die Gewalt des Henkers geliefert. In ganz Rom kennt man seine Macht und seinen Einfluß, und wenn Jeder im Herzen ihn verachtet, so gibt es doch genug Ritter und Senatoren, welche sich um seine Gunst bewerben unter einem Herrscher, vor welchem nur das Niedrige und Gemeine sicher ist. —

„Verzeihe mir, erlauchter Senator," hub Alityrus mit der feinsten Glätte eines geborenen Hofmannes an, „wenn die zauberhafte Anmuth Deiner Gärten mich verlockte, meine Abendfahrt zu unterbrechen, um den Staub der Straße für einige Augenblicke mit dem frischen Blumendufte und dem Rauschen der Springbrunnen zu vertauschen."

„Meine Villa steht gastfreundlich Allen offen," entgegnete Pudens; „wie viel eher dem Diener und dem Freunde meines Kaisers!"

„Ihr Glücklichen," fuhr Alityrus fort, „flüchtet aus dem Dunst und der drückenden Schwüle der Stadt in die Frische Euerer Gärten und Haine, während der beneidete Diener und Freund des Kaisers unter der Last seiner Ge-

schäfte kaum eine Stunde findet zu einer kurzen Aus=
fahrt. — Ich möchte Dich im Genusse Deines Friedens
nicht stören, erlauchter Pudens; erlaube mir nur, daß ich
ein wenig in den Anlagen umherwandle, den Duft des
Abends schlürfe und dem Gesange der Vögel lausche."

„Ein so ungewöhnlicher und hoher Besuch, edler Ali=
tyrus," antwortete der Senator nicht ohne Selbstüber=
windung, „wird immer die Pforten meiner Villa offen
finden. Darf ich Dich vielleicht begleiten, um Dich auf
einzelne schöne Punkte aufmerksam zu machen?"

„Bei allen Göttern, erlauchter Pudens, nein! Ich
würde Deine Güte mißbrauchen. Zudem ist Alles, wie ich
sehe, mit so feinem Kunstsinn, so geschmackvoll angelegt,
daß Dein Geleit mich wider Willen auf jedem Schritte zum
Schmeichler machen würde. Wie wird's mich überraschen,
wenn ich in all' dem Schönen unverhofft das Schönste
finde, eine Grotte mit plätscherndem Quell, oder eine
herrliche Statue, die den Palatin schmücken würde, oder
aus dunklem Laubgang hinaus den weiten Blick in das
Tiberthal. Gestatte mir zum voraus den Dank für den
Genuß, sowie den Ausdruck der Freude, Deine geschätzte
und längst gewünschte Bekanntschaft gemacht zu haben."

Pudens verstand sehr wohl den leisen Vorwurf, wel=
cher in den letzten Worten lag; er hatte ja stets die Be=
rührung mit diesem Mann wie die Nähe einer gefähr=
lichen Natter gemieden, mochten auch andere Senatoren
feige um die Gunst des Elenden buhlen.

Als Alityrus fortgegangen, begab sich Pudens, noch
immer sinnend, was der Jude im Schilde führen könnte,
zu den Aposteln, ertheilte aber seinem treuen Diener Eu=
carpus den Befehl, unvermerkt den Höfling auf seiner
Wanderschaft durch den Garten zu beobachten.

Eucarpus war ein geborener Armenier; er besaß die seinem Volke eigenthümliche Verschmitztheit, welcher jedoch die Treue gegen seinen Herrn vollkommen die Waage hielt. Noch ein Knabe war er als Kriegsgefangener aus dem armenischen Feldzuge nach Rom auf den Sklavenmarkt geliefert und dort vom Senator, dem das angenehme Aeußere des Burschen gefallen hatte, gekauft worden. Da Pudens ihn dereinst in der Verwaltung seiner Güter zu verwenden gedachte, so hatte er ihn ausbilden lassen, und der junge Sklave entwickelte solche Anlagen und eine solche Leichtigkeit, die Gegenstände des Unterrichts aufzufassen, daß der Lehrer ebenso wie der Senator darüber erstaunten. Hiedurch und mehr noch durch sein ganzes Verhalten hatte Eucarpus sich in kurzer Zeit das volle Vertrauen seines Herrn erworben, und dieses wurde um so größer, als der Sklave nach Empfang der heiligen Taufe eine so echte und tiefe Frömmigkeit an den Tag legte, daß er Allen zur Erbauung gereichte. Pudens hatte ihm an dem Tage, wo er ein Kind der Kirche wurde, die Freiheit geschenkt; Eucarpus bat, im Hause des Senators bleiben und seinem Herrn dienen zu dürfen, und gerne ward ihm die Bitte gewährt. Jetzt war er ein junger Mann von zwanzig Jahren, von ungewöhnlich starkem und stattlichem Körperbau, von edeln und regelmäßigen Gesichtszügen, deren Linien und Farbe freilich den Orientalen verriethen. Bei näherem Umgange gewahrte man an ihm ein angeborenes feines Benehmen, das scharf genug gegen die alltäglichen Beschäftigungen eines Hausdieners abstach.

Dem Höfling war es nicht um die Schönheit der Anlagen zu thun; er war in die Villa gekommen, um wo möglich einen längst gehegten Verdacht zu bestätigen. Seine

Spione hatten ihm allerlei berichtet, was in ihm die Ver=
muthung geweckt hatte, der Senator könne Christ sein. Er
war frech genug, um persönlich den Versuch zu machen,
sich Gewißheit darüber zu verschaffen.

Eine halbe Stunde mochte er umhergewandelt sein, mit
den Augen des Fuchses überall um sich schauend, ohne festen
Anhalt für seine Vermuthung zu entdecken, außer daß die
in den Villen gewöhnlichen Götterstatuen fehlten. Doch war
dieser Mangel hier durch herrliche Vasen oder Marmorbüsten
der Kaiser, dort durch eine kunstreich gemeißelte Gruppe
spielender Kinder oder durch eine in Erz gegossene Nachbild=
ung der capitolinischen Wölfin u. dgl. so glücklich und un=
gezwungen verdeckt, daß das Fehlen solcher Götterbilder gar
nicht auffiel. Alityrus hatte darauf gerechnet, einen Skla=
ven in den Gartenanlagen zu treffen und diesem die Zunge
zu lösen; allein es begegnete ihm Niemand, so daß es ihm in
dieser Einsamkeit fast unheimlich wurde. Das einzige lebende
Wesen, das er gesehen, war ein Sklave in der Umgebung
des Hauses gewesen; aber dieser hatte ihn in der Ausführ=
ung seiner Pläne nur gehindert und ihm auf seine erste
Frage so unwirsche Antworten gegeben, daß Alityrus die
fruchtlose Unterredung abgebrochen hatte, in der Hoffnung,
bald einen gesprächigeren Sklaven anzutreffen.

Unbemerkt verfolgte Eucarpus den Höfling; es war
ihm nicht entgangen, wie der Fremde gleich einer nach Beute
suchenden Schlange umherschlich. Das war ohne Frage ein
kaiserlicher Spion, und nach was Anderem konnte er hier
im Garten spähen, als nach Beweisen, daß der Senator
Christ sei? Noch rechtzeitig war es Eucarpus gelungen,
einen erst kürzlich getauften Sklaven, der als Gärtner die
Blumen begoß, unter einem Vorwande in das Haus zu
schicken. Als der Fremde an demjenigen Flügel der Villa

unbemerklich, wo die Christen sich zu versammeln pflegten, hatte Eucarpus sich dort zu schaffen gemacht, damit derselbe nicht etwa versuche, an den, wenn auch hohen Fenstern sich empor zu heben und durch eine etwaige Ritze der Vorhänge in das Innere hineinzuschauen.

Plötzlich begann dem treuen Diener das Herz vor Angst zu klopfen, als er der beiden Knaben Novatus und Timotheus ansichtig wurde, die am Eingang der Grabkapelle ihrer Großmutter Priscilla knieten und mit ausgebreiteten Armen beteten; noch wenige Schritte, und der Fremde, heraustretend aus dem Laubgange, in welchem er sich befand, mußte die Kinder sehen.

Mit der ihm angeborenen Geistesgegenwart ergriff Eucarpus einen Stein vom Boden und schleuderte ihn in wohlgezieltem Wurfe gegen das Fenster der Memoria, daß die Glasscherben klirrend zur Erde fielen und die Knaben erschreckt auffuhren. In zwei, drei Sätzen war er dann auf dem offenen Platze vor der Grabkapelle, in demselben Augenblicke, als Alityrus aus dem Laubgange hinaustrat.

„Was ist das, Eucarpus?“ rief ihm Timotheus, vom Schrecken erregt, entgegen; „eben hat Jemand ein Fenster am Grabmal eingeworfen; schaue nur zu!“ [7]

„Eine Scheibe eingeworfen?“ erwiderte der Diener, indem er absichtlich einen etwas plumpen Ton in seiner Sprache annahm. „Dem möchte ich doch den Hals zwischen meine beiden Fäuste wünschen, der das gewagt hat. Habt Ihr denn Niemand gesehen oder gehört? — Schaue, Herr,“ wandte sich Eucarpus an Alityrus, „schau, da hat, gerade bevor Du und ich den Rasenplatz betraten, so ein Taugenichts eine Scheibe an dem Monument eingeworfen. Sahest Du den Schlingel vielleicht davon eilen? Mag er noch so schnelle Füße haben, er soll neben mir eine Schnecke sein!“

2*

„Ich habe in der That Niemand bemerkt," entgeg=
nete Alityrus, indem er mit Unbehagen einen Blick auf
die starken Arme des robusten Sklaven warf. „Dein
Herr, der edle und erlauchte Senator Pudens, hat mir
— ich bin kaiserlicher Rath — gestattet, im Garten um=
herzugehen; so kam ich hierher . . ."

„Und ich kam hierher, die Knaben in das Haus zu
holen, da der Abend bald herannaht. Du hast Niemand
gesehen, die Kinder auch nicht, — und ich, wenn ich den
Kerl unter meinen Knieen am Boden liegen hätte, hier mut=
terseelenallein, dem würd' ich das Fenstereinwerfen aus=
treiben; der käme nicht mehr in diesen Garten, um frem=
des Eigenthum muthwillig zu zerstören. Hätte der Schlin=
gel nicht so gut gezielt, er hätte die Kinder treffen kön=
nen. Das würde etwas abgesetzt haben!"

Alityrus fühlte sich mit jedem Augenblicke unbehag=
licher. Es war offenbar, daß der Sklave ihn für den
Thäter hielt.

„Ich versichere Dich, lieber Freund," sagte er, „ich
habe keinen Menschen gesehen; auch ich hörte das Klirren
der Scheiben und eilte, zu schauen, was es sein möchte.
Aber wird es nicht das Beste sein," fuhr er fort, „daß
wir sofort Deinen Herrn benachrichtigen, damit er Leute
aussende, den ganzen Garten zu durchsuchen?"

„Das ist in der That das Beste," erwiderte, schein=
bar nach einigem Bedenken, Eucarpus, nahm die beiden
Knaben freundlich an der Hand und schritt, von Alityrus
gefolgt, dem Hause zu.

Als Pudens die Mittheilung erhielt, sprach er dem Höf=
ling sein lebhaftes Bedauern aus, daß sein Spaziergang in
so unliebsamer Weise gestört worden sei, und Alityrus ver=
abschiedete sich, entschlossen, nie mehr die Villa zu betreten.

„Wenn der Mensch die Knaben beten gesehen hätte!“
rief Eucarpus aus, als Alityrus fort war, „wenn er,
glatt wie ein Aal sich an sie herangemacht, mit ihnen
freundlich geplaudert, diese und jene sehr fromme Frage
an sie gerichtet hätte, die unschuldigen Kinder würden
sich trotz der ihnen anbefohlenen Vorsicht verrathen haben.
Heute habe ich so etwas wie ein sichtbarer Schutzengel
für meinen Herrn sein können; Gott sei Dank!“

Damit schritt er, heiter ein Liedchen vor sich hinpfei-
fend, dem Thore der Villa zu, um abzuschließen; denn
eben hatte die Sonne ihre letzten Strahlen über die
ferne Gebirgskette hinüber auf die Ebene der Campagna
ausgegossen; öde und stille lag schon die salarische Straße. —

Nach dem kurzen Zwischenfalle mit dem Höfling
war Pudens zu den Aposteln zurückgekehrt und nun mit
ihnen auf die Plattform des Daches der Villa emporgestiegen, um besser die Frische des Abends und den
Sonnenuntergang zu genießen. Allmählich senkte sich die
rothglühende Scheibe und übergoß mit ihrem Feuerglanze
den Kamm des Gebirges; der ganze Himmel erstrahlte
in zauberhafter Gluth; in den Villen und Ortschaften
am Fuße der Sabinerberge blitzten die Fenster, als ob
Alles in Flammen stünde, und Rom — — Doch wie?
Dort brannte es ja wirklich! — Gewaltige Rauchwolken
stiegen zum Himmel, an zwei, drei, vier Stellen. — Der
Senator erbleichte. Er wußte genau, in welcher Richtung
sein Palast lag, und gerade von dort, vom Esquilin her,
wälzte sich, vom Abendroth beschienen, eine schwarze Rauch-
säule empor. War auch sein Haus in Gefahr? Wütheten bereits die Flammen unter seinem Dache? — Aber wie
ein Blitzstrahl traf ihn plötzlich der Gedanke, daß seine Gattin Sabinilla am Nachmittage mit den beiden Töchtern

in die Stadt zurückgefahren sei. Pudens stürzte die Treppe hinunter auf das Gehöft; kaum fünf Minuten später jagte er, gefolgt von Eucarpus, auf der salarischen Straße der Stadt zu, in wildestem Galoppe, und doch nicht schnell genug für den Senator, der mit steigender Angst und Sorge die immer mächtigeren Rauchwolken sich zum Himmel emporwälzen sah.

Wieder und wieder hob er, das Herz von Angst beklommen, den flehenden Blick zum Himmel; wie ein dunkles Gespenst stand die Ahnung schweren Unglücks vor seiner Seele: ach, welche Nacht mochte dem Tage folgen, der so schön begonnen, so glücklich verflossen war! Und nun tauchte auch wieder, ein böser, häßlicher Dämon, Alityrus vor seinem Geiste auf: o gewiß, wenn über ihn und die Seinen ein Unheil hereinbrach, jener Mann mit einem Besuche auf der Villa war ein Unglücksbringer gewesen. — Eucarpus, welcher neben seinem Herrn daherritt, wagte durch kein Wort ihn in seinen Gedanken zu stören, theilte doch auch er die bange Besorgniß seines Gebieters. Sonst war um diese Stunde die salarische Straße von Spaziergängern belebt, die nach der Schwüle des Tages in der Abendkühle Erquickung suchten; heute lag die Straße öde und verlassen, und die wenigen Fußgänger, welche mit den beiden Reitern den Weg nach der Stadt verfolgten, hatten gleich ihnen nur ein Auge für die immer dunkler und gewaltiger auf allen Seiten sich zum Himmel wälzenden Rauchwolken.

Zweites Kapitel.
Der Brand Rom's.

Von einem Ende Rom's zum andern wandert
Die Flamme.
An hundert Stellen lodert Feuer auf; . . . .
„Hier brennt's und hier, und hier!" so gellt's
Verwirrt in Schreckensrufen durcheinander. . . . .
Es wälzen endlos sich die Menschenmassen
Durch enge Gassen hin, im Dunkel bald
Und bald im grellen Licht der Feuerbrände. . .
Und weiter stets und weiter thut der Brand
Den fürchterlichen Flammenrachen auf:
Weißglüh'nde Balken leuchten wie die Zähne
Des Ungeheuers aus der rothen Gluth. . . .
Schon sind die Hügel Rom's Vulkanen gleich
Und speien Gluth und Asche wie aus Kratern.
In Feu'r steht Palatin und Aventin,
Und nun umlodert auch ein Flammenkranz
Des Forums edel-stolze Prachtgebäude. . . . .
Und sieh', hinüber nun zum hohen, ernsten
Marmornen Capitol auch züngelt's schon,
Und gluthroth steht die heilig-stolze Höh'.
Nun lodert wie von tausend riesigen
Wachtfeuern auch das weite Marsfeld auf.
Das wüth'ge Element, es schweift sogar
Bis zu den friedlichen Cypressengräbern
Des Esquilin — selbst über'n Tiberstrom
Entsendet es die glüh'nden Feuergrüße
Hinüber in die nächtlich stillen Gärten
Am grünen Hange des Janiculus.

(Hammerling.)

Rom war bis in die Zeiten des Augustus eine keineswegs schöne Stadt. Die Gassen und Straßen bergauf, bergab waren eng und gewunden, die hohen Häuser schmucklose Mieths-kasernen, und wenn sich hier und da prächtigere Bauten und Paläste erhoben, so brachte ihr Glanz den düstern Charakter

Rom zu Nero's Zeit.

des Uebrigen nur um so mehr zum Bewußtsein. Zwar hatte Augustus Alles aufgeboten, Rom mit dem Luxus und der Pracht auszustatten, welche die Würde einer Haupt= stadt der Welt erforderte, und es war ihm im Großen gelungen, eine Stadt aus Backsteinen in eine Marmorstadt zu verwandeln. Trotzdem klagte man noch unter Tiberius, die Höhe der Häuser sei so groß und die Straßen seien so eng, daß es weder einen Schutz gegen Feuersgefahr, noch eine Möglichkeit gäbe, bei einem Einsturze nach irgend einer Seite hin zu entkommen. Es würde Menschenalter und selbst Jahrhunderte bedurft haben, Rom zu einer regelmäßigen Stadt im modernen Sinne des Wortes um= zuschaffen; — Nero übernahm es, dies in einem einzigen Jahre zur Ausführung zu bringen. Es war ein ebenso gewaltiger, als diabolischer Gedanke, die ganze, an andert= halb Millionen Einwohner zählende Stadt in Asche zu legen, mit ihren Palästen, mit ihren Tempeln, mit ihren heiligen und profanen Denkmälern, um dann auf den Trümmern ein neues, neronisches Rom aufzu= bauen, das seinen Namen, Nero= polis, tragen sollte.

Er selber weilte auf seinem Landsitze am Meere bei Antium, als der ruchlose Plan durch seine Creaturen zur Ausführung ge= bracht wurde. An demselben Tage des 17. Juli, wo einstens die Gallier Rom in Brand gesteckt, sollte auch jetzt die Stadt in Flam= men aufgehen. Tigellinus hatte

Nero Claudius.

mit ruchloser Umsicht Alles zu dem fürchterlichen Werke vorbereitet, und wie auf ein gegebenes Signal stiegen auf

einmal an verschiedenen Seiten der Stadt die Feuersäulen
und Rauchwolken zum Himmel. Die lange Sommerhitze
hatte Alles ausgedorrt; jeder Funke zündete; bei der Enge
der Straßen, dem Mangel an Wasser und dem Ausbruch
des Brandes an mehreren Punkten zugleich war ein
Löschen unmöglich. In neuntägigem Wüthen legte die
Alles verschlingende Gluth Haus um Haus, Viertel um
Viertel in Asche; von den vierzehn Regionen der Stadt

ging mit Ausnahme weniger, halbverbrannter Ruinen
die Hälfte in Flammen auf; nur vier blieben von der
Zerstörung ganz verschont. —

Etwa eine Viertelstunde vor der Stadt begegnete
dem Senator einer seiner Sklaven in athemlosem Laufe;
Sabinilla hatte ihn hinausgesendet, ihrem Gatten mitzu-
theilen, daß es in der patrizischen Straße, allerdings noch
ziemlich weit vom Palaste brenne. Pudens befahl dem

Läufer, sich zu Eucarpus auf das Pferd zu setzen; dann drückte er seinem Rosse die Sporen ein, und wieder ging es in schnellstem Ritte der Stadt zu.

Je mehr man sich den Thoren näherte, um so mehr überzeugte Pudens sich, daß das ganze Gebiet des Esquilin in Flammen stehe. Eucarpus hatte die besten Renner gewählt, und wie im Cirkus jagten die edlen Thiere dahin; dennoch wünschte der Senator sich Flügel, hinüber zu fliegen, wo er Gattin und Kinder in Gefahr wußte. Denn schon konnte er aus der Ferne das dumpfe Krachen der einstürzenden Häuser und das verworrene Rufen zahlreicher Stimmen hören; es war um so grauenhafter, als die ersten Gassen innerhalb der Stadt, vorüber an den Gärten des Mäcenas, wie ausgestorben da lagen. Jeder war zur Brandstätte geeilt, um Hilfe zu bringen, ohne zu ahnen, daß die nächsten Stunden wohl ihn selber vergeblich um Hilfe rufen hören würden.

Als ein weiteres Vordringen zu Roß wegen des Menschengewühls unmöglich war, stiegen die Reiter ab; der Senator übergab dem Läufer die Pferde mit dem Befehle, am Thore der Villa des Mäcenas seiner zu harren, dann setzte er zu Fuß mit Eucarpus seinen Weg fort. Bald waren der Esquilin und die patrizische Straße erreicht; — der Palast brannte an allen vier Ecken.

„Wo ist Sabinilla, wo sind meine Kinder?" jammerte Pudens; allein in der allgemeinen Verzweiflung dachte ein Jeder nur an sich selber; Niemand wußte ihm Auskunft zu geben.

Seiner selbst kaum bewußt, versuchte der Senator durch das Hauptportal in das ostium oder die Hausflur vorzudringen. Aber Eucarpus riß ihn mit eiserner Gewalt zurück; denn in demselben Augenblicke schlug ein brennender Balken nieder, dem eine einstürzende Mauer folgte und den Eingang versperrte, während schwarzer Rauch, mit Staubwolken vermengt, und eine Gluth wie aus einem riesigen Feuerofen durch das Portal den Beiden entgegenströmte.

„Versuchen wir's an der Hinterthüre," rief Eucarpus, indem er seinen Herrn bei der Hand faßte und rasch von dem Thore wegriß; der Qualm und die glühendheiße Luft würden Beide im nächsten Augenblicke erstickt haben.

In der That wüthete auf der andern Seite des Palastes das entfesselte Element noch weniger heftig; es gelang den Beiden, das posticum oder Nebenpforte zu erreichen und in das peristylium oder den großen innern Hof vorzudringen, der mit einem Springbrunnen und Blumenanlagen geziert war. Durch die bedeckten Säulengänge, welche den Hof einfaßten, mußte man in die Wohnzimmer gelangen, falls das Feuer nicht schon auch dort wüthete.

„Sabinilla! — Sabinilla!" rief Pudens; allein die menschenleere Oede im Hofe gab im Echo nur den geliebten Namen wieder, und das Knistern der Flammen, die in grausiger Beleuchtung die Stelle des sinkenden Tages einnahmen, war die gräßliche Antwort auf den Klageruf des unglücklichen Gatten.

Von Rauch eingehüllt, schritten die Beiden durch die Säulenhalle dahin und gelangten glücklich in das Innere des Gebäudes und in die cubicula oder Wohnzimmer. In wilder Unordnung und Verstörung lag hier Alles durcheinander; die Schränke standen erbrochen; Hausgeräth und Schmucksachen bedeckten den Boden. Hier hatten offenbar Diebe gehaust, welche in der allgemeinen Noth unbehelligt plündern und rauben konnten.

Eucarpus spähte in dem Halbdunkel, welches nur von der offenen Thüre her durch den Schein des Brandes erhellt wurde, umher, auf den Tischen und Consolen und Polstern und zwischen den Gegenständen, welche den Boden bedeckten. Er suchte etwas, und wirklich, jetzt hatte er es gefunden: ein Blatt Papier!

„Lies, was auf diesem Blatte geschrieben steht," rief er aus, indem er seinem Herrn dasselbe darreichte; seine Hand zitterte; fast hörbar klopfte sein Herz vor Angst und Hoffnung.

Pudens nahm das Papier und las; es war die Handschrift seiner Gattin:

„In der Villa der Cornelier am Janiculus. Wir Alle sind gerettet."

„Dachte ich es nicht," jubelte Eucarpus, „daß die Herrin irgend eine Nachricht zurückgelassen habe, ehe sie das Haus verließ!"

„Dank, Dank Dir, barmherziger Gott!" rief Pudens aus, während Thränen der Freude seine Wangen netzten. Der Verlust seiner Habe war ihm in diesem Augenblick gleichgültig, da er sein Theuerstes gerettet wußte.

„Doch jetzt fort," drängte Eucarpus, daß wir den Ausgang wieder erreichen, ehe die rasende Flamme ihn uns versperrt."

Es war höchste Zeit. Das Feuer hatte schon fast rings die Umgebung des innern Hofes ergriffen; in mächtigen Garben schlugen die Flammen zum Dache hinaus; prasselnd stürzten die Ziegeln sammt den brennenden Sparren zusammen.

Indem Pudens das Pallium oder Obergewand mit ausgestreckter Rechten über seinen Kopf erhob, um sich in etwas gegen die Gluthhitze zu schirmen, die auf ihn einströmte, gelangte er glücklich mit seinem Begleiter zur Seitenpforte und auf die Straße.

Aus innigstem Herzen dankten Beide dem Himmel und eilten dann von der Brandstätte fort, den Weg nach dem transtiberinischen Gebiete einschlagend.

Als sie von der Patrizierstraße in eine anstoßende Gasse biegen wollten, sahen sie, daß auch dort schon das Feuer ausgebrochen war; Pudens gedachte trotzdem hindurch zu gehen, um nicht einen zu weiten Umweg machen zu müssen; aber Eucarpus bat ihn, den Himmel nicht zu versuchen und sich nicht einer neuen Gefahr auszusetzen.

In dem Augenblicke, als sie umkehren wollten, stürzte aus dem nächstgelegenen Hause eine junge Dame halb wahnsinnig und mit aufgelösten Haaren auf die Straße, indem sie jammernd ausrief:

„O Gott! wer rettet meinen kranken Vater? Helft mir ihn heraustragen; er muß in den Flammen umkommen!"

Mit diesen Worten warf sie sich vor Eucarpus nieder, umklammerte seine Kniee und wiederholte·

„Rette, rette meinen Vater; ich will Dir ewig dankbar sein!"

„In Gottes Namen!" antwortete Eucarpus nach einem Augenblicke des Besinnens, hob die Dame empor und stürzte mit ihr in das Haus.

Mit übermenschlicher Anstrengung hatte das Mädchen den Vater aus dem Bette gehoben und durch zwei Zimmer hindurchgetragen; weiter hatten die Kräfte nicht gereicht.

Eucarpus nahm mit seinen starken Armen den Kranken auf seine Schulter und eilte mit seiner Bürde der Straße zu; die Dame folgte.

Mit freudigem Zurufe begrüßte Pudens seinen Diener und schritt dann neben ihm her mit dem Mädchen der Gegend zu, die noch vom Feuer frei war.

Die Züge des Kranken waren dem Senator bekannt, und dennoch sann er lange vergebens, wo er den Mann früher gesehen habe. Endlich fiel es ihm ein: es war der Ritter Faustus, der mit dem Hauptmanne Cornelius, seinem Vetter, in Cäsarea die Waffen getragen und nach der Rückkehr von dort einige Male den Palast des Senators besucht hatte.

Nach etwa zehn Minuten war das Haus erreicht, welches die junge Dame als Ziel der Wanderung bezeichnet hatte. Es war die Wohnung des Bruders ihres Vaters; das Haus lag unfern der Gärten des Mäcenas: hier war der Kranke also gesichert.

Als Faustus, von den Verwandten herzlich aufgenommen, durch Eucarpus in das Bett gelegt worden, warf sich die Tochter vor dem Retter ihres Vaters nieder; Thränen der süßesten Freude entströmten ihren Augen.

„Edler Menschenfreund," rief sie aus; „mögen die Götter es Dir mit höchstem Glücke vergelten! Nie werde ich Deiner vergessen; nenne mir, ich bitte Dich, Deinen Namen, daß ich täglich zu den Unsterblichen für Dich flehen kann."

In gleicher Weise überhäuften der Kranke und dessen Verwandten den Jüngling mit Dankbezeigungen; nur durch entschiedene Weigerung konnte er sich der Annahme der Belohnung entziehen, die ihm fast mit Gewalt aufgedrängt wurde.

Pudens wünschte dem Kranken, den er an seine frühere Bekanntschaft erinnerte, Glück zu seiner Rettung und verabschiedete sich mit Eucarpus. Faustina, die junge Dame, begleitete die Beiden bis zur Thüre, und hier faßte sie noch einmal die Hand ihres Wohlthäters, um in den wärmsten Ausdrücken ihren Dank zu wiederholen.

Dabei schaute sie mit ihren schwarzen Augen ihn so innig an, daß es dem jungen Manne ganz eigen zu Muthe wurde.

Wider Willen nannte Eucarpus der Jungfrau seinen Namen, und eilte dann dem Senator nach, den die Sehnsucht nach Weib und Kind forttrieb.

Eucarpus war von der Gluth der Feuersbrunst, wie von der schweren Last, die er getragen, in Schweiß gebadet; aber er achtete es nicht; er dachte nur an seinen Herrn und seine Herrin, und mit fast übermenschlicher Anstrengung brach er dem Senator Bahn durch die Volksmassen, welche die Straßen an der Tiberbrücke sperrten, da Tausende sich und ihre Habe aus dem Brande nach dem andern Ufer zu retten suchten. —

Petrus und Paulus waren von der Villa an der salarischen Straße unmittelbar nach dem Senator ebenfalls in die Stadt geeilt, so schnell das hohe Alter es den beiden ehrwürdigen Greisen gestattete.

Bei der großen Ausdehnung, welche vom Anfang an der Brand zu nehmen drohte, mußten sie bei ihrer Heerde sein.

Nur mit Mühe konnten die Apostel durch die mit Möbel und anderen geretteten Gegenständen gesperrten Straßen näher auf die zunächstgelegene Brandstätte vordringen. Je weiter sie kamen, um so größer war die Verwirrung und der Jammer, um so erschütternder wurden die Scenen der Verzweiflung; es war ein Drängen und Treiben, ein Schreien und Klagen; ein wahnsinniges Durcheinander, unsäglich erschütternd. Das Ganze hatte etwas furchtbar Dämonisches: es war wie eine Scene aus der Hölle.

Nähere Nachfrage ergab, daß die ganze patrizische Straße nebst dem Palaste des Pudens in Flammen stand, oder richtiger, daß nur mehr rauchende Ruinen übrig seien.

Dagegen war in der Thalsenkung zwischen Quirinal und Esquilin, in dem Stadttheile, welcher Subura hieß, und wo die ärmere Bevölkerung dicht zusammenwohnte, bis jetzt das Feuer noch nicht ausgebrochen. Grade dort hatte die neue Lehre des Heiles in vielen Hütten gastliche Aufnahme gefunden; dorthin also lenkten die Apostel durch das Ge= wirr der Gassen und Straßen ihre Schritte. Die nahezu volle Mondscheibe sandte in feierlich stillem Glanze ihr mildes Licht vom klaren Himmel auf das von Flammen= gluth erleuchtete Rom hernieder, ein Symbol der ewig wal= tenden Vorsehung, welche Alles, Glück und Unglück, Wachs= thum und Zerstörung nach Gottes ewigen Plänen leitet.

Die Armen der Subura empfingen mit herzlichster Liebe und unbeschreiblicher Verehrung den Besuch der beiden Apostel; sie wußten es zu schätzen und vollkommen zu würdigen, daß die Diener des Herrn in der allgemeinen Gefahr gerade ihrer gedacht, mit väterlicher Hirtensorge ihnen, den niedrigsten und letzten ihrer Schäflein, zu Hilfe geeilt waren. Einer stritt mit dem Anderen um die Ehre, die Nacht über die Apostel unter seinem Dache beherbergen zu dürfen, und nur mit Mühe konnte Petrus den Streit der Leute schlichten, indem er mit Paulus, unter Hinweis auf die Hütte von Nazareth, die Wohnung eines armen Schreiners zum Nachtquartier erkor. Für die ihnen ent= gangene Ehre suchten die Uebrigen sich zu entschädigen, indem sie das Beste, was sie an Speise und Trank hatten, zur Abendmahlzeit für die Apostel herrichteten. Im Uebrigen wurden auf die Mahnung Pauli alle Vorkehrungen ge= troffen, die bescheidene Habe fern ab vor dem appischen Thore, wohin über das Forum und am Palatin vorbei der Weg noch offen war, in Sicherheit bringen zu können, für den Fall, daß das Feuer auch in die Subura eindringe.

„Glaubt Ihr denn," bemerkte Stercorius, der Schuster, der in der Subura als besonders gescheidter Kopf galt, „daß unser Viertel von den Flammen verschont bleiben wird? Daß ich's nur offen heraussage: der Brand ist absichtlich gelegt, und es ist ein großer, sehr großer Herr, der die Sache befohlen hat."

„Meine Kinder," mahnte der Apostelfürst, „hüten wir unsere Zunge, daß wir Niemand Unrecht thun."

„Sah ich doch mit eigenen Augen, ehrwürdiger Vater," bemerkte der Schmid Anaclet, „wie Helius, des Kaisers fluchwürdiger Ratgeber, und der noch ruchlosere Präfekt der Leibgarde, Tigellinus, selber die Brandlegung am Circus maximus leiteten. In den dortigen Krämerbuden und in den kaiserlichen Stallungen und Heumagazinen fand die Flamme reichste Nahrung; binnen einer Stunde lag Alles in Trümmern. Niemand durfte löschen; ein Beamter hat die Leute mit Gewalt daran gehindert. Es sei Befehl, so hieß es, und wenn wir nicht gingen, werde er uns in den mamertinischen Kerker werfen lassen."

„Jawohl," bestätigte ein Dritter, „Nero ist es, der die alte Stadt zerstört, um sich ein neues Rom nach seinem Sinn zu bauen."

„Ich habe heute Dinge erlebt," sagte Stercorius, „wie sie am jüngsten Tage beim allgemeinen Weltbrande nicht schrecklicher sein können. Als auf der Höhe des Cölius die Flamme aufloderte, flüchteten die Armen von dort nach dem Esquilin hinüber; plötzlich begann es auch hier zu brennen, und nun gab es eine ungeheure Verwirrung. Weiber und Kinder schrieen; Alles lief durcheinander, hierhin, dorthin. Die Kranken, nur mit Mühe aus den Flammen gerettet, mußte man von Neuem forttragen; ohne zu wissen, was sie thaten, rannten Manche in die

Brandstätte zurück, weil sie Eines der Ihrigen vermißten, und fanden in den Flammen ihren Tod, da doch die Vermißten längst gerettet waren. Einen erschlug vor meinen Augen ein Ziegel, der von einem brennenden Hause niederfiel."

„Unser Leben ist in Gottes Hand, meine Brüder," sprach Paulus. „Ist Er für uns, wer mag dann wider uns sein? Will Er's, dann mag ganz Rom in Trümmer sinken, und Euere Hütten bleiben doch verschont."

In der That fügte es der Himmel so. Am sechsten Tage, so berichtet Tacitus, nahm das Feuer am Fuße des Esquilin ein Ende. Während Tempel und Paläste ohne Zahl ein Raub der Flammen geworden waren, lag die Subura wie ein Eiland in Mitte der rauchenden Ruinen.[8])

„Mag nun der furchtbare Brand," hub nach einer Weile Petrus an, „durch Unglück oder Frevel entstanden sein, unsere Pflicht ist es, den nothleidenden Brüdern Hilfe zu spenden, so viel wir es vermögen. Eilet denn und ladet die sieben Diakonen der römischen Kirche zu uns hierher, daß wir gemeinsam Rath pflegen."

Nach einer Stunde waren die meisten der Berufenen in der Subura; nur wenige fehlten, unter ihnen derjenige, den man am unliebsten bei der Besprechung vermißte, der Erzdiakon Flavius Clemens. Auch sein Palast in der Niederung, zwischen dem Cölius und Esquilin gelegen, dort, wo heute die nach ihm benannte Kirche steht, war ein Raub der Flammen geworden.[9])

So wurden denn in der Nacht alle Maßregeln getroffen, wie man den obdachlos gewordenen Brüdern Unterkommen beschaffe, und durch Sammlung außerordentlicher Liebesgaben die Kirchenkasse in den Stand setze, die Noth durch reichliche Spenden nach Kräften zu lindern. Die

Villa des Pudens, das Oftrianum an der nomentanifchen Straße, der Landfitz der Flavia Domitilla an der ardeatinifchen Straße[10]) und die leicht zu Wohnungen eingerichteten Ziegelfabriken am vatikanifchen Hügel, lauter Befitzungen vornehmer Mitglieder der römifchen Gemeinde, waren an erfter Stelle als Zuflucht der Obdachlofen in's Auge gefaßt worden.

Während ruchlofefter Frevel über Taufende unfägliches Elend brachte, ftreckte die chriftliche Liebe ihre Mutterhände aus, um an ihrem treuen Herzen die Unglücklichen zu tröften und zu erquicken. —

Sabinilla hatte, als das Feuer in der patricifchen Straße dem Palafte immer näher rückte, einen zweiten Läufer nach der Villa entfendet; dann hatte fie mit großer Kaltblütigkeit das Werthvollfte und Nothwendigfte, was fich fortfchaffen ließ, zufammengefucht und damit die Freigelaffenen und Sklaven theils auf Umwegen, fern ab von den brennenden Stadttheilen, nach der Villa an der falarifchen Straße, theils aber nach dem Landhaufe der Cornelier entfendet. Ebendorthin brachte die treue Amme in Begleitung zweier Diener gleich Anfangs, als die Gefahr nahte, die kleinen Mädchen Pudentiana und Praxedis in Sicherheit; die zurückkehrenden Männer meldeten der Herrin, daß die Kinder glücklich bei den Verwandten angekommen feien. Diefe beiden Freigelaffenen hielt Sabinilla nun allein bei fich, in dem fchon brennenden Palaft der Ankunft des Gatten harrend. Erft als die Gefahr immer ernfter wurde, entfchloß fie fich mit fchwerem Herzen, das Haus zu verlaffen, nachdem fie auf ein Blatt Papier dem Gemahl Kunde gegeben, daß Alle gerettet feien.

Mit wachfender Beforgniß wartete fie nunmehr im Landhaufe der Cornelier auf die Ankunft des Pudens. Schon

war die Nacht hereingebrochen, und noch kam er nicht.
Die bangsten Befürchtungen stiegen in ihrer Seele auf;
hatte der Gatte das Blatt nicht gefunden? — Gott, wenn
er in den Flammen umgekommen, von den einstürzenden
Trümmern erschlagen worden wäre!

In ihrer Angst eilte sie in das Gemach, wo die
beiden Mädchen schliefen, und weckte sie mit den Worten:

„Kinder, stehet auf und helfet mir für Euren Vater beten!"

So kniete sie mit den Kleinen, die Hände zum Himmel
ausgestreckt, in inbrünstigem, glühendstem Gebete flehend
für das Leben ihres Gemahls. Da öffnete sich die Thüre, —
Pudens trat ein. Voll seliger Freude sanken die Gatten
einander in die Arme. In schwerer Heimsuchung hatte
der Allmächtige doch das Schwerste gnädig abgewendet.

Noch am Abend sandte der Senator den Eucarpus
nach der Villa zurück, den Aposteln Mittheilung zu machen,
daß Alle glücklich gerettet seien. Er wußte nicht, daß
Petrus und Paulus in einer Hütte der Subura die
Gastfreundschaft der Armen Christi genossen.

Drittes Kapitel.

Vor dem Sturme.

Als Alityrus, der jüdische Höfling, nach dem unangenehmen Abenteuer in der Villa des Pudens zur Stadt zurückkehrte, ließen die aufsteigenden Rauchsäulen, die er bald bemerkte, ihn sehr gleichgiltig: er wußte um den Plan des Kaisers; das prächtige Haus, das er sich vor einigen Jahren an der Via nova oder der Neustraße, nach dem appischen Thore zu, erbaut hatte, lag außerhalb der den Flammen geweihten Stadttheile. So beschäftigte ihn denn mehr noch der eben erlebte Vorfall in der Villa, als das Unglück von Tausenden und aber Tausenden, die in den nächsten Stunden um Hab' und Gut und Obdach kommen sollten.

Wer mochte jenen Stein gegen das Fenster geworfen haben? Alityrus hatte doch auf seiner ganzen Wanderung durch die Villa keinen Menschen bemerkt. Und welchen Grund konnte Jemand zu einem Bubenstreich haben, der ihm, dem Hofmann, leicht so unangenehm hätte werden können? Plötzlich stieg in ihm die Vermuthung auf, daß vielleicht gar der verruchte Sklave selber den Stein geworfen habe, und je mehr er alle Umstände erwog, um so mehr wurde er in dieser Ansicht befestigt.

Aber was hatte den Sklaven dazu veranlaßt?

Alityrus sann lange hin und her. War die ganze Geschichte gar von dem Senator selber veranlaßt worden, in der Absicht, ihm für die Zukunft das Betreten der Villa zu verleiden?

„Freundchen," sagte er bei sich, „diesen Streich will ich Dir vergelten; ich werde mich zu rächen wissen. Alityrus hat einen langen Arm, und Du bist nicht der erste dieser hochnasigen Patrizier, dessen Hochmut sich vor mir beugen mußte."

Um nicht durch den Anblick der Jammerscenen unangenehm berührt zu werden, befahl er dem Kutscher, einen andern Weg, als den über den Esquilin, nach Hause einzuschlagen. — Daheim angekommen, stieg er auf die Plattform des Daches, sich von ferne das Feuer anzusehen. Die Zerstörung ging ordnungsmäßig vor sich; es brannte vortrefflich. Binnen vier oder fünf Tagen konnte ganz Rom in Asche liegen. So kehrte er denn, sehr befriedigt über das constatirte Resultat, wieder in seine Wohnung zurück, da der heftige Abendwind ihm einen Schnupfen hätte zuziehen können.

Als beim Nachtmahle seine Gattin das Gespräch auf den Brand richtete, beruhigte er sie mit den Worten: „Was kümmert es Dich, Sara; unser Schaden ist es nicht." —

Am nächsten Morgen kehrte Pudens mit Gemahlin und Kindern und den geretteten Kostbarkeiten nach der Villa an der salarischen Straße zurück. Denn während der Nacht hatte das Feuer solche Fortschritte gemacht, daß die Zahl der Obdachlosen, welche jenseits der Tiber in den Gärten und Landhäusern des Janiculus eine Zuflucht suchten, mit jeder Stunde größer wurde. So machte der Senator gerne Anderen Platz in dem gastfreundlichen Hause des Cornelius. Zudem hatte ihn während der Nacht der Gedanke beschäftigt, wie er zum Danke für die Rettung der Seinen eine möglichst große Zahl der vom Unglück betroffenen christlichen Mitbrüder auf dem Landsitze unterbringen könne; denn hier war schnelle Hilfe doppelte Wohlthat.

Der treue und umsichtige Eucarpus hatte Sorge getragen, daß die Herrschaft auf bequemem Wege und unbehindert zur Villa gelange: mit dem Schifflein nämlich, mit welchem man sich auf dem nahe an der Besitzung vorüberfließenden Anio zu ergötzen pflegte, war er beim ersten Grauen des Tages nach Rom gefahren; geduldig harrte er jetzt am Schlafgemache seines Herrn, bis dieser erwache. Pudens war innig gerührt über diese Anhänglichkeit seines Dieners und sprach ihm von Herzen seine Anerkennung aus.

„Wie, Herr," entgegnete Eucarpus, „Du hast mich aus der Sklaverei entlassen, Du hast mich zum Christen gemacht, und ich sollte nicht all' mein Sinnen und Trachten und alle meine Kräfte Deinem Dienste widmen?"

So stieg denn der Senator mit den Seinigen in den bereit stehenden Kahn; von vier geübten Ruderern wie ein Pfeil den Strom aufwärts getrieben, erreichte derselbe schon binnen einer Stunde die Villa. Unterwegs mußte Eucarpus, welcher das Steuer führte, der Herrin über die Rettung des kranken Faustus berichten; er that es nach einigem Sträuben, auffallend kurz gedachte er des herzlichen Dankes, mit welchem Faustina, die Tochter des Geretteten, ihn belohnt hatte, und versank dann in stilles Sinnen. — Eine auf der Villa bereits eingetroffene Nachricht aus der Subura beruhigte den Senator betreffs der Apostel. Pudens war hocherfreut, daß mit seinem Plan die Bitte vollkommen übereinstimmte, welche Petrus durch seine Boten aussprechen ließ, nämlich eine Anzahl Obdachloser auf dem Landgute aufzunehmen.

Schon am Nachmittage traf eine Schaar dieser Unglück=
lichen ein. Die folgenden Tage brachten neue Gäste; in dem
sonst so stillen Landsitze war plötzlich buntes Leben eingezogen.
Auch in traurigster Lage sucht der Mensch dem Leben eine
Lichtseite abzugewinnen, besonders wenn er die Heimsuchung
mit den Augen des Christen ansieht, und wenn dann auch
noch eine christliche Bruderhand die geschlagenen Wunden
zu heilen bedacht ist; so nahm man denn das Treiben und
Leben auf der Villa, das in den ersten Tagen ein recht wir=
res und trauriges gewesen, allmählich einen freundlicheren
Charakter an. Der Senator betrachtete sich als den
Hausvater dieser großen, ihm von Gott gesandten Fa=
milie; daher organisirte er sofort das gemeinschaftliche
Leben, theilte den Tag in Arbeit und Erholung, in Gebet
und körperliche Erquickung. Je nach den Fähigkeiten wurden
die Einen zur Feldarbeit, die Andern zur Beschäftigung im
Hause und in der Küche angewiesen. Jeder sollte nach seinen
Kräften zum Dienste des Ganzen thätig sein. —

Nero kam erst am vierten Tage des Brandes, als
das Feuer auch die kaiserlichen Paläste auf dem Palatin
ergriffen, nach Rom. Sofort begann er in umfassender
Weise seine Vorkehrungen zur Unterbringung der Tausende
von Obdachlosen. Seine eigenen Gärten, wie die öffent=
lichen Gebäude im Marsfelde stellte er dem Volke zur
Verfügung; große Baracken wurden errichtet, aus Ostia
und den Nachbarorten Hausgeräthe aller Art herbeige=
schafft, der Preis des Getreides so niedrig gestellt, daß
Niemand Hunger zu leiden hatte.

Alsdann verordnete er öffentliche Bußandachten, wie
sie bei außerordentlichen Heimsuchungen von Staats wegen
vorgenommen zu werden pflegten, um den Zorn der
Götter zu besänftigen. [11])

Zugleich aber wurde nach einem regelmäßigen Plane
der Neubau der Stadt in Angriff genommen; mit uner=
müdlicher Thätigkeit erschien der Kaiser bald hier, bald
dort, vom frühen Morgen bis zum späten Abend, um
seine Anordnungen zu treffen; in der Nacht berieth er
mit seinen Architekten die Pläne, welche sie ihm für die
Anlagen der Straßen, für den Bau der Tempel und
öffentlichen Paläste vorlegten, und schon innerhalb weniger
Wochen begann Rom sich wie ein verjüngter Phönix aus
seiner Asche zu erheben. Die Straßen wurden breiter
und schnurgerade angelegt, die Häuser alle aus Stein
aufgeführt, wozu die Travertinbrüche des Albanergebirges
das Material, die Provinzen durch verdoppelte Auflagen
und Steuern die Geldmittel liefern mußten.

Allein das Alles konnte die allgemeine Stimme nicht
zum Schweigen bringen, daß Nero selbst den Brand
angestiftet habe. Man erzählte sich, er habe sogar dem
Feuer von der Villa des Mäcenas aus zugeschaut und
dabei die Verse deklamirt, in welchen der alte Homer den
Untergang Troja's in den Flammen schildert. [12]

Der Kaiser erfuhr durch seine Spione genau, was
man in der Stadt über ihn redete, die giftigen Witze,
die man in Form von Frage und Antwort auf ihn
machte, die Spottverse, welche sich Morgens hie und da
angeheftet fanden. So sehr ihn Alles das ärgerte, er
wagte doch Niemand zu bestrafen, um die öffentliche
Meinung nicht noch mehr herauszufordern und den Un=
muth des Volkes zu reizen.

So traf denn eines Tages Alityrus, sein Vertrauter,
als er den üblichen Morgenbesuch abstattete, den Kaiser
äußerst mißgestimmt.

„Bin ich denn," so rief er, „nicht unermüdlich be=
schäftigt, Rom in einer Pracht wieder aufzubauen, daß
keine Stadt der Erde ihr an Schönheit gleich kommen
soll? Sorge ich nicht wie ein Vater für dieses undank=
bare Volk? Diese Verhöhnungen der kaiserlichen Maje=
stät müssen endlich aufhören; meine Nachsicht, die ich um
des öffentlichen Unglücks willen habe walten lassen, ist
erschöpft."

„Wer ist es denn, mein Gebieter," fragte Alithrus,
„wer ist's, der es ungestraft wagen darf, Dein unsterb=
liches Verdienst um Rom Dir zur Schuld zu deuten? Wer
hetzt die Massen auf? — Deine Spione," fuhr er höhnisch
fort, „rupfen nur Blätter ab, sie Dir zu bringen; den
Stamm und die Wurzel lassen sie stehen und wachsen."

„Und wenn Du denn wußtest," brauste Nero auf, „wer diese frechen Frevler sind, warum Deine Weisheit erst heute zu Markte bringen?"

„Wäre Dir mit meiner persönlichen Ueberzeugung, ohne vollständiges Beweismaterial, gedient gewesen, ich hätte Dir meine Weisheit eher feil geboten," antwortete der Hofmann, der wußte, wann und wie weit er ein kühnes Wort dem Kaiser gegenüber wagen durfte.

„Ein vollständiges Beweismaterial, wofür?" fragte Nero.

„Das vollständige Beweismaterial dafür," antwortete Aliturus, indem er jedes seiner Worte dehnte und betonte, „daß es eine Sekte von revolutionären Schwärmern in Rom gibt, welche die Stadt darum in Brand gesteckt hat, um auf den Trümmern Deiner Tempel den Altar des eigenen Götzen aufzurichten."

Nero warf einen stechenden Blick auf den Höfling. — Daß Jemand einen gerichtlich faßbaren Anhaltspunkt, ja, das vollständige Beweismaterial haben könne, einen Andern als den Kaiser selber der Brandstiftung zu überführen, das war ihm unerhört und unbegreiflich. Zu gleicher Zeit aber erkannte er auch, wie unermeßlich werthvoll es für seine Person sein würde, wenn es sich möglich machen ließe, ob auch nur mit schwacher Wahrscheinlichkeit die Schuld des Brandes auf Andere zu wälzen.

Aliturus hatte den Gedankengang im Geiste seines Herrn errathen. Mit der kalten Ruhe und Ueberlegenheit eines Mannes, der seiner Sache gewiß ist, fuhr er fort:

„Deine Majestät, erhaben über das kriechende Ge=würm am Boden, hat diese revolutionäre Sekte bisher verachtet; unter dem Schutze dieser Verachtung ist sie ge=

wachsen und groß geworden. Altar und Thron, Dich,
die Götter und das ganze Reich zu vernichten, das ist
ihr Zweck; ihre erste That war, Rom's alte Heilig=
thümer, sein Ehrwürdigstes, sein Heiligstes den Flammen
preis zu geben."

Dem Kaiser schien die Schilderung seines Höflings
zu unglaublich und abenteuerlich.

„Ich habe Hunderte von Spionen," sagte er kopf=
schüttelnd, „und der Eine ist noch feiner an Geruch und
Spürsinn, als der Andere; wolle mir nicht einreden, daß
die Alle blind gewesen, und Du allein gesehen habest."

„Nun denn," warf Alityrus hin, „so will ich mich
also geirrt haben, daß — daß — die Christen es sind,
die Rom in Brand gesteckt haben. Ich werde meine Be=
weise, wenn ich heimkomme, in's Feuer werfen."

Bei der Nennung dieses Namens sprang Nero auf.
Jetzt verstand er seinen Höfling vollkommen. Als Sekte
der Juden beim Volke tief verhaßt, als Anhänger eines
wegen revolutionärer Umtriebe gekreuzigten Stifters gleich=
sam geborne Verschwörer wider Thron und Reich —
daher zu allen Verbrechen fähig, — ja, auf die ließ sich
die Schuld der Brandstiftung laden.

„Und die Beweise?" fragte der Kaiser hastig.

„Ich habe Zeugen," antwortete Alityrus, „ja, ich
habe Briefe ihres Hohenpriesters, eines gewissen Petrus,
wo er in unzweidentiger Weise von dem Brande spricht."

„Bei allen Göttern," rief Nero aus, „solch' einen
Brief möchte ich sehen."

„Hier ist er, mein Gebieter," entgegnete der Höfling,
indem er eine Rolle aus dem Busen zog. „Lies diese
Stellen!"

Es war der zweite Brief Petri, den der Apostel vor
Kurzem an die Gläubigen im Orient geschrieben. Eine
Kopie desselben mit des Apostels eigener Unterschrift war
im Hause des Flavius Clemens, als dasselbe abbrannte,
mit anderen Dokumenten von den kaiserlichen Spionen
entwendet worden. In der geheimen Kanzlei hatte man
das Schriftstück und seinen Inhalt nicht verstanden; man
glaubte aber gewisse jüdische Ideen darin zu finden, und
hatte es daher dem Alityrus zur Prüfung übergeben.
Die verschiedenen Stellen, auf welche der Höfling den
Kaiser hinwies, lauteten:

„Der jetzige Himmel und die Erde sind durch das-
„selbe Wort aufgespart für das Feuer, aufbehalten für
„den Tag des Gerichts und des Verderbens. Kommen
„wird der Tag des Herrn wie ein Dieb, und vor ihm
„werden die Himmel mit großem Krachen zergehen, die
„Elemente aber in Feuersgluth sich auflösen und die
„Erde und die Werke auf ihr verbrannt werden.

„Wartet der Ankunft des Herrn, durch welche die
„Himmel in Flammengluth zergehen und die Elemente
„in der Lohe des Feuers zerschmolzen werden.“

Nero war auf das höchste und freudigste überrascht.
Bestimmter konnte auf einen bevorstehenden, gewaltigen
Brand nicht hingewiesen werden; die ungewöhnliche Sprache,
wie sie Schwärmern eigen ist, gab dem Schriftstück noch erhöhte Bedeutung. In diesen Stellen, das war unzweifelhaft, lag eine gegen die Christen trefflich verwerthbare Waffe.

„Mein lieber Alityrus,“ sagte der Kaiser mit hoch-
zufriedenem Lächeln, „ich bewundere Deine Umsicht und
Thätigkeit. Bei den unsterblichen Göttern! Eine solch'
ruchlose Sekte, die Himmel und Erde den Flammen preis-
geben will, muß mit allen Mitteln verfolgt und ver-

nichtet werden. Ich lege die Sache in Deine Hand; meinerseits werde ich nachsinnen, mit welch' außerordentlichen Qualen wir diese überaus gefährlichen Schwärmer ausrotten. — Aber sage mir, wer ist dieser Petrus? Beim Apollo, der soll des gräßlichsten Todes sterben!"

„Ein gewöhnlicher Handwerker, ein gemeiner Fischer ist's, der es bequemer und einträglicher fand, hier in Rom abergläubische Tröpfe in seinen Netzen zu fangen. Das ist ja das Tragische bei dem Riesenunglück," fuhr Alityrus unter erheucheltem Seufzer fort, „daß ein ganz ordinärer Mensch ohne Geist, ohne Bildung aus dem fernen Orient kommen mußte, um die Heiligthümer Rom's und seine ältesten und ehrwürdigsten Denkmäler zu zerstören."

„Leider wird der elende Betrüger wohl nur beim niedrigsten Pöbel seinen Fang gemacht haben. Schade, daß nicht auch einige Reiche auf seinen orientalischen Köder angebissen, deren Vermögen ich confisciren könnte. Denn jetzt brauche ich Geld, mehr denn je."

„Ich hoffe auf eine Ernte, die Deine Majestät überraschen soll; selbst Rittern und Senatoren bin ich auf der Spur."

„Wie?" sagte Nero auf's höchste erstaunt, „haben diese Feinde Rom's, die Verächter unserer Götter, auch Anhang bei dem Adel?"

„Das wundere Dich nicht, mein Kaiser; haben sie doch Anhänger in Deinem eigenen Hause." [13)]

„Unter meinem Dache? — Beim Jupiter, hier muß mit ganz energischen Mitteln eingegriffen werden, aber auch — mit nicht geringerer Klugheit, um Alles richtig in's Werk zu setzen. Gehe daher zu Tigellinus, überlege

mit ihm den ganzen Kriegsplan und erstatte mir morgen
Bericht."

Triumphirend kehrte Alityrus nach Hause zurück.
So wenig er für sich selber sich um die Vorschriften des
mosaischen Gesetzes kümmerte, er war doch Jude und
theilte den ganzen Stolz seines Volkes, welches damals
noch in Jerusalem und im Tempel das Unterpfand der
Hoffnung auf die Weltherrschaft Israels verehrte. Als
Paulus nach Rom gekommen, war Alityrus bei der
Schaar der Juden gewesen, welche nach dem Berichte der
Apostelgeschichte den Gefangenen besuchten und den ganzen
Tag mit ihm disputirten; gerade ihm, der mit dem
leichtfertigen Spott eines Schauspielers die ernsten Fragen
des Heiles lächerlich zu machen suchte, hatte Paulus mit
scharfem Ernste geantwortet. Seit jenem Tage war
Alityrus erklärter Gegner der Nazarener. Mit wachsendem Neid und Aerger verfolgte er die schnelle Entwickelung
und die wunderbaren Fortschritte, welche die verhaßte
Sekte bei den Juden und viel mehr noch bei den Römern,
sogar in den Kreisen des hohen Adels machte. Die
Lehren, welche Petrus und Paulus predigten, standen in
unversöhnlichem Gegensatze zu dem, was er selber im
Leben übte; darum haßte er diese Lehre und diejenigen,
welche sie predigten. Als nun gar Petrus sich unter-
fangen hatte, einen Sklaven des Alityrus zu den Nazarenern hinüberzuziehen, da gab es in Rom keinen ver-
bisseneren Feind des Christenthums, als Alityrus.

Bei dem Brande waren merkwürdiger Weise gerade
jene Viertel, welche hauptsächlich von den Juden bewohnt
waren, das Gebiet jenseits der Tiber und die Subura,
von den Flammen verschont geblieben; bereits waren
Stimmen laut geworden, welche neben Nero die Juden

als Anstifter des Brandes nannten. Alityrus betrachtete
sich als Retter seines Volkes, wenn er die für Juden
geltende Sekte der Christen als die Schuldigen hinstellte
und auf diese allein den Haß der Römer lenkte. Wie
hatte er gejubelt, als der Brief Petri in seine Hände
fiel! Aber diese eine Waffe war ihm nicht sicher genug;
mit boshafter Klugheit hatte er weiteres Material ge=
sammelt, und erst als er seinen Köcher mit Pfeilen ganz
gefüllt, war er siegesgewiß vor Nero mit seiner Anklage
hingetreten.

Wohl sah Alityrus selber ein, daß vor der Prüfung eines
unparteiischen Richters die Anklage auf die Brandlegung
nicht durchführbar sein werde, obschon er bereits eine An=
zahl von Zeugen zur Hand hatte, größtentheils Juden,
welche unter dem Vorgeben, ehemals Beziehungen zu den
Christen gehabt zu haben, bereit waren, ihre Aussagen
eidlich zu erhärten. Allein einerseits waren die Richter kaiser=
liche Kreaturen, andererseits aber hatte Alityrus eine zweite,
viel sicherere und schärfere Waffe in Bereitschaft. Das war
die Anklage auf Leugnung der römischen Götter
und die Ausübung eines vom Staate nicht aner=
kannten Kultes, ein Verbrechen, auf welchem nach den
Landesgesetzen die Todesstrafe stand. Die Beschuldigung
der Brandstiftung sollte nach dem Plane des Alityrus
im Grunde nur auf die zweite Anklage vorbereiten. Der
Deckmantel der Angehörigkeit zur jüdischen Religion mußte
den Sektirern abgerissen werden, indem sie gezwungen
wurden, zu gestehen, daß sie Christum, also einen andern
denn Jehova, als ihren Gott anbeteten. Waren sie aber
überführt, daß sie einen Verbrecher, der von einem römi=
schen Richter wegen seines Strebens nach der Königswürde
gekreuzigt worden, zu ihrem Gotte gemacht hatten, daß sie

zugleich die gesammte römische Götterwelt leugneten und
für Dämonen erklärten, dann war es klar, daß man eine
Sekte vor sich habe, welche die Fundamente des Staates
angriff, ja, welche der ganzen menschlichen Gesellschaft den
Krieg erklärt hatte. [11] —

Der Wiederaufbau seines Palastes gab dem Senator
Pudens fast täglich Veranlassung, von der Villa in die
Stadt zu reiten, um die notwendigen Anordnungen zu
treffen und die Arbeiten zu überwachen. War er selber
durch Besuche oder Geschäfte verhindert, so sandte er Eucarpus, auf den er sich verlassen konnte. Der Bau wurde
rüstig gefördert, so daß zum Winter wenigstens der eine
Flügel bewohnt werden konnte.

War es bloß die Theilnahme für den von ihm ge-
retteten Faustus und der Wunsch, über sein Befinden
Etwas zu erfahren, was den Eucarpus bei seinem Ritt
in die Stadt und in die patrizische Straße jedesmal den
Weg an jenem Hause vorüber nehmen ließ, wo der Kranke
wohnte? — Der Jüngling selber gab sich darüber keine
Rechenschaft; fast unbewußt zog es ihn in die betreffende
Straße, trotz des Umwegs.

Eucarpus hatte sich beim Brande und bei der Rettung
des Faustus eine heftige Erkältung zugezogen, und selbst die
ärztliche Hilfe, welche der Senator berief, vermochte die
Folgen derselben nicht zu heben. Aber Eucarpus nahm
die Sache leicht: seine starke Jugendkraft mußte ja gewiß
in einigen Wochen das hartnäckige Uebel überwinden.

Er erfuhr, daß Faustus, der an jenem Unglückstage
eigentlich mehr durch den Schrecken über den Verlust
seines Vermögens, als durch die Krankheit gelähmt war,
auf dem Wege der Besserung sei; einmal hatte Eucarpus

auch Gelegenheit, Faustina zu sehen, als sie in Begleitung
mehrerer Freundinen zu einem Spaziergange das Haus
verließ; wie ihm schien, hatte sie ihn bemerkt und wieder
erkannt.

Als Faustus wiederhergestellt war, beschloß er, seine
erste Ausfahrt vor das Thor zu einem Besuche in der
Villa des Pudens zu benutzen. Für ihn, wie für seine
Tochter war dies vorwiegend eine Anstandsvisite, um
dem Senator den Dank für die von seinem Sklaven so
muthig ausgeführte Rettung abzustatten. Auf Bitten der
Faustina wollte der Ritter dem Pudens die Summe zum
Loskaufe seines Retters anbieten; damit glaubten Beide
dann in überreicher Weise diesem seinen Dienst vergolten
zu haben; ein nachhaltiges, tieferes Gefühl des Dankes
war dem Stolze eines Römers einem Sklaven gegenüber
ja nicht denkbar.

Pudens empfing die Gäste in zuvorkommendster Weise;
als dringende Geschäfte ihn abriefen, gab er ihnen den
Eucarpus zum Begleiter, um die Einrichtungen zu besehen, welche er zur Unterbringung der Obdachlosen getroffen hatte.

Faustus hatte vom Senator erfahren, daß er seinem
Sklaven bereits vor mehreren Jahren seiner vortrefflichen
Eigenschaften wegen die Freiheit geschenkt habe. Das ganze
Benehmen des jungen Mannes auf dem jetzigen Spazier-
gange, wie die Herzlichkeit, mit welcher derselbe überall
von der kleinen Colonie begrüßt wurde, machten auf Va-
ter und Tochter einen angenehmen und sehr vortheilhaften
Eindruck; seine natürliche Leichtigkeit, Feinheit und Ge-
wandtheit in der Unterhaltung war offenbar mehr etwas
Angebornes, als Angelerntes. Dem Eucarpus seinerseits

4*

that es wohl, daß die Beiden die erste Ausfahrt benützt hat=
ten, ihm nochmals ihren Dank auszusprechen. — Mit dem
natürlichen Interesse, das man für Jeden empfindet, dem
man eine besondere Wohlthat erwiesen, und mit dem
Wohlwollen, das aus der Anerkennung dieser Wohlthat
erwächst, benützte Encarpus die Zeit, wo Jene sich bei
seinem Herrn verabschiedeten, um einen Blumenstrauß zu
winden und ihn der Faustina bei der Abfahrt zu über=
reichen.

Viertes Kapitel

In Nero's Gärten.

Das vatikanische Feld und der gleichnamige Hügel auf dem rechten Ufer der Tiber gehörten in der alten Zeit nicht zur Stadt Rom. Neben den dortigen Ziegeleien und den Hütten armer Arbeiter und Sklaven waren die ersten bedeutenden Anlagen die Gärten der Agrippina, welche später durch Erbschaft in den Besitz Nero's kamen. Dieser erweiterte und verschönerte dieselben, erbaute am Abhange des Hügels einen großen Cirkus zur Aufführung öffentlicher Wettrennen für die Belustigung des Volkes und erleichterte den Verkehr dorthin durch den Bau einer Brücke, welche seinen Namen trug.

Als durch den Brand der Stadt Tausende obdachlos geworden waren, öffnete ihnen der Kaiser diese seine Gärten, und so lagerten dort in der Zeit, in welcher unsere Erzählung spielt, zahlreiche Familien theils in eigens für sie erbauten Holzbaracken, theils in den Hallen des Cirkus. Dadurch wurde dieses sonst öde und unbewohnte Gebiet plötzlich bevölkert; dem Hange der Römer nach öffentlichen Spielen trug der Kaiser gerne Rechnung, indem er wiederholt im vaticanischen Cirkus Wettrennen veranstaltete; bald sollte derselbe Zeuge schrecklicher Schauspiele werden.

Alityrus hatte nicht gezögert, seine Pläne gegen die Christen in Ausführung zu bringen. Es war ihm ein Leichtes, die Verurtheilung Vieler auf Grund der Anklage, Rom in Brand gesteckt zu haben, zu erwirken. Allein trotz der Abneigung des Volkes gegen die Sekte zog die Sache nicht, so Schreckliches auch die von ihm bezahlten Zeugen gegen die Christen aussagten. Die allgemeine Stimmung und Ueberzeugung, daß Nero der Schuldige sei, ließ sich durch diese Hinrichtungen nicht erschüttern; man fühlte sogar ein gewisses Mitleid mit den unglücklichen Opfern.

So ward denn zwar auch in der Folge bei allen Anklagen stets die auf Brandstiftung aufrecht erhalten; allein nunmehr wurde als eine Begründung derselben die zweite hinzufügt, daß die Christen als eine geheime und vom Gesetze verbotene Gesellschaft am Umsturze des Staates arbeiteten. Für solche Verschwörer wider die Existenz des römischen Reiches und damit der gesammten menschlichen Gesellschaft schien keine Strafe zu gelinde, und Nero versäumte nicht, seinem Hange in dieser Beziehung nachzugeben und für die Verurtheilten außerordentliche Qualen zu erfinden.

So begann die erste Christenverfolgung, ebenso grausam durch die Arten der Marter, als durch die große Masse derjenigen, welche dem Henker überliefert wurden.

Wenn uns der Geschichtschreiber Tacitus berichtet, es sei eine „ingens multitudo, eine unermeßliche Anzahl" von Christen hingerichtet worden, so läßt uns das auf die wunderbar rasche Ausbreitung der neuen Lehre, wie auf die Hingebung ihrer Anhänger schließen, die zu Hunderten für ihren Glauben in den Tod gingen.

Da der Palatin mit seinen kaiserlichen Palastbauten ebenfalls ein Raub der Flammen geworden, so bezog Nero einstweilen ein Landhaus in den Gärten des Vatikans,[15]) mit herrlichstem Ausblick auf die neu erstehende Stadt,

und so wurde nun besonders das dortige Gebiet und vor=
züglich der Cirkus der Schauplatz für die Hinrichtungen
der Christen. —

Als Faustina mit ihrem Vater die Villa des Pudens
verließ, schaute Eucarpus dem dahinfahrenden Wagen noch

lange Zeit sinnend nach. — Was war es doch, was ihn
gleich bei der ersten Begegnung mit der jungen Dame so
eigenthümlich berührt, was heute noch mächtiger ihn ergriffen
hatte? Es waren nicht die ersten Knospen zarter Liebe, die
in seinem Herzen keimten; wie konnte er, der arme Freigelassene, wie durfte er, der Christ, an die Möglichkeit einer
Verbindung mit einer Dame aus der hohen römischen Aristo-
kratie, mit einer Anhängerin der Götter denken? — Nein,
Faustina's Anblick hatte alte Erinnerungen seiner
Kinderjahre wach gerufen, ohne daß er sich über dieselben
klar werden konnte. Sinnend und träumend wandelte er
durch die Gänge des Gartens, bis er zu einer Stelle kam,
wo das Gebüsch sich lichtete und eine zauberhafte Aussicht
auf die Campagna und das Gebirge eröffnete.

Eucarpus ließ sich auf eine dort angebrachte Rasenbank
nieder, stützte den Kopf in die Hand und schaute planlos
hinaus in die Ferne. Und allmählich begannen die Bilder
der Vergangenheit klarer vor seiner Seele aufzusteigen, —
ein Saal mit orientalischer Pracht ausgestattet, und auf
einem Divan ruhend eine Dame — ja, das war Etwas
von den Zügen, das war vor Allem das Auge, das er bei
Faustina wieder gefunden hatte! Und nun erinnerte er sich,
wie jene Dame ihn in ihre Arme genommen und ihn ge-
herzt und geküßt hatte; er sann nach, welche Worte sie zu
ihm gesprochen, und nach langem Sinnen brachte er die
Worte in seiner Muttersprache wieder zusammen: „Mein
liebes, süßes Kind, mein Sohn Sadoth."

Eucarpus barg sein Angesicht in seine beiden Hände;
heiße Thränen entströmten seinen Augen: — er hatte
das Bild seiner Mutter wieder erkannt.

Und nun erwachten weitere Erinnerungen: die Gestalt
eines stattlichen Mannes in glänzender Rüstung, mit ge-

bräuntem Antlitz, vollem Bart und langem, schwarzem
Haar, den er oft an der Seite seiner Mutter gesehen, —
und Knaben, mit denen er gespielt hatte; — das war
sein Vater, das waren seine Brüder gewesen.

Der arme Jüngling schluchzte laut vor Schmerz und Weh.

Wie liebe Todte, die du kürzlich verloren, im Traume
vor deiner Seele auftauchen, so daß du wieder mit
ihnen verkehrst, mit ihnen redest, und wie du dann beim
Erwachen schmerzlich enttäuscht ausrufst: „O, warum
mußte es bloß ein Traum sein?!" — ähnlich, aber viel,
viel wehmütiger durchbebte es die Seele des Jünglings,
der jetzt, jetzt zum ersten Male es mit tiefster Bitterkeit
empfand, daß er einst etwas Anderes als ein armer, ver-
achteter Sklave gewesen.

Die Sonne war längst untergegangen, und der kühle
Abendwind wehte durch die Gebüsche; mild und feierlich
schauten Mond und Sterne auf die Erde und ihr Leid
hernieder, als die von Pudens ausgesandten Diener den
Eucarpus fanden. Die ganze Nacht hindurch schloß er kein
Auge; die Eltern und die Geschwister, das Vaterhaus und
die Vaterstadt standen immer und immer vor seinem Geiste,
und je länger er das Bild betrachtete und sich in dasselbe
versenkte, um so klarer und bestimmter gestalteten sich die
Erinnerungen an längst geschwundene selige Kinderjahre.

Erst am nächsten Morgen, als das gemeinsame Gebet
die Hausbewohner vor dem Angesichte des Herrn versammelte, fand sein wirrer Geist Ruhe und Fassung wieder.

„Wäre ich je Christ geworden," sagte er sich, „hätte
ich jemals meinen Heiland und Erlöser kennen gelernt,
wenn das Unglück mich nicht auf den römischen Sklavenmarkt, die Gnade Gottes mich nicht in das Haus meines
Herrn geführt hätten?"

Und in diesem Gedanken fand er allmählich seine Ruhe, seinen Frieden wieder, aber ohne daß die Sehnsucht nach den Eltern und Geschwistern in seinem Herzen erkaltet, die Frage nach ihrem Schicksale in seiner Seele verstummt wäre. —

„Du hast nun schon seit Wochen auf jede Erholung und Freude verzichtet, um Deinen kranken Vater zu pflegen," sagte eines Tages Faustus zu seiner Tochter; für heute Abend sind großartige Festspiele im vatikanischen Circus angesagt; würde es Dir nicht ein Vergnügen machen, wenn wir zusammen hingingen?"

„Zu jeder anderen Schaustellung, lieber Vater," entgegnete Faustina, „würdest Du mich bereit finden; an diesen Torturen der Christen, mögen sie auch dessen schuldig sein, wessen man sie anklagt, kann ich nur Widerwillen empfinden."

„Pah," antwortete der Ritter, „ist solch ein Gesindel zu gut, um zur Schaulust des Volkes hingerichtet zu werden? Mit Brandstiftern und Verschwörern, die schlimmer sind als die catilinarischen Banden, soll man kein Mitleid haben."

„Glaubst Du denn wirklich", fragte die Tochter, „daß sie dieser Verbrechen schuldig sind, und daß nicht vielmehr Jemand anderer mit ihrem Blute einen Schandfleck von den eigenen Händen waschen will, den er mit dem Blute selbst des ganzen römischen Volkes sich nimmer abwäscht?"

„Ich habe dem Alityrus, des Kaisers Rath und Günstling, versprochen," bemerkte Faustus, ohne auf die Frage seiner Tochter einzugehen, „heute dort zu erscheinen; er ist ein Mann von zu viel Macht und Einfluß, als daß ich mein Wort brechen dürfte."

„Ja, dann begleite ich Dich, Vater," antwortete die junge Dame; „doch möchte ich meinerseits eine Unterhaltung

mit dem Höfling gerne vermeiden. Dieser jüdische Schau=
spieler, dessen Züge den Stempel verworfenster Gemein=
heit tragen, der durch schändliche Verbrechen reich ge=
worden ist, der den Kaiser beherrscht, indem er seinen Lastern
dient, dieser Mensch ist mir so zuwider, daß eine freund=
liche Unterhaltung mit ihm mir unmöglich sein würde."

„Der Adel muß Manches lernen in unseren Tagen,"
entgegnete Faustus, „selbst das Schmeicheln und Kriechen
vor einem gemeinen Emporkömmling, um Stellung, Gut
und Leben zu retten. Die edlen Geschlechter Rom's," fuhr
er mit steigendem Ingrimm fort, „die Senatoren und Ritter
mit ihren Familien werden zur Parade in das Theater
oder den Cirkus befohlen, um die Sitze zu füllen und Bei=
fall zu klatschen, wenn Nero mit seiner krächzenden Stimme
als Apollo auftritt oder als Sonnengott mit den Kutschern
des Cirkus um die Wette fährt, — und wehe dem Adel,
wenn er nicht erscheint und nicht vor Bewunderung dieses
wahnwitzigen Götzen in unermeßliches Entzücken geräth."

Faustina seufzte; sie wußte zu gut und empfand es
mit tiefstem Unwillen, wie wahr und richtig ihr Vater
gesprochen.

Als sie bei eintretender Nacht sich über das Mars=
feld nach dem Vatikan begaben, sahen sie, wie eine Menge
Arbeiter beschäftigt war, unter Fackelbeleuchtung ein großes
Gebäude aus Holz aufzuführen. Wozu sollte dieser pro=
visorische Bau, der viele Tausende von Menschen fassen
konnte, dienen? Und warum die Eile, daß selbst in der
Nacht die Arbeit nicht eingestellt wurde? — Faustus wandte
sich an einen der Bauführer, erhielt aber zur Antwort,
der Kaiser habe das Werk befohlen; wozu, wisse er nicht.

Am Eingange in die Gärten der Agrippina bot sich
den Blicken der Beiden ein schreckliches Schauspiel dar. An

Nero's lebende Fackeln

im vatikanischen Cirkus.

hohe Pfähle gebunden standen rechts und links zwei mensch=
liche Gestalten, über und über in Werg gehüllt, welches
wieder mit Pech überzogen war, das ganze eine formlose
Masse, aus welcher nur der Kopf frei hervorragte.

Faustina hatte schon davon gehört, daß Nero die Chri=
sten zur Beleuchtung seiner Gärten auf diese Weise mar=
tere: das waren also zwei solcher lebendiger Fackeln,
die beim Einbruch der Dunkelheit angezündet werden soll=
ten. Um zu der Qual den Hohn hinzuzufügen, waren
die Pfähle mit Laubkränzen umwunden, — Nero ahnte
nicht, daß es die Symbole der ewigen Siegeskränze für
die Martyrer Christi waren.

Die junge Dame wandte mit Abscheu ihre Augen hin=
weg; aber sie war mit ihrem Vater noch nicht weit in den
Garten vorwärts gegangen, so erblickte sie wiederum zwei
solcher Unglücklicher, und so war eine förmliche Allee gebil=
det bis zum Cirkus hin. Obschon die junge Römerin durch
den Besuch der Gladiatorenspiele an blutige und schreckliche
Mordscenen gewöhnt und also ihre Nerven in dieser Be=
ziehung abgestumpft waren, so erfüllte diese ungewöhnliche
und neue Grausamkeit sie doch mit Entsetzen.

Faustina wollte darüber eben leise ihrem Vater eine
Bemerkung machen, die sie nicht unterdrücken konnte, als
Alityrus auf die Beiden zutrat und Faustina und ihren Va=
ter mit der ganzen leichten Gewandtheit eines vollkommenen
Hofmannes begrüßte. Er wußte der jungen Dame gleich so
viel Verbindliches zu sagen und die Unterredung dann in
einem so interessanten Stile fortzuspinnen, daß Faustina
unwillkürlich den Widerwillen schwinden fühlte, den sie vor=
hin beim ersten Anblick dieses Menschen empfunden hatte.

Von Alityrus erfuhren nun auch Beide, „was er ihnen,
wie er sagte, allerdings noch als ein kleines Staatsgeheimniß

mittheile," daß der großartige Holzbau auf dem Marsfelde
für die Festlichkeit bestimmt sei, welche der Kaiser zu Ehren
des Königs der Armenier, dessen Besuch in den näch=
sten Wochen erwartet werde, veranstalten wolle.

Nunmehr verkündete schmetternder Trompetenschall und
eine rauschende Musik, daß der Kaiser nahe; Alityrus ent=
fernte sich schleunigst, um sich dem Gefolge des Herrschers
anzuschließen; auch der Ritter und seine Tochter beeilten sich
durch die unteren Hallen die Treppe zu ersteigen, welche zu
der Sitzreihe der Ritter hinaufführte. Als Faustina in das
Innere des Cirkus hinaustrat und nun von oben herab ihr
Auge auf die weite Arena richtete, erschauderte sie bei dem
Anblick, der sich ihr darbot. Die lebendigen Fackeln brann=
ten ringsum und warfen ihren Schein durch das Dunkel
auf die Tausende, welche die terrassenförmig aufsteigenden
Sitzreihen füllten; andere dieser unglücklichen Opfer, von
Flammen umlodert, standen auf der Spina oder der langen
Mauer in Mitte der Rennbahn, um welche herum in sieben=
maliger Fahrt die Wagenlenker ihre Rosse zu jagen hatten.
Diese Mauer entlang waren in gräßlicher Dekoration neben
einander Kreuze aufgerichtet; an jedes Kreuz war ein Christ
angenagelt. Hoch über ihnen erhob sich auf der Mitte der
Spina der neronische Obelisk, — derselbe, welcher heute,
ein Kreuz auf seiner Spitze, den Petersplatz schmückt. [16])

In diesem Augenblicke erschien der Kaiser, stehend auf
der Biga oder dem niedrigen, für die Wettfahrten eigens ge=
bauten Wagen, die Zügel des Viergespanns in der einen,
das Elfenbeinscepter mit dem Adler in der anderen Hand,
einen goldenen Reifen um die Stirne, umwallt von einem
mit goldenen Sternen besäeten Purpurmantel, darunter die
mit Palmzweigen bestickte Tunica. Dem kaiserlichen Wagen
voran schritt eine Schaar von Musikern mit silbernen In=

Nero's Aufzug im vatikanischen Cirkus.

strumenten und ein Doppel-Chor von Edelknaben, die in
wechselndem Gesange das Lob des Herrschers verkündigten;
Ritter und Senatoren in weißer Toga umgaben auf beiden
Seiten den Wagen; ein reiches Gefolge von Hofbeamten
und Magistratspersonen bildete den Schluß. Händeklatschen
und Zurufe bezahlter Leute begrüßten von allen Seiten
des Cirkus den Herrscher, der in langsamem Schritte rings
die lange Rennbahn auf und nieder fuhr: nach seiner
Meinung hätte Jupiter selber nicht majestätischer vor den
Augen der Sterblichen erscheinen können. Dann kehrte
er hinter die Schranken zurück, wo seine drei Nebenbuhler
seiner harrten und mit Mühe die feurigen Rosse bändigten,
welche unter lautem Wiehern den Boden stampften.

Auf ein gegebenes Signal fielen die Schranken, und
dahinjagten wie der Sturmwind die Viergespanne über den
Silbersand der Arena; ein ungeheueres Geschrei begrüßte
sie. In gespannter Erwartung, mit verhaltenem Athem verfolgten für die ersten Augenblicke die Tausende der Zuschauer
die Wettrenner, — — und bei der so eingetretenen Stille
konnte man jetzt das Wimmern der unglücklichen Opfer vernehmen, die vom Feuer umlodert den Todeskampf kämpften.

Aber die Stille dauerte nur wenige Augenblicke. Je
nach den Farben der Wagenlenker war das Publikum in
die Partei der Weißen, der Rothen, der Grünen und der
Blauen getheilt; jede Fraktion wünschte ihrem Gespann den
Sieg: so trat das ganze versammelte Volk mit in den Wett-
kampf, in nicht geringerer Leidenschaftlichkeit, als die in dichte
Staubwolken gehüllten Wagenlenker selber, welche, weit
vorübergebeugt über die Brüstung der Biga, ihre Pferde bei
ihren Namen nannten und sie mit allerlei Zurufen ansporn-
ten. In steigender Spannung verfolgte Jeder mit dem Blicke
den Wagen, für dessen Farbe er Partei genommen, vor-

über an den Reihen der brennenden Fackeln, die jedesmal
für einen Augenblick die durch die Nacht dahinsausenden
Wettfahrer beleuchteten; gewann der Wagen einen Vorsprung, so ermunterte man den Auriga durch Bravorufen,
seinen Vortheil zu verfolgen; blieb er zurück, so trieb
man ihn mit Worten und Geberden an. Je mehr das
Rennen sich seinem Ende näherte, desto höher stieg die
Spannung; der Eine jubelte, der Andere wüthete und
tobte; man klatschte in die Hände und schrie dem Wagenlenker seiner Partei zu, so nahe am Ziele die Palme
nicht zu verlieren; Diese schwenkten Tücher, Jene streckten
die Arme aus, als wenn sie in die Bahn hätten reichen
können, um mit eigenen Händen noch mehr anzutreiben.

Endlich kam der erste Wagen, es war natürlich der
des Kaisers, am Ziele an, und nun erhob sich ein donnern-
des Jubelgeschrei der Gewinnenden, vermischt mit Fluchen
und Verwünschungen der Verlierenden, daß es vom Vatikan aus bis nach Rom hinüberschallte.

Mochte das Wettrennen der Wagenlenker in der Arena
ein Schauspiel sein, — ein noch seltsameres waren, nach den
Worten des christlichen Schriftstellers Lactantius, die Zuschauer selber gewesen.

Als das Spiel zu Ende war, zerstreuten sich die Tausende und Tausende, in ihrem Hinausgehen aus dem
Cirkus und den Gärten von den menschlichen Fackeln beleuchtet. Die Bekenner Christi, die Erstlinge der Martyrer der römischen Kirche, sie hatten ausgerungen; auch
für sie war der Cirkus der Kampfplatz um einen Sieges-
preis gewesen, und Engel hatten niederschwebend ihnen
nach dem Wettstreit des Lebens die unverwelkliche Palme
ewiger Herrlichkeit gereicht.

Fünftes Kapitel.
Nach dem Festspiele.

Faustina hatte mit nicht geringerer Leidenschaftlichkeit, wie alle Uebrigen, dem Wettrennen
beigewohnt; als der grüne Wagenlenker, für
den sie Partei genommen, gleich bei dem ersten
Laufe einen Vorsprung errungen, war sie ebenso
in Entzücken gerathen, wie sie nachher von Wuth und
Aerger übermannt wurde, als sie beim fünften und noch
mehr beim sechsten Laufe die Rosse ermatten und allmählich zurückbleiben sah, so daß das kaiserliche Viergespann
sie beim siebenten Laufe überholte. Daß so ihre Renner
verloren hatten, darüber tröstete sie sich insofern, als es
ja einmal feststand, daß der Kaiser siegen mußte; — kurz,
sie hatte sich „vortrefflich amüsirt."

Da fiel ihr Blick auf die lodernden Menschenfackeln
und auf die Gekreuzigten, denen eben die Henker den
Todesstoß mit dem Eisenkolben zu geben beschäftigt waren,
und das verstimmte sie doch wieder etwas.

Um ihren noch immer von der Krankheit schwachen
Vater und auch sich selber nicht zu sehr dem Gedränge in
der dichten Menschenmasse auszusetzen, wartete sie mit ihm,
bis sich der Strom verlaufen; dann stieg sie von der höheren
Sitzreihe, wo der Platz für die Ritterschaft war, hinunter
und nahm mit ihrem Vater den Weg durch die Rennbahn
des Cirkus, um rascher zum Ausgange zu gelangen.

5*

Ueber die Arena dahinschreitend, bemerkte sie, wie einige Männer beschäftigt waren, die Leichen der Gekreuzigten von den Kreuzen herunterzunehmen; mehrere Bahren standen bereit, um die Todten fortzutragen. Es waren ohne Zweifel die Sklaven des Cirkus, welche nach dem Festspiele „abräumten".

Bald fiel ihr aber die rücksichtsvolle Ehrfurcht auf, mit welcher die Leichen behandelt wurden: nein, so pflegten nicht die rohen Sklaven mit den Todten zu verfahren. Eben wurde der Leichnam eines jungen Weibes, in ein weites, kostbares Tuch gehüllt, an ihr vorüber getragen; ein Greis küßte ehrfurchtsvoll die Hand der Todten. Ein

Mann von orientalischem Aussehen, mit kahlem Kopfe und weißem Bart, eine ungemein würdige Erscheinung, redete, wie Faustina zu verstehen glaubte, in griechischer Sprache zu einem jungen Manne, wohl dem Gatten der Hingerichteten, um ihn zu trösten.

Plötzlich hörte sie den leisen Zuruf: „Eucarpus!" und sie sah, wie Jemand zu einem der Kreuze hineilte, dort Hilfe zu leisten.

Der Name fiel ihr auf. Es war doch nicht wohl denkbar, daß der Freigelassene des Senators Pudens bei den Sklaven des Cirkus Dienste genommen hätte.

Sie verfolgte den Mann mit dem Blicke, bis er an einer der Fackeln vorüber ging; das Licht derselben fiel auf sein Gesicht; es war wirklich Eucarpus, der Retter ihres Vaters.

Vor wenigen Wochen hatte sie ihn doch noch auf der Villa des Pudens gesehen; was war unterdessen vorge=kommen, daß die Noth ihn zu dieser niedrigsten und ge=meinsten Beschäftigung getrieben?

Schon fiel ihr ein, ob nunmehr nicht der Zeitpunkt da sei, wo sie durch eine Geldspende dem in Unglück Gerathenen ihre Dankbarkeit an den Tag legen könnte, als sie plötzlich, sprachlos vor Erstaunen, auch den Pudens zu erkennen glaubte.

Faustus befand sich unterdessen in eifrigem Gespräche mit einem andern Ritter, welcher sich den beiden zugesellt hatte, und dem er die vorhin von Alityrus gehörte Neuigkeit von dem bevorstehenden Besuche des Königs der Armenier erzählte.

An der Seite ihres Vaters dahinwandelnd, heftete Faustina ihr Auge unverwandt auf die Scene bei den Hingerichteten. Es war kein Zweifel: trotz einer gewissen Verkleidung, die er angelegt, erkannte sie den Senator Pudens, wie er mit den Uebrigen bei der Abnahme der Leichen beschäftigt war. Und sah sie dort nicht auch sogar den Titus Flavius Sabinus unter diesen Leuten? [17])

„Vater", wandte sie sich an Faustus, „wer sind doch jene Männer, die sich da mit den Leichen der gekreuzig=ten Christen zu schaffen machen?"

„Das werden ebenfalls Christen sein, meine Tochter," erwiderte dieser gleichgiltig; „die Schwärmer benützen die Erlaubniß, welche das Gesetz einem Jeden gibt, die Leichen der Hingerichteten in seiner eigenen Gruft beizu= setzen. Morgen werden vielleicht diese Narren, die sich solche unnütze Mühe um die Kadaver der Verbrecher geben, an deren Stelle an denselben Kreuzen hangen."

Faustina schwieg. Daß Eucarpus, ein griechischer oder orientalischer Sklave, dem fremden Aberglauben an= hange, ließ sich begreifen. Allein war es denn auch nur möglich und denkbar, daß so hochstehende, ehrenwerthe und intelligente Männer wie Pudens und Sabinus der so verschrieenen Sekte der Christen angehörten? — Sie sann und sann: die Sache blieb ihr ein unlösbares Räthsel, wofern sie nicht annehmen wollte, daß alle bösen Gerüchte über die Christen lauter Lügen, und ihre Lehren das Gegentheil von dem seien, was man sich erzählte. Aber stimmte denn nicht alle Welt darin vollkommen überein, daß es eine gottlose, staatsgefährliche Sekte sei, eine Feindin der Götter, ein geheimer Bund von Ver= schworenen wider den Bestand des römischen Reiches und seiner Einrichtungen? Konnte das pure, rein aus der Luft gegriffene Erfindung und Verleumdung sein?

Die ganze Nacht hindurch bewegten sich im Schlafe vor Faustina's Geist die Scenen des Cirkus, Nero und die jagenden Rosse und die brennenden Menschen und die Senatoren bei den Leichen. —

Spät am Morgen nach dem Festspiel lag Nero gäh= nend auf seinem Polster, ohne auf den Bericht Acht zu geben, den Alityrus ihm erstattete. Während derselbe neue Verzeichnisse von Christen vorlas, die er als solche auf=

gespürt hatte, und dann seine Verdachtgründe entwickelte,
daß auch der Senator Pudens mit seiner Familie der
Sekte angehöre, dachte Nero an die neuen Festspiele, die er
für die Ankunft des Königs von Armenien geben wollte.

Der langen Rede des Hofschranzen überdrüssig, sagte
er endlich:

„Nun höre mir einmal mit diesen Geschichten auf!
Diese ewigen Proscriptionslisten beginnen ebenso mich zu
langweilen, wie das Volk. Denn obschon Du es mir
sorgfältig verschweigst, so weiß ich doch, daß die Römer
über diese Masse von Hinrichtungen murren.“

„Aber,“ fragte Alityrus verstimmt, „wie will denn
Deine Majestät die Verleumdung wegen der Brandstiftung
zum Schweigen bringen, wenn die wirklich Schuldigen
nicht mit aller Strenge bestraft werden?“

„Als Barbar kennst Du die Römer nicht,“ entgegnete Nero bitter und höhnisch. „Die vergessen Alles, wenn
man ihnen Mahlzeiten und glänzende Spiele gibt, und dazu
bietet uns ja der Armenier gerade die schönste Gelegenheit.“

„So sparen wir einige hundert Christen für die
Gladiatorenkämpfe auf!“ bemerkte Alityrus.

„Rede mir nicht mehr von den Christen!“ erwiderte
Nero ärgerlich. „Das ist eine veraltete Waare; die
Römer müssen alle Monate etwas ganz Neues haben,
wenn sie zufrieden und ruhig bleiben sollen. — Wie steht
es mit dem Theater auf dem Marsfelde?“

„Die Arbeit schreitet rüstig vorwärts, Majestät,“
antwortete Alityrus.

„Schreitet rüstig vorwärts; diese Antwort höre ich
schon seit Wochen von Dir!“ rief der Kaiser in steigendem Unwillen. „Wann wirst Du mir endlich einmal
sagen, sie ist fertig?“

„Tag und Nacht ist man thätig,“ wagte der Hof=
mann zu bemerken; „sämmtliche Domänensklaven sind dazu
herangezogen, selbst von den entlegeneren Besitzungen.
Ich finde keine neuen Kräfte mehr, falls Du mir nicht
erlaubst, die . . . die Christen zur Arbeit zu verwenden.“

„Bei allen Göttern!“ brauste Nero auf, „abermals
die Christen! Ich will den Namen nicht mehr hören!
Bei meiner Ungnade rede mir nicht mehr von ihnen! —
Rufe mir den Tigellinus; ich werde mit ihm die Sache
besser überlegen können, als mit Dir, der mir nur von
dieser eurer jüdischen Sekte zu erzählen weiß.“

Alityrus verbeugte sich unterthänigst und ging. Die
Verfolgung der Christen, die Confiscation ihrer Güter,
welche ihm so viel einbrachte, mußten jetzt eingestellt wer=
den, gerade jetzt, wo er die ganze Sekte nahezu ausge=
rottet zu haben glaubte.[18])

Welche Mühe hatte er sich gegeben, zu den Wettren=
nen im vatikanischen Cirkus Senatoren, Ritter und Volk
in möglichst großer Zahl zu versammeln, um dem kaiser=
lichen Roßlenker gefüllte Zuschauerräume zu bieten, und
nun zahlte ihm die Laune des Tyrannen mit harten
Worten und mit Zerstörung seines Lieblingsplanes!

Alityrus hatte es schon früher einige Male empfinden
müssen, daß der Sonnenglanz des Herrschers nicht bloß
erleuchte und wärme, sondern oft auch höchst unbequem
sein könne. Er dachte heute noch nicht daran, daß diese
Sonnengluth auch sengen und verbrennen könne. — —

Um dieselbe Stunde, wo der Höfling in tiefer Miß=
stimmung den kaiserlichen Palast verließ, war das Land=
gut der Priscilla an der salarischen Straße Zeuge einer
rührenden Scene.

Von den Märtyrern des Cirkus hatte nur ein Theil
in den Lehmgruben am anstoßenden vaticanischen Hügel bei=
gesetzt werden können, sowohl weil der Raum, als auch die
Zeit nicht ausreichte, sie daselbst alle noch während der Nacht
heimlich zu bestatten. [19] Pudens hatte daher schon mehrere
Wagen bereit gehalten, auf welche nunmehr die Leichen der
Blutzeugen gelegt und nach seiner Villa gefahren wurden,
um sie bei dem Grabmal seiner Mutter, in den Gängen
des anstoßenden Arenariums zu begraben. Es war dies
eine weitverzweigte unterirdische Sandgrube, die noch heute
existirt, und von der ein größeres Gebiet den ältesten
Theil der berühmten Katakomben der Priscilla bildet. [20]

Eucarpus hatte während der Nacht mit Hilfe einiger
Männer, die sich freudig zu diesem Ehrendienste hinzu=
gedrängt, die Leichen, auch die halbverkohlten Gebeine
der Verbrannten, gewaschen, gesalbt und in kostbare
Tücher gehüllt; andere Brüder hatte er in den unterir=
dischen Friedhof geschickt, daselbst die erforderliche Anzahl
von Gräbern in dem felsartigen Tuff auszuhauen; die
Frauen mußten Blumenkränze winden.

Nunmehr war alles bereit, die Märtyrer in die Gruft
hinabzutragen und zu beerdigen. Die Leichen, zwölf an
der Zahl, sowie die in einem besonderen Sarg zusammen=
gelegten Ueberreste der Verbrannten, waren in die Haus=
kapelle getragen worden, und hier versammelten sich nun
zu der festgesetzten Stunde die sämmtlichen auf dem Land=
gute weilenden Christen, um in feierlicher Prozession den
Todten das letzte Geleite zu geben.

Petrus und Paulus hatten am gestrigen Abende vor
dem Beginne der Spiele die Bekenner noch einmal in ihrem
Kerker besucht und sie in der Standhaftigkeit bestärkt; beide
Apostel waren bei der Fortschaffung der Leichen aus dem

Cirkus zugegen gewesen; jetzt erschienen sie, um die Bestattung derselben vorzunehmen.

Der Eingang zur Villa war an diesem Morgen geschlossen gehalten worden, damit kein Unberufener eintrete.

Eine Anzahl von Kindern, an ihrer Spitze die beiden
Töchterchen des Senators, Pudentiana und Praxedis,
eröffnete den Zug, Palmzweige in den Händen. Ihnen
folgten, von je vier Männern getragen, die zwölf Martyrer,
offen auf der Bahre liegend, jeder mit einem Blumenkranze
um das Haupt; ein größerer Kranz schmückte den verhüllten Schrein, der die verkohlten Gebeine umschloß.
Neben den Leichen her zu beiden Seiten gingen Jungfrauen
mit brennenden Fackeln, gleichsam um die Blutzeugen zum
ewigen Hochzeitsmahle zu geleiten. Daran schlossen sich die
Kleriker, Diakone und Priester, Psalmen singend, in ihrer
Mitte die beiden Apostelfürsten Petrus und Paulus. Den
Schluß bildeten die noch übrigen Mitglieder der kleinen Gemeinde, erst die Männer, dann die Frauen. — So bewegte
sich der Zug langsam und feierlich durch die duftigen Gänge
des Gartens bis zum Grabmal der Priscilla. Freundlich
schaute die Sonne vom reinen Morgenhimmel auf das
heilige Schauspiel herab: auf die Nacht der Leiden war
der helle Tag der Verklärung gefolgt; in den Bäumen
des Gartens sangen die Vögel ihre schönsten Lieder: ein
leiser, ferner Wiederhall der seligen Gesänge des Paradieses. — Damit stimmten auch Text und Ton der Psalmen
überein, die nicht einen traurigen Charakter an sich trugen, sondern Freude und Zuversicht athmeten.

Unten in den Arenarien nahmen die Fossores oder Todtengräber die Leichen in Empfang und legten sie behutsam
jede in ein Grab der Felsenwand, je vier in verschiedene Höh-
lungen übereinander. Die Oeffnung wurde mit großen vier-

eckigen Ziegelplatten und Mörtel luftdicht verschlossen; dann
schrieb man auf dieselben mit rothem Mennig die Inschrif=
ten, welche meist nur den Namen des Verstorbenen, nebst
dem Zuruf: „PAX TIBI, Friede sei mit dir,“ enthielten.[21])

Als die Leichen bestattet waren, begab sich die kleine
Schaar der Gläubigen aus dem Dunkel des Arenariums
wieder hinauf in das Grabmal der Priscilla, wo ein Altar
hergerichtet worden war. Da die engen Räume unten es
nicht gestatteten, unmittelbar über den Gebeinen der Mar=
tyrer die hl. Geheimnisse zu feiern, so brachte Petrus in
der obern Grabkapelle die hl. Messe dar: mit dem Blute
des Erlösers verband sich das Blut seiner seligen Martyrer
zu Einem Opfer.[22])

Als Faustina nach höchst unruhigem Schlafe erwachte,
stand die Sonne schon hoch am Himmel. Ihre ersten Gedan=
ken beschäftigte wieder die Erinnerung an den gestrigen
Abend, vor Allem an die Männer, welche die Leichen der
Hingerichteten herabgenommen hatten, um sie wohl gar
in den eigenen Familiengrüften beizusetzen. Selbst den
Tag über vermochte sie diese Bilder nicht zu verscheuchen;
so gerne sie sich von ihnen los gemacht hätte, sie ließen
ihren Geist nicht zur Ruhe kommen. Vergebens suchte
sie sich einzureden, daß sie bei dem Schein der Fackeln
sich in allen drei Personen getäuscht habe.

Um der Sache ein Ende zu machen, lud sie am Nach=
mittage ihren Vater zu einer Ausfahrt ein, um einmal
wieder den Senator Pudens zu besuchen, der sich ihnen
das erste Mal so überaus freundlich erwiesen. Sie gedachte
keineswegs, denselben über das Räthsel, das sie sich nicht
zu lösen vermochte, zu befragen; dazu hätte sie nicht den
Muth gehabt. Allein vielleicht entdeckte sie beim Umher=
wandeln in der Villa Etwas, was ihr näheren Aufschluß

geben konnte; jedenfalls mußte sie erfahren, ob Eucarpus noch im Dienste des Senators sei oder nicht.

Faustus, der seiner Tochter nie etwas abschlug, da nach dem Tode seiner Gattin an diesem seinem einzigen Kinde seine ganze Seele hing, willigte um so lieber ein, als er sich bei dieser Gelegenheit über Schicksal und Aufenthalt seines alten Waffengefährten, des Hauptmanns Cornelius von Cäsarea, erkundigen wollte.

Der erste, der ihnen beim Eintritt in die Villa begegnete, war Eucarpus.

„Führe," sprach Faustina, „meinen Vater zu Deinem Herrn, mit welchem er zu sprechen hat; ich möchte unterdessen die Villa ansehen, und Du kannst mich wohl begleiten, um mich auf einzelne besonders schöne Punkte aufmerksam zu machen."

Faustina, die sich auf eine Rasenbank gesetzt, schaute dem Jüngling in Begleitung ihres Vaters mit prüfenden Blicken nach: es war kein Zweifel, daß er es wirklich gewesen, den sie gestern Abend im Cirkus gesehen. Aber als wenn sie sich und ihren eigenen Augen nicht getraut hätte, wollte sie von ihm selber das Geständniß haben; und als er daher zu ihr zurückgekehrt war, begann sie also:

„Wir sind heute in die Villa Deines Herrn gekommen, weil ich nach der berauschenden Aufregung des gestrigen Abends im Cirkus mich durch einen Gang in's Freie erholen mußte. Das war doch wieder ein brillantes Wettrennen! Das einzig Störende dabei waren diese grausigen Fackeln der brennenden Christen."

Eucarpus schaute die Dame mit einem flüchtigen, aber forschenden Blicke an: sollte sie ihn bei der Abnahme der Leichen gesehen haben? Und — hatte sie auch gar den Senator erkannt? — hing damit etwa der jetzige Besuch zusammen?

„In der That," antwortete er, rasch gefaßt, „der Kaiser sorgt für die Belustigung des Volkes, und wenn die Christen Rom in Brand gesteckt haben und überhaupt solche Zauberer und Scheusale sind, wofür man sie ausgibt, so ist auch ein grausamer Tod für sie keine zu harte Strafe."

Das war eine Antwort, welche Faustina um nichts weiter aufklärte, aus der sie nicht einmal den sichern Schluß ziehen konnte, daß Eucarpus selber im Vatikan gewesen.

„Es ist nur merkwürdig," fuhr sie fort, „wie die Sekte noch immer Anhänger findet, und wie diese so enge zusammenhalten, daß sie selbst mit Lebensgefahr die Leichen ihrer hingerichteten Gefährten aus dem Cirkus holen, wie ich es gestern Abends mit eigenen Augen gesehen."

Eucarpus konnte nach diesen Worten kaum mehr zweifeln, daß die Römerin ihn erkannt haben mußte.

„Gewiß, edle Dame," entgegnete er, „es ist eine wunderbare und geradezu unerklärliche Erscheinung, wie ein Mann, der im fernen Judenlande gekreuzigt wurde, der nur ein paar arme und ungebildete Fischer als Anhänger hatte, daß der nach seinem Tode seine Lehre von Land zu Land ausbreiten, sie bis nach Rom bringen und hier für dieselbe einen so festen Boden gewinnen konnte, daß alle Marter des Kaisers nicht im Stande ist, sie auszurotten."

Das war für Faustina ein ganz neuer Gedanke. —

„Nun," sagte sie nach einer Pause, „das Wunderbare erklärt sich leicht; das Geheimnißvolle, in welches die Naza= rener ihre Mysterien hüllen, lockt die nach Neuem begierige Menge, und die Dinge, welche, wie man sich erzählt, in ihren geheimen nächtlichen Zusammenkünften geschehen, . . ."

„Das Verbrechen ist immer feige, edle Dame," unter= brach sie Eucarpus; „es vermag den Menschen nimmer zu solch' heroischen Opfern zu erheben, wie wir sie die

Christen in den fürchterlichsten Todesqualen bringen
sehen, während sie nicht müde werden, zu betheuern, daß
sie unschuldig sind."

„Ich habe nie glauben können," erwiderte Faustina,
„daß die Christen an dem Brande schuld sind, und darum
verabscheue ich diese Hinrichtungen. Ich weiß nicht, ob
das Verbrennen jener Unglücklichen nicht noch etwas Grau-
sameres ist, als das In-brand-stecken der Stadt Rom.
Allein man sagt ihnen ja so manche andere Dinge nach."

„Und ist für jede Anklage noch den Beweis schuldig
geblieben. Es heißt," fuhr Eucarpus mit steigender Wärme
fort, „daß auch vornehme Römer, Männer und Frauen vom
edelsten Blute, von untadelhaftestem Wandel, philosophisch
gebildet und mit reicher Menschenkenntniß ausgestattet,
der Lehre Christi beigetreten und für dieselbe nicht minder
freudig den Tod zu dulden bereit sind, wie die Leute aus
dem Volke. Kannst Du es begreifen, wie ein System,
eine Lehre, die nur Laster und Verbrechen predigt, solche
hochstehende, einsichtsvolle und tugendhafte Männer und
Frauen für sich gewinnen kann?"

Das war ja gerade das Räthsel, das Faustina sich
nicht lösen konnte, die Frage, für welche sie hier eine
Antwort suchte.

„Aber," sagte sie, „warum thun denn die Christen
so geheim, warum treten sie nicht an's Tageslicht und
erklären offen, worin ihre Lehre besteht?"

„Sie halten nicht damit geheim," entgegnete Eucarpus; „das Licht leuchtet in der Finsterniß, allein
die Finsterniß begreift es nicht."

In diesem Augenblicke kam ihr Vater mit dem Senator aus dem Hause, und Faustina bemerkte mit Staunen,
daß der Abend bereits hereinbrach. Sie hatte gerade den

Eucarpus direkt über die Lehre der Christen befragen
wollen; jetzt mußte sie es auf ein anderes Mal verschieben.
So schied sie aus der Villa, das ungelöste Räthsel im
Busen; ja, zu dem einen waren noch mehrere andere gekommen, für die alle sie keine Lösung wußte, und auf die
sie es doch immer lebhafter drängte, die Antwort zu finden.

Daß Eucarpus Christ war, hatten seine Worte klar
zu erkennen gegeben. Dadurch stieg die Vermuthung fast
zur Gewißheit, das auch der Senator Pudens, vielleicht
dessen ganze Familie zu den Nazarenern gehörten, und
dann konnte unmöglich Das wahr sein, was man sich im
Volksmunde, wie in der feinen Gesellschaft von Schlechtig-
keiten und Lastern über die Christen erzählte.

„Gilt das letzte Wort, das der Freigelassene gesprochen,“
fragte die Jungfrau sich am folgenden Tage, als sie wieder
lange vergeblich über das Erlebte und Gehörte nachgedacht,
„gilt es auch von mir: „„Das Licht leuchtet in der Finsterniß, allein die Finsterniß begreift es nicht?““

„Und was ist denn,“ fragte eine innere Stimme sie,
„erforderlich, damit Du das Licht begreifst?“

Faustina mochte und wollte sich auf diese Frage keine
Antwort geben. Sie ahnte, daß in ihrer Beantwortung alle
übrigen Fragen und Räthsel ihre Lösung finden würden. Aber
— damit stand sie dann auch vor einer Mauer, vor einer
Scheidewand, so hoch, daß sie ihr unübersteiglich schien.

Sechstes Kapitel.

Frohe Hoffnungen.

Tigellinus, bisher der allmächtige Günstling des Nero, hatte längst mit Neid bemerkt, wie Alityrus durch seine Christenhetze und die der Sekte zugeschobene Schuld der Brandstiftung in der Gunst des Kaisers gestiegen war. Durch seine Spione ließ er den verhaßten Nebenbuhler auf jedem Schritte überwachen, und bald hatte er mehr als Einen Beweis in Händen, daß der Jude nicht nur einen Theil der confiscirten Güter der Christen, sondern auch Gelder für den Bau jenes Theaters im Marsfelde unterschlagen hatte. Tigellinus sammelte mit Bienenfleiß, ruhig und still, das Material, das er zu gelegener Stunde zum Sturze seines Nebenbuhlers zu verwenden gedachte.

So war es ihm denn eine freudige Ueberraschung, als ihm Alityrus die Mittheilung von dem Befehle des Kaisers machen ließ; seine Spione hatten ihm bereits die Nachricht gebracht, daß der Höfling in unverkennbar gedrückter Stimmung die Audienz verlassen habe. —

„Dieser Jude Alityrus langweilt mich unendlich mit seinen Christen; gib Du mir ein frisches Reizmittel für meine Nerven!" — mit diesen Worten empfing der Herrscher seinen alten Günstling.

„Du erwartest den König von Armenien," antwortete Tigellinus; „wie willst Du ihn empfangen?"

„Ich werde ihm zu Ehren Feste geben, wie Rom sie nie gesehen, das Theater ganz vergolden lassen, Gladiatorenkämpfe, Stiergefechte und Wettrennen veranstalten, die Stadt glänzend illuminiren lassen, ..."

„Alles schon dagewesen!" fiel ihm der Günstling in's Wort; hat Dir Alityrus nichts Besseres zu rathen gewußt?"

„Beim Jupiter!" rief Nero, „Du mußt einen sehr neuen Pfeil in Deinem Köcher haben, um so kühn zu reden."

„Tyridates, der König der Armenier," fuhr jener fort, „kommt zu Dir als Dein Freund und Bundesgenosse."

„Es hat Mühe und Geld genug gekostet," entgegnete der Kaiser.

„Nein, Majestät," antwortete Tigellinus, „er muß anders vor Dir, vor dem Volke erscheinen. Was Rom, das ewige, nie gesehen, das sollst jetzt Du ihm bieten, — daß ein König aus fernsten Landen zu des Tibers Ufern pilgert, seine Krone Dir zu Füßen legt, und aus Deinen Händen, vor Dir knieend, sein Königsscepter nimmt."

„Bei allen Göttern, vortrefflich!" rief Nero aus, „das ist ein Gedanke, meiner würdig! — Doch," wandte er zweifelnd ein, „wird sich Tyridates zu diesem Schauspiele hergeben?"

„Er bringt keine Legionen mit, nur sein Gefolge. Ueberlaß es mir; mit — oder wider Willen wird er sich fügen müssen. — Daneben aber sollst Du ihn mit Festen ehren, so prachtvoll und so glänzend, wie es dem königlichen Gaste gebührt. Kein Aufwand ist zu groß für den Tag, wo vom Aufgange der Sonne der Herrscher Asiens kommt, um Dir, dem großen Weltbeherrscher, seine Huldigung zu bringen."

„Beim Jupiter, sehr gut!" rief Nero; „da sehe ich, welch' ein Stümper dieser Alityrus neben Dir ist."

„Nur noch eine Frage: wie viele Millionen enthält Dein Schatz, um alle diese Feste zu bestreiten?"

„Wenn nichts mehr da ist," entgegnete Nero, die Stirne runzelnd, „nun — so ersinne neue Steuern, er= höhe die Zölle, verkaufe die Domänengüter; verschaffe mir nur Geld, je mehr, je lieber."

„Geld zu machen, das versteht besser, denn ich, Alityrus," antwortete der Hofmann mit fein berechneter Wendung.

„Ich weiß," entgegnete Nero, „daß er in wenigen Jahren sich ein Vermögen angesammelt hat, aus welchem sich die Hälfte der Festlichkeiten bezahlen ließe."

„Man sieht's dem Gelde nicht an, wie es gewonnen ist. Ich bedauere nur, daß Alityrus um seines Säckels willen auf Dich den Unmuth des Volkes ladet; denn laut murrend zeiht es den Kaiser der Grausamkeit an den Christen, da jener sich frech mit Deinem Namen deckt."

Nero runzelte finsterer die Stirne; es war ihm zu viel an der Gunst der Römer gelegen. Alityrus war es gewesen, der ihn zu der Verfolgung aufgereizt; hatte der Elende es gethan aus eigenem Interesse und aus persön= lichem Haß gegen die Christen? — Tigellinus beobachtete seinen Herrn genau: jetzt war die Zeit gekommen, den zweiten Pfeil auf den Bogen zu legen.

„Nicht bloß Dein kaiserliches Ansehen," fuhr er fort, „auch Dein Vertrauen hat er schnöde mißbraucht, um die Schätze eines Krösus zu sammeln."

„Kannst Du mir das beweisen?" brauste Nero auf. „Bei den Göttern der Unterwelt, dann ist sein Spruch gesprochen!"

„Hier sind die Beweise," sprach Tigellinus, indem er die Dokumente aus dem Busen zog. „Laß sie durch Deine Richter prüfen; sie werden Dir sagen, welche Summen Alityrus bei den Confiscationen, wie beim Bau des Thea=ters unterschlagen hat."

„Und zeigt sich auch nur ein Schatten von Schuld," rief Nero zornig, „so soll er selbst des Martertodes der Christen sterben, und seine Güter lasse ich einziehen. Gib sofort Befehl zu seiner Verhaftung!"

Tigellinus verließ triumphirend den Palast: er hatte seinen Nebenbuhler gestürzt; — drei Tage später ward Alityrus nach dem vatikanischen Cirkus geschleppt. —

Eucarpus hatte bei dem letzten Besuch der Faustina und während der langen Unterredung noch lebhafter seine Mutter in ihr wieder erkannt; nachdem sie die Villa ver=lassen, erfaßten ihn wieder seine trüben Gedanken und die Erinnerung an seine glückliche Kindheit. Das Bild der Römerin, für ihn das Bild seiner Mutter, wollte nicht aus seinem Sinne weichen: — er hielt es gerne fest.

Es war auch noch etwas anderes, was ihn zu Fau=stina zog: der Gedanke, daß sie dem Christenthum nicht mehr so gar ferne stehe, daß er sie demselben näher ge=führt habe, daß es ihm vielleicht gelingen könne, sie für das Evangelium zu gewinnen.

Er hielt es für seine Pflicht, darüber mit den Apostel=fürsten zu reden, und diese kamen dahin überein, daß Paulus durch Eucarpus versuchen solle, Faustina kennen zu lernen. Doch schien es gut, damit noch einen oder den andern Tag zu warten und den ruhigen Entwicklungsgang im Geiste und Herzen der Dame nicht durch Uebereilung zu stören.

Am dritten Tage machten sich Beide von der Villa aus auf den Weg zur Stadt und zum Palaste des Fau=

stus, um zunächst zu der gewöhnlichen Stunde des Em-
pfanges sich als Clienten, wie dies in Rom Sitte war,
bei der Herrin des Hauses anzumelden. Die Etiquette
erheischte, daß beide in der weißen Toga, dem officiellen
Festgewande bei den alten Römern, erschienen.

Als Faustina des Apostels ansichtig wurde, erinnerte
sie sich auf das lebhafteste, auch ihn an jenem Abende
im Cirkus gesehen zu haben; die Erscheinung des Greises
mit dem schneeweißen Barte, der Adlernase, den edlen
Zügen, dem kahlen Kopfe war ihr damals aufgefallen.[23]
Er war es gewesen, der den jungen Mann über den
Verlust seiner hingerichteten Gattin getröstet hatte.

Mit kurzem Gruß entließ Faustina die übrigen
Clienten, um mit den beiden Männern allein zu sein,
und ohne lange Umschweife begann sie selber von dem
Gegenstande zu reden, der ihr so sehr am Herzen lag.

Paulus erkannte bald, daß hier allerdings ein in
mannigfacher Beziehung vorbereiteter Boden sei; allein
wie sollte das Samenkorn des göttlichen Wortes keimen,
so lange dieser Boden noch über und über mit dem
Dornengestrüpp heidnischer Vorurtheile bedeckt war?

Faustina, im engsten Kreise der Familie auferzogen,
war unter den Augen ihres Vaters unterrichtet und gebildet
worden; wie dieser selber mit ganzer Seele und voll Patri-
zierstolz an dem alten Römerthum und den Göttern seiner
Väter hing, so hatte er auch seine Tochter mit den philosophischen Systemen seiner Zeit durch ihre Lehrer nur bekannt
machen lassen, um durch den Nachweis der Haltlosigkeit derselben sein Kind desto mehr in der Anhänglichkeit an die
Staatsreligion zu festigen. Durch ihre abgeschlossene Erziehung war Faustina vor manchen sittlichen Verirrungen
ihrer Altersgenossen bewahrt worden; allein um so mehr

war sie von Aberglauben und geistigem Stolze umstrickt.
So schwer es daher war, die seit der Kindheit tief einge=
wurzelten Vorurtheile auszureißen, so viel ließ sich für
eine solche Seele hoffen, wenn es gelang, sie zur Wahr=
heit hinüberzuführen.

Paulus wich geschickt der Beantwortung der manchen,
zum Theil aus bloßer Neugierde gestellten Fragen über
die Christen aus und entwickelte der jungen Dame die
Fundamentallehren des Christenthums von dem Einen
Gott und seinem für uns Mensch gewordenen Sohne.

Faustina erhob Einwendungen auf Einwendungen; ihr
Geist, wie ihr Herz bäumten sich auf vor dem Gedanken,
daß Alles, was sie bisher verehrt, daß dieser ganze
Götterhimmel eitle Dichtung sei; mit beiden Armen ihrer
Seele klammerte sie sich an die Altäre ihrer Götter, —
um so krampfhafter, als sie empfand, wie diese Altäre zu
wanken begannen.

Als Paulus sie nach langer Unterredung verließ, fühlte
sie ihr Herz von der heftigsten Aufregung durchstürmt. Wie
vom Wahnsinne erfaßt, rief sie aus: „Jesus Christus,
mußte ich darum von Dir hören, um allen Frieden meiner
Seele zu verlieren?" — Sie warf sich vor einer Marmor=
statue der Minerva, die in ihrem Zimmer stand, nieder,
um zu beten; — sie konnte es nicht mehr.

Der Kampf, der ihre Seele durchtobte, machte sie auf
mehrere Tage krank, so daß sie das Bett hüten mußte.
Faustus sah mit Bestürzung und ernstlicher Vatersorge die
ihm völlig unerklärliche Erscheinung, wie seine Tochter, sonst
so heiter, mit einem Male so unruhig und aufgeregt, ernst
und in sich gekehrt war, ohne daß es ihm gelingen wollte,
die Ursache dieser Veränderung aus ihr herauszulocken. Ein
Arzt wurde gerufen, und dieser verordnete der Kranken

beruhigende Mittel; er vermuthete stille Liebe und dachte
an Zaubertränke, die der jungen Dame eingegeben worden
seien: Heilung wußte er für sie nicht zu finden.

Eucarpus hatte der Unterredung des Apostels mit Fau=
stina nicht beigewohnt; nachdem er den Paulus bei ihr ein=
geführt, verabschiedete er sich, weil er noch verschiedene Ge=
schäfte für seinen Herrn in der Stadt besorgen mußte. —

Die Kunde von dem Sturze des Alityrus und von
dem Aufhören der Christenverfolgung war schon unter
das Volk gedrungen, und allgemein sprach man sich bil=
ligend darüber aus.

Eucarpus erfuhr die Neuigkeit, als er bei einem der
Brüder in der Subura zu vorübergehender Begrüßung ein=
trat; es war die freudigste Nachricht, die er seit Langem
gehört; mit Alityrus waren die Christen von ihrem
schlimmsten und gefährlichsten Feinde befreit.

Die Geschäfte, die ihm Pudens aufgetragen, führten
ihn auch durch das Marsfeld; er hatte früher wiederholt
den dortigen Neubau gesehen, ohne ihn sonderlich zu be=
achten; jetzt schien das Werk nahezu vollendet zu sein.
Die breite Frontseite mit ihrer mächtigen Säulenhalle war
von den Gerüsten entkleidet; Alles erglänzte in wunder=
barer Pracht von Gold und Farben. In großen goldenen
Lettern lief eine Weiheinschrift über das Gesimse hin; doch
war dieselbe nicht in lateinischen, sondern in Buchstaben ge=
schrieben, welche Eucarpus nicht kannte. Ja doch, er kannte
sie, wenigstens zum Theil: es war armenisch: — eine In=
schrift in seiner Muttersprache! Indem er die Hand
auf die Stirne legte, um seinem Geiste gleichsam Gewalt an=
zuthun und aus der Tiefe der Erinnerung längst Vergessenes
heraufzuholen, gelang es ihm nach langem Bemühen, die
Inschrift zu lesen. Sie lautete:

„Dem Könige Tyridates, dem Herrscher von Armenien, Nero der Kaiser, der Senat und das Volk der Römer."

Je weiter Eucarpus, seine ganze Seele auf jene goldenen Buchstaben concentrirend, in der Entzifferung der einzelnen Worte kam, um so fieberhafter wurde er erregt. Er schrack daher ganz zusammen, als plötzlich Jemand spöttisch an ihn die Frage stellte: „Du willst wohl armenisch studiren, lieber Freund, um als Dolmetscher dem Könige zur Seite zu stehen?"

Faustus war es, den seine Neugierde ebenfalls nach dem Marsfelde geführt, um die erst gestern Abend enthüllte Façade zu beschauen, von deren Pracht und Schönheit ganz Rom voll war. Tigellinus hatte das Werk aus allen Kräften beschleunigen lassen, um dem Volke sobald als möglich die Aenderung in der obersten Leitung der Arbeiten zum Bewußtsein zu bringen.

„Du stehst ja," fuhr der Ritter scherzend fort, „unwandelbar wie eine Bildsäule schon eine halbe Stunde da, den Blick stier auf die Inschrift gebannt. Ich will Dir die Mühe ersparen; es ist eine Begrüßung des Kaisers und des römischen Senats und Volkes an den König von Armenien, der in der nächsten Zeit mit glänzendem Gefolge hierher kommen wird."

Eucarpus wußte sich bei dieser Mittheilung vor Aufregung und Bewegung kaum zu bemeistern, so daß Faustus ihn verwundert fragte, was ihn dabei so mächtig ergreife.

„Ich bin aus Armenien gebürtig," brachte der Jüngling mit Mühe hervor; dann wandte er sich hinweg, Thränen in den Augen. Die Fülle von Schmerz und Hoffnung, die in jener Mittheilung lag, trieb ihn, allein zu sein.

„Der gute Bursche!" sagte Faustus, indem er ihm theilnehmend nachschaute; „möchten die Götter es ihm verleihen,

daß der König ihm seine Gunst zuwendete! Mir däucht,"
fuhr er fort, „er sieht schlecht aus; seine Wangen sind blasser
und magerer geworden. Sollte er sich damals bei meiner
Rettung Etwas zugezogen haben? Ich will doch bei der
nächsten Gelegenheit dem Senator sagen, daß er ihm auf
meine Kosten eine bessere Nahrung geben lasse." —

In der That hatte sich Eucarpus in dem brennenden
Palaste seines Herrn und dann bei der Rettung des Faustus
eine Erkältung und ein Fieber zugezogen; Anfangs hatte er
sie nicht geachtet, und nachher suchte er sie zu verheim-
lichen, in der Hoffnung, das Uebel werde sich bald wieder
legen. Diejenigen, welche täglich mit ihm umgingen, bemerkten nicht, wie die Rosen von seinen Wangen wichen;
Faustus jedoch, der ihn längere Zeit nicht gesehen, hatte
sofort die Veränderung erkannt.

Um allein mit sich zu sein, nahm Eucarpus seinen Weg
über die neronische Brücke zu den vaticanischen Gärten.

„Mein Gott!" rief er aus, indem er durch die einsamen
Laubgänge dahin wandelte, „darf ich hoffen, daß mein Vater
oder einer meiner Brüder im Gefolge des Königs hierher
komme? Werde ich sie sehen? Und werde ich sie, werden
sie mich wieder erkennen?"

Aber da fiel es ihm schwer auf das Herz, daß er nur
ein armer Freigelassener sei: wie sollte er Zutritt zu den
Seinigen erlangen? Und wenn es ihm glückte, wie wollte
er seine Verwandtschaft beweisen? Die Namen seiner drei
Brüder waren ihm eingefallen, aber des Namens seines
Vaters und seiner Mutter konnte er sich trotz aller Anstrengung nicht entsinnen.

„O," seufzte er, „wenn sie kämen, wenn ich sie
wieder erkennete, und wenn sie mich dann als einen

Schwindler und Betrüger von sich stießen, weil ich keine Be=
weise habe, — ach, das würde ich nicht überleben können."

Da fiel ihm ein, daß er ein Muttermal auf dem
rechten Arme trage; damit bot sich ein Hoffnungsstrahl,
— wenn auch ein sehr schwacher; denn der Vater mochte
sich dessen vielleicht erinnern, die Brüder schwerlich.

Aber war denn nicht überhaupt die Annahme eine
mehr als kühne, daß einer der Seinigen im Gefolge des
Königs sein werde? War es nicht viel wahrscheinlicher,
daß sie alle erschlagen oder aber nach verschiedenen Welt=
gegenden hin in die Sklaverei verkauft waren, ebenso wie
er selber nach Rom auf den Sklavenmarkt geliefert wor=
den? Vielleicht durfte er nicht einmal hoffen, irgend welche
Kunde über seine Familie erhalten zu können, da er ja
den Namen seiner Eltern nicht wußte.

Eucarpus beschloß, die ganze Sache vertrauensvoll
in Gottes Hand zu legen und von ihm in kindlicher Er=
gebenheit hinzunehmen Freud' und Leid, Trauer und
Trost, wie es der Vorsehung gefalle.

In diesem Gedanken fand seine Seele ihre Ruhe,
ihren Frieden wieder; übrigens nahm er sich doch vor,
einen Armenier zu suchen, der ihn in seiner Muttersprache
unterrichte. Der von Faustus im Scherz gegebene Wink,
den Fremden als Dolmetscher sich anzubieten, war ein
vortrefflicher Rath gewesen.

Als Eucarpus, zur Stadt zurückkehrend, sich der
Tiberbrücke näherte, sah er von der anderen Seite her eine
große Menschenmasse sich der Brücke nahen. Er beschloß
daher zu warten, und fragte einen der Ersten, die an ihm
vorüberkamen, was dieser Auflauf zu bedeuten habe.

„Komm nur mit," antwortete Jener, „wenn Du
sehen willst, wie Einer gekreuzigt und dann gebraten wird."

„Ist es ein Christ?" fragte Eucarpus, von dem
Gedanken erschreckt, daß die in der Subura ihm erzählte
Nachricht irrig sein könne.

„Nein," sagte der Andere, „die Christen sind von
der Bühne abgetreten; der Schauspieler Alityrus ist es, der
den würdigen Schluß der Blutkomödie macht. Nur zu lange
hat dieser Ruchlose den Kaiser beherrscht; zahlreiche römi=
sche Bürger hat er, der Jude, arm gemacht; wie viele
in den Tod geliefert! Jetzt bekommt er seinen Lohn."

Wenige Augenblicke später wurde der Verurtheilte an
Eucarpus vorüber geführt. Bleich und entstellt, die
Schrecken der Todesangst in allen Zügen, mit zerrissenen,
schmutzbedeckten Kleidern schritt Alityrus in Mitten der
Henker dahin, die ihn durch Schimpfen und Stockschläge
zur Eile antrieben. Wie? Hatte Eucarpus diesen Mann
nicht schon einmal gesehen? — Gewiß! Es war derselbe,
mit dem er in der Villa seines Herrn jenes Zusammen=
treffen gehabt hatte.

Der Jüngling erschauderte. Aber er konnte auch
nicht umhin, das Walten des Himmels über seine Kirche
zu preisen, indem er der Worte des Psalmisten gedachte:
„Der Herr hat uns errettet aus des Jägers Netz: das
Netz zerriß, und wir sind frei."

Siebentes Kapitel.

Der königliche Gast.

Vier Wochen waren seit den zuletzt erzählten Ereignissen verflossen; seit acht Tagen war Rom in fieberhafter Aufregung; denn jeder Tag brachte neue Feste, eines noch glänzender als das andere, zu Ehren des Königs Thridates von Armenien.

Nur durch die verlockendsten Versprechungen seines siegreichen Feldherrn Corbulo war es Nero gelungen, den König zu einer Reise nach Rom zu bewegen. Als am Strande von Ostia die Flotte landete, welche den Herrscher aus dem Morgenlande nach Italien brachte, schickte der Kaiser ihm seinen Mit-Consul Tuscus, den Stadtpräfekten Salius nebst dem ganzen Senate, die Ritterschaft, den Tigellinus und die ersten Hofbeamten, sowie eine Abtheilung der Prätorianer aus der kaiserlichen Leibwache zur Begrüßung entgegen. Unter ihrem Geleite, von unzähligem Volke jubelnd begrüßt, hielt Thridates seinen Einzug mit dem ganzen fabelhaften Aufwand eines orientalischen Herrschers. Schwarze Sklaven trugen die Sänfte, in welcher der König unter einem von Pagen getragenen Baldachin ruhte, die Tiara auf dem Haupte, in einen von Gold und Edelsteinen blitzenden Mantel gehüllt; ihn umgaben die Großen des Reiches, welche

einander überboten an glänzenden Trachten und kostbaren
Waffenrüstungen, alle hoch zu Roß, die prächtigen Pferde
mit Löwen = und Tigerfellen bedeckt. Alsdann folgte eine
unabsehbare Reihe der Dienerschaft und der Troß auf
Elephanten und Kameelen. So gewöhnt das römische
Volk an großartige Schaustellungen war, eine solche
Fülle von Pracht und Reichthum hatte es noch nicht
gesehen.

Eucarpus war dem Festzuge eine Stunde weit vor
das Thor entgegen gegangen und hatte sich hier neben
einem hart am Wege stehenden Grabmale aufgestellt; mit
welcher Spannung und wachsenden Aufregung war sein
Auge der Reihe nach auf jeden Einzelnen geheftet gewesen! — Allein in all' dem zahlreichen Gefolge des Königs
hatte er Niemand erblickt, in dessen Gesicht er bekannte
Züge wiedererkannt, Niemand, zu dem es ihn mit dem
geheimen Zuge des Blutes hingetrieben hätte. Kaum
blieb ihm die schwache Hoffnung, er könne bei der großen Menge den Einen oder Andern übersehen haben.

Da er in staunenswürdiger Schnelligkeit seine Muttersprache wieder so weit erlernt hatte, daß er ohne Mühe
sich in derselben auszudrücken wußte, so wurde es ihm nicht
schwer, zunächst mit Einigen aus der Dienerschaft Beziehungen anzuknüpfen und dann allmählich auch bei Höher-
stehenden Eintritt zu erlangen. Je weiter er jedoch mit
seinen Stammesgenossen bekannt wurde, um so mehr schwan-
den seine Hoffnungen. Mit Hilfe der schwachen Erinnerungen aus seinen Kinderjahren hatte er es sich durch verschiedene Combinationen wahrscheinlich gemacht, daß die
Stadt Artaxata seine Vaterstadt sei; er hatte nicht geruht,
bis er alle gesehen, die im Gefolge des Tyridates aus jener
Stadt waren; allein bei Keinem fand sich auch nur der

schwächste Anhalt, daß derselbe sein Blutsverwandter sein
könne.

Noch viel niederschlagender jedoch für Eucarpus war
es, zu sehen, in welch' krassem Aberglauben seine Lands=
leute befangen, wie sie ganz und gar von den Mächten
des Bösen beherrscht waren. War nach den Berichten
des Plinius der König Thyridates selber ein Meister in
allerlei Zauberei, so daß Nero ihm ein ganzes König=
reich anbot, wenn er ihn diese Kunst lehren wolle, so
trieben auch Alle aus seinem Gefolge, die Vornehmsten
wie die Geringsten, diese schwarze Kunst. Zeichendeuterei,
Zauberei, Berufung abgeschiedener Geister und Befragen
der Todten über ferne Dinge und Vorgänge, das Alles
mußte Eucarpus tagtäglich bei seinen Landsleuten aus=
üben sehen, mit einer Leidenschaft und Hingebung, welche
ihn mit Grauen und tiefstem Mitleid erfüllte. Desto
mehr erkannte er die Größe der Gnade, die ihm selber
zu Theil geworden. Indem der Himmel ihn in die leib=
liche Sklaverei geführt, hatte er ihn durch das Licht des
Christenthums zur Freiheit der Kinder Gottes erhoben;
für die leiblichen Eltern und Geschwister, die er verloren,
hatte er in Gott seinen Vater, in der Kirche seine
Mutter, in den Heiligen der Erde und des Himmels
seine Brüder gefunden; aus dem irdischen Vaterlande
war er hinweggeführt worden, um den Weg in das ewige
finden zu können.

Welche Freude wäre es für ihn gewesen, wenn er
wenigstens den Einen oder den Andern seiner Landsleute
aus den Schlingen des Aberglaubens und der Abgötterei
hätte befreien können! Er versuchte es wiederholt; zu
seinem Schmerze mußte er erkennen, daß hier alle Ver=
suche umsonst seien. Als er hierüber eines Tages mit

dem Apostel Petrus sprach, tröstete ihn dieser mit der Versicherung, daß in nicht zu ferner Zeit auch in Armenien das
Christenthum herrlich erblühen werde. Wenn vorher der
Boden dort durch Marterblut fruchtbar gemacht worden,
dann werde in seinem Vaterlande ein Mann aufstehen,
der, selber durch die schrecklichste Marter geprüft, so wunderbar schnell das ganze Land zum Lichte des Christenthums be-
kehren werde, daß bis zum Ende der Zeiten sein Name als
„Erleuchter" in der Kirche gepriesen werden solle. [24]) —

Wir müssen in unserer Erzählung jetzt ein wenig
zurückgreifen, uns nach Faustina umzusehen. Der Kampf,
der nach der Unterredung mit Paulus in ihrer Brust
ausgebrochen, konnte nicht zur Ruhe kommen, bis sie sich
voll und ganz entweder für ihre alten Götter, oder aber
für die neue Lehre entschied. Der Glaube an die Götter
war tief erschüttert worden; allein nun drängte sich ihr
der Gedanke auf, ob sich unter den verschiedenen philosophischen Systemen nicht eines finde, das ihrem Geiste
und Herzen Ruhe und Befriedigung gewähre, aber zugleich es ihr frei lasse, von ihren bisherigen religiösen
Ideen beizubehalten, so viel ihr beliebte. Hatte sie nicht,
aus Mangel an hinreichender Ausbildung, nur halb und
unvollkommen verstanden, was ihre Lehrer ihr früher
aus der Philosophie vorgetragen? — So nahm sie denn
wieder ein System nach dem andern vor und studirte
es. Allein je genauer sie es prüfte: alle nach der Reihe
ließen ihr Herz kalt und leer; alle blieben stumm auf
die großen Fragen, welche ihr Geist an dieselben richtete.
Zuerst hatte sie die besseren und edleren Systeme vorgenommen, die der Platoniker, der Stoiker und der Pythago-
räer; zuletzt griff sie auch nach den Schriften des Epikur.
Aber als sie einige Blätter darin gelesen, schleuderte sie

das Buch weit weg auf den Boden; dann stützte sie ihr Haupt
in die Hand, während heiße Thränen aus ihren Augen
brachen und über die Wangen auf den Marmortisch nieder=
träufelten, an welchem sie saß. Trostlos und hilflos schwamm
sie nach dem Schiffbruche auf den stürmenden Wogen des
Zweifels, ohne sich entschließen zu können, die rettende
Hand zu ergreifen, die sich ihr darbot. Faustina fühlte
sich in tiefster Seele geknickt. Eine innere Stimme sagte
ihr, wer sie aufrichten könne: allein sie mochte auf diese
Stimme nicht hören, und sie brachte es nicht über sich,
an Den sich zu wenden, der sie aufgerichtet hätte.

So waren vierzehn Tage seit dem Besuche des Apostels
verflossen. Wieder und wieder hatte Faustina das Wort
auf den Lippen gehabt, um einen Diener nach der Villa
des Pudens zu senden und den Paulus kommen zu lassen;
allein wenn sie dem vor ihr erschienenen Sklaven den
Auftrag geben wollte, erstarb das entscheidende Wort
auf ihren Lippen, und sie befahl dem Diener, die Vor=
hänge des Fensters dichter zusammen zu ziehen oder ihr
ein Buch zu holen, das sie doch nicht einmal aufschlug.

Mit wachsendem Kummer beobachtete Faustus den
Zustand und das Verhalten seiner Tochter; endlich be=
schloß er, sie nicht eher zu verlassen, bis sie sich ihm ge=
offenbart habe. Nachdem er lange vergebens in sie gedrungen,
während nur stumme Thränen die Antwort auf seine zärtli=
chen Worte und Bitten gewesen, sagte sie endlich: „Schicke
zur Villa des Pudens und lasse einen Greis, Namens
Paulus, zu mir rufen; er wird mich gesund machen!“

„Ich werde selber sofort auf das Landhaus reiten,
mein süßes Kind,“ rief der Vater voll Freude und eilte
hinaus, so räthselhaft es ihm war, daß die Kranke ihre
Heilung von Jemand aus der Villa des Pudens erwartete.

Faustina aber, die nun endlich das schwere, schwere Wort ausgesprochen, fühlte mit einem Male eine wunderbare Erleichterung und einen Trost in ihr Herz strömen, wie sie nie Aehnliches empfunden. Sie sank auf die Kniee und rief unter Thränen und Schluchzen: „O Jesus von Nazareth! ich glaube an Dich, Du bist mein Gott; aber nun hilf auch Deinem armen Geschöpfe, daß ich Frieden und Ruhe für mein Herz finde!"

Die vorhergehenden Tage hatte sie stets in sich selber erschaudert, wenn, wie es ihr schien, eine Stimme ihr die Frage in's Ohr flüsterte: „Wie? Du willst Christin werden? Du, die edle Römerin, willst Dich an diese schmutzige, verachtete Judensekte hängen?" — Jetzt fand sie eine süße Wonne darin, es sich selbst zu wiederholen, erst im Stillen, dann laut: „Ja, ich will Christin werden! Ja, ich will die Tochter des Gekreuzigten von Golgatha sein."

So kniete sie lange da, ihr Herz trank zum ersten Male und in vollen Zügen aus dem Born des Heiles; nach langem, schwerem Ringen hatte die Gnade gesiegt und ein stolzes Herz in Demuth an den Fuß des Kreuzes geführt.

Als sie sich wunderbar leicht und erquickt erhob, fiel ihr Auge auf die kleine Marmorstatue der Minerva, die in ihrem Zimmer stand. Sofort rief sie einen Sklaven herbei und befahl ihm: „Trage das Ding da hinweg und sorge, daß es mir nie wieder zu Gesichte kommt." Ebenso entfernte sie, was noch sonst an Heidnischem in ihrem Gemache war.

Als Paulus kam, fand er Faustina völlig umgewandelt. Jetzt war sie eine gelehrige Schülerin geworden, die wie ein aufmerksames Kind an seinen Lippen hing und willig und ohne Widerrede jedes seiner Worte mit ganzer

Seele aufnahm. Der Apostel entwickelte ihr jetzt besonders die tröstlichen Lehren des Christenthums: er führte sie an die Krippe von Bethlehem und ließ sie den Gesang der Engel vernehmen: „Friede den Menschen, die eines guten Willens sind;" er zeigte ihr den Erlöser, wie er in Mitten von Armen und Kranken, von Unglücklichen und Gefallenen seine Arme ausbreitete mit den Worten: „Kommet Alle zu mir, die ihr bedrängt und beladen seid; ich will euch erquicken;" er sprach ihr von dem Sakramente der Taufe, das alle Sünden hinwegwasche und uns zu Kindern Gottes mache; er eröffnete ihr die Aussicht in die seligen Freuden des Paradieses, und wer hätte dieselben begeisterter schildern können, als er, der einst in den dritten Himmel verzückt war?

Faustina horchte dem ehrwürdigen Greise mit der gespanntesten Aufmerksamkeit zu; wiederholt netzten sich ihre Augen mit Thränen heiliger Rührung. Als er endlich schloß, sank sie vor ihm auf die Kniee, küßte seine Hand in tiefster Bewegung und sprach, indem sie zu ihm aufblickte mit einem Auge, in welchem ihre ganze Seele lag:

„O mein Vater! noch eine Frage, die mir schwer auf dem Herzen liegt: darf ich vertrauensvoll Verzeihung hoffen, daß ich der Gnade so lange und hartnäckig Widerstand geleistet?"

„Meine Tochter," antwortete der Apostel, „der Heiland sprach: „Ich bin der gute Hirt; der gute Hirt gibt sein Leben für seine Schafe." Er geht dem verlornen Schäflein nach, bis er es findet, und wenn er es gefunden, so nimmt er es auf seine Schulter und bringt es zurück zur Heerde; dann ruft er seine Freunde und Nachbarn zusammen und spricht zu ihnen: „Freuet euch mit mir; denn ich habe mein Schaf wieder gefunden, das verloren war."

„O mein Heiland," rief Faustina mit inniger Rührung und seligem Lächeln, „wie lange hast Du mir nach-
gehen müssen, um mich zu finden! Jetzt will ich auch
ewig, ewig Dein treues Schäflein bleiben!"

Der Apostel breitete nun seine Hände auf das Haupt
der vor ihm Knieenden aus, bezeichnete ihre Stirne mit
dem Zeichen des hl. Kreuzes und verließ den Palast, glücklich, daß er wiederum eine Seele für das Heil gewonnen.

Faustus war entzückt, als er seine Tochter wesentlich
verändert fand; sie erschien ruhig und heiter, wie sie seit
Wochen nicht gewesen, obschon es dem geübten Vaterauge
nicht entging, daß diese Umwandlung nur nach einem gewaltigen Kampfe erreicht worden sein müsse. Er begriff
daher den Wunsch seiner Tochter, allein zu sein; sie mußte
jetzt Ruhe haben, um sich zu erholen. Damit fand er
denn zugleich Zeit, zu überlegen, durch welche Erheiterungen
und Zerstreuungen er auch die letzten Spuren des so unerklärlichen Trübsinnes aus ihrem Geiste tilgen könne,
damit sie wieder ganz das fröhliche Mädchen werde, das
sie früher gewesen. Natürlich dachte er zunächst an die
glänzenden Feste bei der in den nächsten Tagen erwarteten Ankunft des Königs der Armenier; später wollte er
dann mit seiner Tochter eine längere Reise machen.

Obschon Faustina bei dem Frieden und der Heiterkeit ihrer Seele auch bald körperlich wieder zu Kräften
kam, so erkannte ihr Vater doch gar bald, daß seine
Tochter ein ganz anderes Wesen angenommen. Sie
trug keinen Goldschmuck mehr und kleidete sich höchst einfach; in ihren Reden, wie in ihrem Benehmen war sie
ernster, der Dienerschaft gegenüber viel freundlicher geworden. Die Einladung eines Familienfreundes, von
seinem Palaste am Forum den Einzug des Thyridates

anzuschauen, lehnte sie ab, indem sie ihrem Vater erklärte,
sie habe von diesem Pomp schon so viel gesehen, daß
sie keinerlei Reiz mehr darin finde. Sogar an dem
Hauptfesttage, wo Tyridates die Krone aus Nero's Hand
entgegen nehmen sollte, bat sie ihren Vater, zu Hause
bleiben zu dürfen.

Nach langem Ueberlegen hielt es Faustus für das
Gerathenste, für seine Tochter möglichst bald einen treff=
lichen Gatten zu suchen, damit sie in dem Glücke der
Ehe die frühere Heiterkeit ihres Charakters wiederfinde. —

Tigellinus hatte in dem von ihm entworfenen Pro=
gramm zum Glanzpunkte der Festlichkeiten die Scene ge=
macht, welche ebenso die Schaulust und die Eitelkeit der
Römer, wie den Stolz des Kaisers im vollkommensten und
höchsten Grade befriedigen mußte, die Scene nämlich, wo
der König in dem gewaltigen Amphitheater des Mars=
feldes von Nero das Diadem empfangen würde. Tyri=
dates, wie sein Gefolge hatte sich zu dieser theatralischen
Schaustellung nur höchst ungern verstanden; allein Tigel=
linus wußte ihm die bittere Pille durch solch glänzende
Versprechungen und Aussichten zu versüßen, daß der
König sich endlich fügte, im Herzen voll Groll und In=
grimm, daß er sich von dem Römer hatte überlisten und
nach Rom locken lassen.

Da die Fürsten im Gefolge des Königs dem Kaiser
und seinen Günstlingen nicht trauten, so wünschte Jeder von
ihnen bei jenem Akte sich einen Dolmetscher zur Seite, um
genau zu wissen, was der Kaiser sage, und ob die Worte
des Königs in jeder Beziehung richtig wiedergegeben wür=
den. Auch Eucarpus wurde dazu von einem der Hofherren
eingeladen. Er würde es, weil mit dem Geiste des Chri=
stenthums schlecht verträglich, abgelehnt haben, bei dem Feste

zu erscheinen, hätte er nicht in Erfahrung gebracht, daß
Einige aus dem Gefolge, welche krank an's Land gestie=
gen und bisher in der Hafenstadt geblieben waren, zu der
Festlichkeit nach Rom kommen würden. Es war ja die
letzte Möglichkeit, daß der bisher vergebens Gesuchte sich
unter ihnen befand. So nahm er also die Einladung an,
bedung sich aber aus, erst dann erscheinen zu brauchen,
wenn die Gladiatorenkämpfe beendigt seien, die dem eigent=
lichen Krönungsakte vorausgehen sollten.

Das von Nero aufgeführte Amphitheater war mit
einer Pracht und einem Luxus ausgestattet worden, von der
wir heute uns kaum einen Begriff machen können. Bis
hinauf zu den obersten Sitzreihen für das gewöhnliche Volk
war Alles mit reichster Goldverzierung und mit den kost=
barsten Teppichen geschmückt; ein wahrhaft feenhafter Glanz
aber schmückte die Estrade, auf welcher der kaiserliche Thron
aufgeschlagen und der Platz für den König der Armenier,
sowie die Sitze für die fremden Fürsten und die ersten Hof=
beamten hergerichtet waren. Es ist bekannt, wie die Thea=
ter Rom's durch Maschinerie u. s. w. Leistungen ermög=
lichten, die an das Wunderbare grenzten; Tigellinus
hatte dafür gesorgt, daß die Vorstellung im Amphithea=
ter auf dem Marsfelde Alles übertreffe, was Rom in
dieser Hinsicht je gesehen.

Hingestreckt unter einem mit goldenen Adlern und den
reichsten Stickereien verzierten Traghimmel, der von schwar=
zen Sklaven in der kaiserlichen Livree getragen wurde, zu
seiner Linken den jugendlichen König der Armenier, neben
sich seinen gezähmten Lieblingstiger an goldener Kette,
so hielt Nero seinen Einzug in das Amphitheater. Die
dichtgedrängte, über fünfzigtausend Köpfe zählende Menge,
welche bis zur Ankunft des Herrschers mit der Vorführung

seltener Thiere unterhalten worden war, erhob sich von ihren Sitzen; in das Schmettern der Fanfaren mischte sich der donnerähnliche Jubel eines ganzen Volkes; von allen Seiten stiegen die in großer Menge mitgebrachten weißen Tauben auf und kreisten über dem weiten Rund des Amphitheaters.

Der erste Teil des Festprogramms enthielt den Kampf der himmelstürmenden Titanen gegen Zeus; die Deutung lag nahe, sie war ebenso schmeichelhaft für Nero, wie für die Armenier. Hundert der größten und stärksten Gladiatoren waren zu dem Festspiel auserlesen worden; in wildem Andrange stürmten die Titanen die Götterburg hinan, die von Zeus und den Himmlischen vertheidigt wurde. Feurige Blitze, aus der Hand des Göttervaters geschleudert, durchkreuzten die Lüfte; Götter und Göttinen flogen über den Kämpfenden dahin, ohne daß man Seile oder dergleichen gewahrte, durch welche sie gehalten worden wären; die Erde öffnete sich, um die bezwungenen Himmelsstürmer in den hervorbrechenden Flammen zu begraben, während Zeus mit seinem siegreichen Gefolge hoch durch die Lüfte, über die Zuschauer hinweg, seinen Triumphzug hielt. — Für das alte Rom selbstverständlich wurde nicht bloß zum Scheine, sondern mit blanker Waffe gekämpft; die von der Erde verschlungenen Titanen kamen wirklich in den Flammen um, so daß an diesem Tage über hundert Menschenleben geopfert wurden.

Den zweiten Theil der Festvorstellung hat uns der Geschichtschreiber Suetonius genau beschrieben. Auf erhabenem Thron, als Triumphator gekleidet, saß Nero da, umgeben von den Fahnen und Abzeichen seiner siegreichen Legionen. Tyridates stieg die Stufen des Thrones empor und umfaßte

die Kniee des Herrschers, der jedoch seinerseits, diese Huldigung ablehnend, ihn aufhob, umarmte und küßte. Aber
Tyridates fiel noch einmal zu den Füßen des Kaisers nieder
und bat, ihn zum Könige von Armenien zu ernennen, und
nun nahm Nero die Tiara oder den Turban von des Jünglings Haupt und setzte ihm den goldenen Reifen als Königskrone auf die Stirne. Die Worte des Tyridates wurden
sofort in lateinischer Sprache durch einen Herold laut dem
ganzen Volke verkündet. Den mit dem Diadem Geschmück-
ten ließ Nero zu seiner Rechten Platz nehmen; zu gleicher
Zeit sah man aus den Lüften eine Siegesgöttin hernieder
schweben, welche einen goldenen Lorbeerkranz auf das Haupt
des Kaisers setzte.

Die Fürsten und Großen im Gefolge des Königs
knirschten in ohnmächtiger Wuth über das entwürdigende
Schauspiel und über eine Schmach, die durch keine politi-
schen Vortheile aufgewogen werden konnte. Auch Eucarpus, welcher Zeuge dieser ganzen Scene gewesen, war als
treues Kind seines Landes auf das höchste über diese
Demüthigung seines Königs empört.

Als die Festvorstellung beendet war, kehrte Tyridates
mit seinem Hofstaat in den kaiserlichen Palast auf dem
Palatin zurück. Für Eucarpus war die letzte Hoffnung
verschwunden, einen der Seinen wieder zu finden; auch
die Neuangekommenen waren ihm ebenso fremd, wie die
Uebrigen. In leicht begreiflicher Neugierde benutzte er
jedoch seine Eigenschaft als Dolmetscher, um dem königlichen Gefolge in die Vorsäle seines Landesherrn nachzugehen. Die Gelegenheit war um so günstiger, weil Jeder,
nur mit sich selbst und seinem Dienste beschäftigt, sich
nicht um Jemand kümmerte, den die Palastwache unbe-
anstandet eingelassen hatte.

Ueberall strahlte dem Jünglinge eine orientalische
Pracht entgegen. Tyridates sollte in Rom seinen Palast
und seine Gemächer wiederfinden. Tigellinus hatte Alles
möglichst genau so herrichten lassen, wie es zu Artaxata
in der Königsburg war. Es kam dem jungen Manne
vor, als wenn er Dieses oder Jenes schon einmal gesehen
hätte; besonders war das der Fall bei einer reichen Waffen=
sammlung, die in einer Halle ringsum an den Wänden
aufgehängt und in der Mitte des Raumes zu einer hohen
Siegestrophäe zusammengestellt war. Er erinnerte sich
ganz genau, im Hause seines Vaters ebenfalls solche
Rüstungen, solche eiserne Männer gesehen zu haben, die
sich nicht bewegten und nicht sprechen konnten.

In einen neuen Saal eintretend, fuhr Eucarpus plötzlich,
wie vom Schlage getroffen, zusammen; seine Augen starrten,
wie festgebannt, auf zwei große Porträtbilder, die dem Ein=
gange gegenüber an der Wand hingen. Indem er sich an
einen gerade vorübergehenden Hofbeamten wandte, brachte
er in höchster fieberhaften Aufregung und unter unsäg=
licher Anstrengung die Frage heraus, wen die beiden
Bilder vorstellten.

„Es sind die Bildnisse der Eltern unseres Königs,“
lautete die Antwort.

„Mein Vater, meine Mutter!“ schrie Eucarpus
auf; dann brach er, von übermächtigen Gefühlen bewäl=
tigt, bewußtlos zusammen.

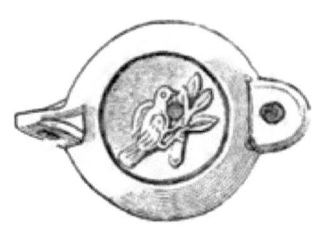

Achtes Kapitel

Auf der priscillianischen Villa.

Ein halbes Jahr war seit dem Besuche des
Königs Tyridates verflossen, und Rom hatte
längst über neuen Festen, welche Nero dem
Volke bot, die orientalische Schaustellung vergessen; der Winter war vorüber gegangen, und der nahende
Frühling sandte grüßend seine ersten lachenden Boten
vor sich her.

Nach langer, schwerer Krankheit, die ihn wiederholt
an den Rand des Grabes gebracht, wagte Eucarpus sich
heute zum ersten Male in das Freie. Die frischen Rosen
auf seinen Wangen waren verwelkt, die Jugendkraft seines Körpers war gebrochen; der Todeswurm nagte am
Marke seines Lebens.

Der Königssohn, der erstgeborne und einzig
rechtmäßige Herrscher von Armenien, sah als armer
Freigelassener auf dem Landgute eines römischen Senators
mit christlicher Ergebung der Stunde entgegen, die ihm
eine ewige Königskrone auf das Haupt setzen sollte.

Als Eucarpus beim Anblick der Bildnisse seiner Eltern zusammengebrochen war, hatten ihn einige Diener
aus dem Saale hinausgetragen und den Bewußtlosen
einstweilen in dem Gemach eines niedern Palastbeamten
zu Bette gelegt. Der Mann, der seine Frage beantwortet,
seinen Schrei gehört und ihn dann hinstürzen gesehen,

war ein alter Diener des königlichen Hauses und hatte
den Tyridates, wie dessen Brüder als Kinder oft auf seinen Armen getragen.

Die Geschichte der Armenier im ersten Jahrhundert
der christlichen Zeitrechnung ist nach der Schilderung des
Tacitus eine fortlaufende Kette blutiger Zwiste in der
Königsfamilie; Treubruch und Mord an den nächsten
Verwandten befleckten den Glanz der Krone; unaufhörliche
Kriege schwächten die Kraft des Landes. Statt daß die
zu einander gehörenden Reiche der Parther, Meder und
Armenier sich in enger Freundschaft gegen den äußern
Feind verbunden hätten, machte ihre stete Zwietracht es
den Römern leicht, festen Fuß im Lande zu fassen und
aus den Familienzwisten Nutzen zu ziehen.

Tyridates war im Jahre 51 n. Chr. von seinem an
Tapferkeit und Muth ihm weit überlegenen Bruder Volo-
geses, dem Könige der Parther, mit Waffengewalt auf den
Thron der Armenier erhoben worden; ein dritter Bruder,
Pacorus, hatte Medien erhalten. Ein vierter Bruder, gerade
der älteste, war als Knabe in einem jener Familienkriege bei
der Erstürmung der Königsburg zu Artaxata spurlos verschwunden und, wie man allgemein annahm, ermordet
worden.

Für jenen alten Diener des königlichen Hauses waren
das bekannte Thatsachen: so begreift sich der gewaltige
Eindruck, den jene Scene und jener Schrei des Eucarpus
auf ihn machen mußte. An demselben Tage und fast in
derselben Stunde, wo Tyridates seine Königswürde so
tief in den Staub hatte treten lassen, führte das Schicksal unerwartet einen Kronprätendenten ein, der durch ein
wunderbares Zusammentreffen der Umstände unwillkürlich
sich als Bruder des Tyridates geoffenbart hatte.

Der alte Mann erinnerte sich, daß das verschwun=
dene Königskind ein Muttermal auf dem rechten Arme ge=
habt; er eilte zu dem Bette des jungen Mannes, der noch
bewußtlos dalag, entblößte den Arm desselben und er=
kannte das Muttermal wieder. Es hätte übrigens für ihn
kaum dieses Beweises bedurft; denn der Jüngling war
dem alten Könige wie aus dem Gesicht geschnitten, wäh=
rend Tyridates mehr seiner Mutter ähnlich sah.

Der verlorene und verschollene Prinz Sadoth in Rom
wiedergefunden: das war ein Geheimniß von solcher Be=
deutung und Tragweite, daß der alte Diener erst den
einen oder andern Tag überlegen wollte, was hier zu
thun sei. Fürerst das dringendste schien ihm, den Jüng=
ling aus dem Palaste zu entfernen, um möglichst jedes
Gerede über den Vorfall abzuschneiden. War er einmal
aus den Augen, dann ließen die unaufhörlich sich folgen=
den Feste nicht mehr an ihn denken.

Der Alte wich daher nicht von dem Lager des Kran=
ken, um, sobald das Bewußtsein zurückkehre, von ihm seine
Wohnung zu erfahren und ihn dorthin bringen zu lassen.
Sollte er daselbst nicht sicher sein, so konnte man ja in
den nächsten Tagen weiter sorgen.

Als Eucarpus endlich die Augen aufschlug, schaute er
sich erst verwundert in dem ihm unbekannten Orte um;
nach und nach erwachte jedoch die Erinnerung an jene
Scene, und in dem Gedanken an seine Eltern, an seine
eigene Jugend, an die bisherigen Lebensschicksale erfaßte
ihn von Neuem eine so tiefe Bewegung und eine solche
Erschütterung seiner Nerven, daß der alte Diener das
Schlimmste befürchtete; nur mit den stärksten Heilträuken
vermochte er ihn erst nach langem Bemühen etwas zu
beruhigen.

Da der Kranke selber den Wunsch äußerte, baldigst
in den Palast des Pudens an der patrizischen Straße
gebracht zu werden, so ließ der Alte eine Sänfte herbei-
schaffen und Eucarpus, als es Nacht geworden, in aller
Stille in das Haus des Senators tragen.

Dieser war nicht wenig überrascht, als er den Jüngling, den er am Morgen frisch und gesund entlassen
hatte, wie eine Leiche und in einer Sänfte zurückkehren
sah. Der Alte gab, so gut er es in seinem Latein vermochte, dem Senator einige Andeutungen, welche dessen
längst gehegte Vermuthung, Eucarpus müsse aus sehr vornehmer Familie stammen, bestätigten; zugleich empfahl er ihm
auf das dringendste, jede Sorgfalt für den Kranken und
dessen Sicherheit, sowie für dessen Herstellung anzuwenden.
Nach der einen wie nach der andern Beziehung hielt es
Pudens für gerathen, ihn auf die Villa bringen zu lassen,
wo die stille Einsamkeit und die frische Landluft die er-
schütterten Nerven am ehesten wiederherstellen konnten.

In der That schien es in den ersten Tagen, als ob
Eucarpus sich dort bald erholen werde. Der Armenier
kam täglich zweimal hinaus, sich nach dem Befinden des
Prinzen zu erkundigen; am vierten Tage kamen mit ihm
zwei der vornehmsten Fürsten des Landes, die er in das
Geheimniß gezogen. Auch sie erkannten sofort die auf-
fallende Aehnlichkeit des Jünglings mit seinem königlichen
Vater; nur nach langem Sträuben zeigte Eucarpus ihnen
das Muttermal und erzählte ihnen, was er von seiner
Jugendgeschichte noch wußte, wie er seit dem Einzuge des
Königs unermüdlich gesucht, im Gefolge desselben einen
der Seinigen wiederzufinden, und wie er endlich im Palaste ganz unerwartet auf die Bildnisse seiner Eltern gestoßen sei.

Seine Worte trugen so sehr das Gepräge der Wahr=
heit, seine Schilderungen aus der Jugendzeit waren so rich=
tig, daß auch nicht der leiseste Zweifel übrig bleiben konnte.

Als jedoch die Herren ihn nunmehr aufforderten,
mit ihnen heimlich nach Armenien zu kommen, seine
Rechtsansprüche auf die Königskrone geltend zu machen
und seinen schwachen Bruder Tyridates vom Thron zu
stoßen, lehnte Eucarpus dieses Ansinnen ab, indem er sprach:

„Meinem Volke bin ich durch Erziehung, Sitten,
Anschauungen und vor Allem durch die Religion fremd
geworden. Ich selber würde nicht glücklich sein, und über
Armenien würde ich nur einen neuen, blutigen Bürger=
krieg heraufbeschwören, der das Land vielleicht ganz unter
römische Herrschaft brächte. Ich will mich als das Sühn=
opfer für die Schuld meines Hauses betrachten; mein
einziger Wunsch ist, daß mein Bruder, von mir im Besitze
seiner Krone ungestört, die Nation glücklich machen möge."

Mit derselben Bestimmtheit schlug Eucarpus die Ge=
schenke und die bedeutenden Summen aus, welche ihm
angeboten wurden; nur von dem alten Diener nahm er
ein Andenken an, und so schieden die Armenier von dem
Sohne ihres alten Königs, nachdem sie — tief bewegt
an seinem Lager niederknieend, dem Widerstrebenden nach
orientalischer Sitte die Füße und die Hände geküßt hat=
ten. Wenige Tage später kehrte Tyridates mit seinem
Gefolge nach Asien und in sein Land zurück.

Pudens war Zeuge jener Scene gewesen; der Ver=
zicht des Jünglings auf die Krone, die Beweggründe,
welche ihn dazu geführt, hatten ihn mit verdoppelter Hoch=
schätzung gegen ihn erfüllt; er betrachtete Eucarpus fort=
an als Glied der Familie und bot Alles auf, damit
seine Gesundheit bald wiederhergestellt werde.

Allein die erwünschte Besserung wollte nicht eintreten. Die schon früher in Folge der Erkältung und des Fiebers angegriffene Gesundheit des Jünglings hatte durch die furchtbare Gemüthserschütterung den Todesstoß erhalten.

Als das schleichende Siechthum, das den einst so blühenden Jüngling ergriff, nicht weichen wollte, zog der Senator die berühmtesten Aerzte zu Rathe: sie konnten nur constatiren, daß ein vielleicht angeborener organischer Fehler am Herzen sich durch irgend eine gewaltige und plötzliche Katastrophe in einem Grade entwickelt habe, der kaum mehr Hoffnung auf Heilung lasse.

Die beiden Apostel, von Allem unterrichtet, empfanden die väterlichste Theilnahme; als sie erkannten, daß die Aussicht auf Genesung mehr und mehr schwinde, waren sie bedacht, den Kranken auf einen christlichen und heiligen Tod vorzubereiten, und Eucarpus brachte ihren Worten ein so kindlich williges Herz entgegen, daß die Geduld und Freudigkeit, mit welcher er die Leiden seiner Krankheit ertrug, die Sehnsucht, mit der er von der himmlischen Heimath redete, die hingebende Gottesliebe, die aus seinen Gebeten sprach, alle Anwesenden rührte und erbaute.

Faustina war unterdessen in das Katechumenat aufgenommen worden; am bevorstehenden Osterfeste sollte sie die heilige Taufe empfangen. Da sie einsah, daß sie auf die Dauer ihren Glauben vor dem Vater nicht werde verbergen können, und sie auf der andern Seite bei seiner Liebe gegen sie hoffte, er werde sich in die Thatsache fügen, beschloß sie auf den Rath der Apostel, es offen zu sagen, daß sie Christin werden wolle.

Faustus war bei dieser Mittheilung Anfangs außer sich. Sein ganzer Adelsstolz fühlte sich auf das tiefste verletzt und verwundet durch den Gedanken, seine Tochter

gehöre der verworfenen und verachteten Sekte der Christen
an; er drohte ihr sogar mit Enterbung und öffentlicher
Anzeige. Allmählich jedoch legte sich seine heftige Aufregung; die Liebe zu seinem einzigen Kinde siegte über
seine heidnischen und aristokratischen Vorurtheile.

Die so bewilligte Freiheit benutzte Faustina zu häu-
figeren Besuchen auf der Villa des Pudens, um mit der
frommen Gattin des Senators, welche sie bald als eine Mutter verehren lernte, und vor allem mit den Aposteln sich
über die Angelegenheiten ihres Seelenheiles zu berathen.

Dankbarkeit und Theilnahme führten dann auch
fast jedesmal die junge Dame an das Krankenlager des
Eucarpus; Sabinilla selber, die Hausfrau, welche mit
mütterlicher Sorge über ihn wachte, pflegte sie zu ihm
zu begleiten.

Faustina's Theilnahme mußte noch wachsen, als sie
aus gewissen Andeutungen der Matrone die Herkunft
des Jünglings und seinen freiwilligen Verzicht auf seine
Ansprüche kennen lernte.

Bei einem dieser Besuche war es, wo der Kranke
im Traume zweimal ihren Namen nannte.

Unwillkürlich zuckte ihr Herz zusammen. In einer
ihr bisher unbekannt gewesenen Aufregung verließ die
Jungfrau an diesem Tage die Villa.

Eine ganze Woche verging, ohne daß Faustina wieder in dem Landhause und am Krankenbette erschien; es
waren für sie acht Tage schwerer innerer Kämpfe.

O, wenn sie, die reiche Erbin, all' ihr Vermögen
dem Lebensretter ihres Vaters, dem Retter ihrer eigenen
Seele darbringen dürfte, um dem Königssohne den Verlust der Herrscherkrone durch ihre Reichthümer und mehr
noch durch ihre Liebe zu ersetzen! — Allein jetzt sollte er

sterben müssen, jetzt, wo nach all' dem langen Leide sie
ihm so gerne ein Leben des Glückes angeboten hätte!

„Der Himmel hat mich den kostbaren Edelstein kennen
gelehrt,“ sprach sie endlich zu sich selber, „nicht um ihn für
mich zu besitzen, sondern nur, um durch seinen Glanz mein
Herz erleuchten zu lassen. Er ist das Eigenthum eines Höheren, der ihn für sich erkor und in Besitz genommen hat.“

Indem Faustina zurückdachte an jene Stunde, wo sie
in tödtlicher Angst um die Rettung ihres Vaters aus den
Flammen sich dem Jünglinge zu Füßen geworfen, und dann
alle die Ereignisse der letzten Monate an ihrer Seele vorüberziehen ließ, da wurde es ihr immer klarer, daß nach
dem Willen einer gnadenreichen Vorsehung Eucarpus nur
der Führer hatte sein sollen, welcher sie aus der Nacht des
Heidenthums zum Lichte der Wahrheit geleite. „Wenn
der Diener seinen Auftrag vollendet hat,“ sprach sie zu
sich selber, „wird der Herr ihn abberufen, — und was ist
das, was ich ihm hätte sein können, gegen den Lohn, den
Gott ihm geben wird?“

Als Faustina nach acht Tagen wieder einen Besuch
in der Villa des Pudens machte, trat sie an das Lager
des Kranken mit dem heiligen Vorsatz, ihm nur eine treue
Schwester und Pflegerin zu sein, — so lange der Herr es
ihr vergönne.

Eucarpus selbst gab sich über seinen Zustand keiner
Täuschung hin. Als die Frühlingssonne die ersten Blumen auf
den Rasenbeeten vor seinem Fenster öffnete, sprach er lächelnd:

„Sie sind für den Kranz gewachsen, mit welchem ich
an der Tafel des himmlischen Gastmahls erscheinen soll.“

Das neue Leben, das durch die Natur zu pulsiren begann, und der frische Hauch, der im Frühlingswehen durch
die Anlagen der Villa strich, schien für einige Tage auch

in dem Kranken die Lebensgeister wieder anfachen zu wollen:
— es war das letzte Aufflackern der erlöschenden Flamme.

Das Osterfest kam. Am Vorabende versammelten sich
die Gläubigen, sowie diejenigen, welche in der Nacht die
heil. Taufe empfangen sollten, in der Villa des Pudens,
um dort mit den Aposteln die Vigilie zu halten und den
Auferstehungsmorgen zu feiern. Wie gerne hätte Eucar=
pus noch einmal dieser Feier beigewohnt!

Auch Faustina empfing in dieser Nacht die hl. Taufe.
Als Christin, angethan mit dem weißen Gewande der Neu=
getauften, ein seliges Lächeln unaussprechlichen Glückes
auf ihren Zügen, trat sie an das Krankenlager des Eu=
carpus; ihm galt ihr erster Gang, ihm hatte sie nächst
Gott ihre Bekehrung und all' die süße Wonne zu danken,
von welcher jetzt ihr Herz erfüllt war.

Der Kranke empfing sie mit freundlichem Lächeln.

„Wie preise ich den Herrn," sprach er, „daß er mich
diesen Tag hat erleben lassen? Nun habe ich nichts mehr
auf der Welt zu wünschen. — Wohl habe ich einmal,"
fuhr er nach einer Pause, mit sich selber redend fort,
„von einem andern Glücke geträumt; aber über Nacht war
die goldene Krone gebrochen und war der schöne Kranz
verwelkt, den eine liebe Hand darum winden sollte."

„Engel winden Dir einen herrlicheren, nie verwel=
kenden Kranz," sprach Faustina tief bewegt.

„Ich war so traurig," fuhr Eucarpus fort, ohne auf
die Worte der Jungfrau zu achten, „als ich die Krone
in Stücken und den Kranz so schnell verwelkt sah. Aber
da zeigte mir eine leuchtende Gestalt — es muß wohl ein
Engel gewesen sein — zwei frische Kränze, zu denen die
Blumen im Garten des Paradieses gepflückt worden, der
eine war von Rosen,.... der andere von Lilien. Und

als ich hörte, für welche zwei die beiden Kränze bestimmt
seien, da war ich wieder froh.... Doch ich glaube, das
Alles ist nur ein Traum gewesen."

Die Unterredung wurde durch das Erscheinen Sabinilla's unterbrochen, welche an den Kranken die Frage
richtete, ob er bei dem köstlich milden Morgen sich nicht
ankleiden und in's Freie tragen lassen wolle.

„Die Blumen im Garten," sprach sie, „und die Vögel in den Lüften sind so voll seliger Osterfreude, und die
Sonne lacht so festtäglich zur Erde nieder, daß es Dich
gewiß erquicken wird."

Eine halbe Stunde später saß Eucarpus, in einen
weiten Mantel gehüllt, an einer geschützten Stelle des
Parkes unter einem mächtigen Baume auf einer Steinbank, und da Sabinilla heute die sämmtlichen Neugetauften
zu Gaste und daher noch Mancherlei anzuordnen hatte,
so war der Kranke wieder mit Faustina allein.

„Welch' milden und erquickenden Tag hat der Himmel
Dir heute aufgehen lassen," sprach die Jungfrau; „die Blumen, Deine Pflegekinder, die Dich so lange nicht mehr gesehen, begrüßen Dich voll Freude mit ihrem süßesten Dufte,
und die Vögel in den Büschen rufen Dir neue Hoffnung zu."

„Wenn diese Erde," antwortete Eucarpus, „auf welcher
jetzt der Fluch Gottes lastet, trotzdem noch so schön ist, wie herrlich muß erst das Paradies gewesen sein! Und doch war auch
dieses nur das irdische Abbild des himmlischen Eden, wo die
Engel und Heiligen zwischen unverwelklichen Blumenbeeten
wandeln, wo die Ströme ewigen Entzückens rauschen und
das Antlitz Gottes die Sonne ohne Untergang ist, die Alles
mit unendlichem Leben und unaussprechlicher Wonne erfüllt. — Glaubst Du nicht," fuhr er nach einigem Sinnen
fort, „daß auch mir dort ein Plätzchen beschieden ist?"

„Leuchtet Dir," entgegnete Faustina, „in der ganzen
Anordnung Deines Lebens nicht die zärtlichste Vaterhuld
Gottes entgegen? Das ist seine Liebe gegen einen armen
Erdenwurm. Wie wird er Dich erst mit der beseligendsten
Fülle seiner Liebe überströmen, wenn die Hülle gefallen
sein wird und der Geist auf den Schwingen der Unsterblichkeit zu ihm emporfliegt! — Siehst Du," fuhr sie fort,
„den kleinen Käfer dort vor uns an der Erde? Wie mühsam plagt er sich, in dem dürren Sande vorwärts zu
kommen, wo er doch keine Nahrung findet! Aber der
Schöpfer hat ihm ja Flügel gegeben, und schau', jetzt
entfaltet er sie aus der Hülle, welche dieselbe bedeckt, und
nun schwingt er sich frei und leicht empor, um von Blume
zu Blume zu fliegen und aus ihren Kelchen den süßen
Nektar zu trinken."

In diesem Augenblicke kam Sabinilla mit ihren beiden Töchterchen und brachten dem Kranken eine stärkende
und erquickende Labung. Eucarpus schaute mit einem Blicke
treuester Dankbarkeit zu der Dame empor und sprach,
an das Gleichniß der Faustina anknüpfend:

„Meine gute Mutter! Du thust Alles, den Käfer an
der Erde festzuhalten; aber," setzte er lächelnd hinzu,
„ich entwische Euch doch. Die Flügel sind schon entfaltet
in Sehnsucht nach den Blumen des Paradieses: bald
wird der Käfer sich emporschwingen."

Dann wandte Eucarpus sich an die beiden Mädchen.

„Ihr lieben Kinder," sprach er, „werdet Ihr mir einen
frischen Blüthenkranz winden und auf die Bahre legen, wenn
man mich hinunterträgt in die Gruft zum stillen Schlummer
bis zum großen Auferstehungsmorgen? — Ich habe die
Blumen immer geliebt," fuhr er zu den beiden Damen gewendet fort; „sie sind die höchste Entwickelung des Lebens

in der Pflanze, gleichsam ihre Verklärung, und so haben
sie mich immer daran erinnert, wie aus dem Strauche
unserer sterblichen Leiber einst in unverwelklicher Schön=
heit die Blume verklärter Unsterblichkeit ersprießen wird."

„Noch aus einem anderen Grunde," setzte er, die er=
schöpften Kräfte sammelnd, nach einigen Augenblicken hin=
zu, „lieb' ich die Blumen so sehr. Sind sie ja das
Abbild der Blume, die aus dem Stamme Jesse sproßte,
jener süßesten Gnadenblume, welche die gebenedeite Frucht
brachte, in der all' unser Sehnen und Seufzen seine
Sättigung finden wird."

In den folgenden Tagen verschlimmerte sich der Zu=
stand des Kranken zusehends. Soweit es ihre apostolische
Thätigkeit gestattete, weilten Petrus oder Paulus an sei=
nem Lager; mit erbauendster Andacht empfing Eucarpus
die hl. Sterbesakramente, bei deren Spendung Pudens mit
seiner Familie und der ganzen Dienerschaft zugegen war.

In der Morgenfrühe des weißen Sonntags, unter
dem Lächeln himmlischer Verklärung, löste sich die Seele
leicht und ohne Kampf von der irdischen Hülle. —

Der Verlust des edlen Jünglings ging allen nahe, die
ihn gekannt. Mit männlichem Starkmuth wußte Faustina
die tiefe Bewegung ihrer Seele zu unterdrücken, als sie, un=
mittelbar vor dem Begräbnisse, nur die beiden Kinder des
Senators an der Hand, an die Bahre trat und einen Kranz
der kostbarsten Rosen auf die marmorkalte Stirn legte.

„Edler Freund, Retter meines Vaters und in höhe=
rem Sinne mein Retter," sprach sie, „nimm diesen letz=
ten Beweis meines innigsten Dankes entgegen. Wie gern
hätte ich Dir in zärtlichster Dankbarkeit mein ganzes Leben
weihen mögen: der Himmel hat es nicht gewollt, und ge=
horsam beuge ich mich unter seine Fügung. In Deiner

himmlischen Verklärung gedenke meiner, die mit Dir ihre
süßesten Hoffnungen in's Grab legt."

Die Leichenträger kamen und hoben die Bahre auf
ihre Schulter, und unter heiligen Gebeten und Psalmen-
gesängen zog die Prozession durch die Laubgänge der
Memoria oder Kapelle zu, neben welcher die Stufen in
das Arenarium hinabführten. Mit Pudens und den
Seinigen folgte Faustina der Leiche; sie wich nicht, bis
die Fossores den Todten in die Felsenhöhlung gelegt und
die Oeffnung mit einer Marmorplatte geschlossen hatten.
Auf Anordnung des Senators war der Stein bereits
in den letzten Tagen fertiggestellt, und als Inschrift
war der kurze Spruch eingehauen worden:

„Eucarpus, ruhe in Gott!" Ein nebenan gemeißelter
Anker, dieses älteste christliche Symbol der Hoffnung,
gab der festen Zuversicht Ausdruck, daß der Wunsch und
das Gebet Erhörung gefunden. [25])

Als das Grab geschlossen war, hing Pudens den
Blumenkranz, den Faustina gebracht, über demselben auf.

„Armer Königssohn," sprach er, „fern von der Gruft
Deiner Väter bette ich Dich hier in fremde Erde zu Grabe;
aber droben harret Deiner die Krone ewiger Vergeltung
und ein Kranz, der nimmer welkt."

Faustina drückte einen letzten Kuß des Abschieds auf
den kalten Marmorstein, und nun machte sich der lang-
verhaltene Schmerz in einem Strom von Thränen Luft,
bis endlich Sabinilla zu ihr trat und sie, die nun willen-
los Folgende, freundlich bei der Hand nahm und von der
Grabstätte fortführte.

Einige Wochen später, am Pfingstfeste, kniete Faustina,
eine Lilie in der Hand, in der Hauskapelle im Palaste
des Pudens an den Stufen des Altares, um in die Hände
des Apostelfürsten dem Herrn ihr Leben in steter Jungfräulichkeit zum Dienste der Armen und Kranken zu weihen.

Anmerkungen.

1) Vgl. über ihn Flavius Josephus, Vit. Cap. 3. Ueber die folgenden siehe die Schilderung des römischen Kaiserhofes bei Friedländer, Sittengesch. Rom's, S. 59. f.

2) Nach den Untersuchungen des gelehrten Bianchini (ad Anastas. II 11 ff. u. 121 ff.) war Cornelius Hauptmann einer der vier Legionen, welche in der Provinz Syrien stationirt waren. Von diesen lag die sog. sechste, in welcher Cornelius diente, in Judäa. Die Taufe des Hauptmanns fällt in das Jahr 36. Drei Jahre später unternahm Kaiser Caligula seinen Feldzug nach Deutsch=land, wozu er, nach dem Berichte des Suetonius, aus allen Provinzen die Legionen heranzog. Damals ward auch die sechste Legion aus Judäa abberufen, um sich in Rom mit dem übrigen Heere zu vereinigen. Die Befreiung Petri aber aus der Ge=fangenschaft des Herodes durch den Engel, sowie dessen erste Reise nach Rom fällt in dasselbe Jahr 39, und so erscheint die Annahme Bianchini's nicht unwahrscheinlich, daß der Apostel zugleich mit dem Hauptmann, vielleicht in dessen Begleitung nach Italien gereist sei. Wie dem aber auch sein mag, die kirchliche Ueberlieferung in Betreff der besondern Beziehungen des Apostelfürsten zur Familie des Pudens hat durch die Ent=deckungen in den Katakomben, zumal in den letztern Jahren, eine starke monumentale Stütze erhalten.

3) Die heutige Kirche Santa Pudenziana ist in den Palast des Senators hineingebaut. Nicht nur hinter der Apsis sind noch bedeutende Mauerreste des antiken Baues erhalten, sondern man hat in neuester Zeit auch großartige Gewölbe unter der Kirche wieder frei gelegt. Wahrscheinlich gehört auch die Seitenkapelle mit ihrem Mosaik-Fußboden, an welche sich im besondern die Erinnerungen an den heil. Petrus knüpfen, noch dem alten Baue an. Ein altes Mosaik daselbst aus dem Jahre 388 stellte den

heil. Petrus auf einem Throne sitzend als Lehrer in Mitten von Lämmern dar; im dortigen Altar ist noch jetzt ein Stück jenes Hochaltars aufbewahrt, an welchem nach der Ueberlieferung die Apostelfürsten die heiligen Geheimnisse gefeiert haben.

4) Die Zeugnisse für die apostolische Wirksamkeit Petri in Rom sind während der letzten Jahrzehnte durch so viele monumentale Beweise erhärtet und vermehrt worden, daß nur confessionelle Opposition noch hartnäckig an der Leugnung einer unleugbaren Thatsache festhalten kann.

5) Das Coemeterium Priscillae an der salarischen Straße gehört zu den interessantesten und merkwürdigsten unter den römischen Katakomben. Die Gemälde, welche die Wände und Decken des ältesten Theiles desselben schmücken, sind von klassischer Schön- heit; dort findet sich auch das früheste Muttergottesbild, das noch dem apostolischen Zeitalter angehört und jedenfalls schon in den ersten Jahrzehnten des zweiten Jahrhunderts gemalt worden ist. Ein anderes Gemälde, im Jahre 1893 aufgedeckt, aus derselben Zeit stammend, ist die älteste Darstellung der Feier des „Brod- brechens".

Aeltestes Muttergottesbild im Coemeterium der Priscilla.

Eine große Anzahl von Gräbern, meistens noch heute geschlossen, weist uns in ihren Inschriften Angehörige der kaiserlichen Familien der Claudier, der Flavier, der Aelier auf, also Freigelassene eines Claudius und Nero, eines Vespasian, Titus und Domi-

tian, eines Hadrian und anderer Kaiser aus dem ersten und
dem Anfang des zweiten Jahrhunderts. Höchst merkwürdig ist
auf diesen Inschriften die häufige Wiederkehr des Namens Petrus,
der auf heidnischen Inschriften so zu sagen nie, in den übrigen
christlichen Katakomben aber nur höchst selten und erst in späterer
Zeit vorkommt. (Vgl. de Rossi, Bullett. 1880 und 1886.)

6) Bei den feierlichsten Opfern der alten Römer standen dem Priester Knaben als Gehilfen zur Seite, die man camilli nannte.
Sie mußten an Leib und Seele tadellos sein, zwischen dem sechsten
und zehnten Jahre stehen, von freien Eltern geboren sein und
Vater und Mutter noch am Leben haben. Sie wurden für den
heil. Dienst sorgfältig unterrichtet, und vorzugsweise aus ihnen
ergänzten sich die Priesterthümer. Sie trugen die toga praetexta,
ein langes, mit Stickerei verbrämtes Kleid, und ein besonderes
Abzeichen um den Hals. In alter Zeit wurden nur Kinder aus
adeligen Familien zu dieser Ehre zugelassen. (Vgl. Marquardt,
Röm. Alterthümer IV. 177, f.) — Auch die Kirche bedurfte bei
der Feier der h. Geheimnisse des Dienstes solcher Knaben, und
mit welcher Sorgfalt sie darauf sah, daß sie auch würdig waren,
am Altare zu erscheinen, lehren uns zahlreiche Zeugnisse.

7) Nachdem in Herculanum Glasscheiben, in Pompeji an mehreren
Stellen, z. B. in den älteren Bädern, Glasfenster und in Velleia
auch matt geschliffene Fenstergläser gefunden worden sind, darf
man nicht länger zweifeln, daß die Römer der Kaiserzeit sich,
wenn auch nicht allgemein, so doch in reichen Häusern des Fenster-
glases bedient haben. (Becker-Marquardt, Röm. Alterth. II. 343.)

8) Daß auch manche Stätte christlichen Gottesdienstes in dem Brande
zu Grunde ging, läßt sich daraus schließen, daß Paulus in seinem Römerbriefe, Cap. 16, auf mehrere dieser ältesten Versammlungsorte der ersten Christen in Rom hinweist, von denen
für die Folge jede Spur verschwunden ist.

9) Ueber Flavius Clemens, den Nachfolger des h. Petrus als
Bischof von Rom, seine verwandtschaftlichen Beziehungen zum
Kaiserhause der Flavier und die über seinen Palast erbaute Kirche
vgl. De Rossi Bull. 1863 u. 1870; Kraus, Real-Encykl. I. S. 297.
„San Clemente" ist eines der interessantesten Denkmäler des
christlichen Alterthums. Die jetzige Kirche, aus dem 12. Jahrhundert stammend, erhebt sich über einer älteren aus der con-
stantinischen Zeit, die in Folge der Anhöhung des Terrains tief
unter der Straße liegt. Von dort steigt man auf einer antiken
Treppe in die dritte Kirche hinunter, und das ist das Haus des

h. Clemens und einer jener Versammlungsorte, wo die Apostel mit den ersten Gläubigen die h. Geheimnisse feierten.

10) Unweit der Kirche der h. Agnes dehnt sich auf der linken Seite der nomentanischen Straße das **Coemeterium Ostrianum** aus, mit welchem die kirchliche Ueberlieferung die apostolische Wirksamkeit des h. Petrus in Zusammenhang bringt. Auch dort begegnen uns im ältesten Theile Namen aus den kaiserlichen Familien der Claudier und Flavier aus dem ersten, der Aelier und Aurelier aus dem zweiten Jahrhundert; ein in der Nähe gelegener Teich oder See, dessen Lage durch geologische Untersuchungen nachgewiesen worden, diente dem Apostel Petrus zur Spendung der h. Taufe („ubi Petrus baptizabat“). Bis in das Mittelalter verehrte man daselbst die **cathedra** oder den bischöflichen Stuhl, auf welchem Petrus bei den Versammlungen der Gläubigen den Vorsitz geführt („ubi prius sedit S. Petrus“).

— Flavia Domitilla, eine nahe Verwandte der Kaiser Vespasian, Titus und Domitian, besaß ein Landgut an der ardeatinischen Straße; die dortigen Katakomben steigen ebenfalls zu den Anfängen des Christenthums in Rom hinauf. Nereus und Achilleus, zwei Krieger, die unter Domitian den Tod erlitten hatten, waren die besonders dort verehrten Heiligen; die Grabkammer des Ampliatus, die vor wenigen Jahren ausgegraben wurde, ist höchst wahrscheinlich die Ruhestätte jenes Ampliatus, den der Apostel Paulus in seinem Briefe an die Römer grüßen läßt. (Vergl. über das Ostrianum Armellini, Cripta di S. Emerenziana, Roma, 1877; über das Coem. Domitillae De Rossi. Bullet. 1878 und 1879, und über die Grabkammer des Ampliatus ebend., 1881, S. 57 ff.)

11) Vergl. die Schilderung bei Tacitus, Ann. XV. 38 ff.

12) Heute bezeichnet der Volksmund in Rom den weit die Stadt überragenden Thurm eines mittelalterlichen Kastells des 13. Jahrhunderts, die torre delle milizie, in der Nähe des Forum Trajanum, als den Ort, von wo der Kaiser dem Brande zugeschaut habe.

13) In seinem Briefe an die Philipper, den Paulus im Jahre 62, also zwei Jahre vor dem neronischen Brande schrieb, übermittelte er (4, 22.) Grüße von denen, „die aus des Kaisers Hause sind".

14) Der Martyrer Justinus, der in der ersten Hälfte des zweiten Jahrhunderts zu Rom lebte, berichtet in seinem Zwiegespräch mit dem Juden Tryphon (Cap. 17 und 133) über die Maßregeln, welche der hohe Rath in Jerusalem schon kurz nach dem ersten Pfingstfeste ergriff, um die Juden in der ganzen Welt gegen die Bekenner Christi aufzuhetzen. Den jüdischen Verleumdungen schreibt er auch die Gerüchte zu, welche im Volke über allerlei schreckliche Verbrechen im Umlauf waren, die von den Christen angeblich bei ihrem nächtlichen Gottesdienste begangen wurden.

15) Von dieser kaiserlichen Villa, die im Mittelalter den Namen „palatiolum, Palästchen" trug, auf der Höhe oberhalb der jetzigen Kirche von Santo Spirito, sind in neuerer Zeit ansehnliche Ruinen ausgegraben worden.

16) Von den Obelisken, welche das alte Rom schmückten, war nur der vatikanische, durch die Basilika des Apostelfürsten geschützt, nicht umgeworfen worden. Papst Sixtus V. ließ ihn im Jahre 1586 durch seinen Architekten Fontana auf den Petersplatz übertragen und auf seiner Vorderseite in das Postament die Inschrift

eingraben: „Christus vincit, Christus regnat, Christus imperat, Christus plebem suam ab omni hoste defendat; Christus ist unser Sieger, unser König, unser Kaiser; Christus schirme sein Volk vor jedem Feinde."

17) Vergl. über ihn, den Bruder des Kaisers Vespasian, De Rossi (Bullet. 1865, 17 ff.), der aus den Zeugnissen des Tacitus und Suetonius das christliche Bekenntniß desselben im höchsten Grade wahrscheinlich gemacht hat. Jedenfalls waren der Senator Titus Flavius Clemens, sein Sohn und seine Enkelin Flavia Domitilla, die Gründerin des Coemeteriums an der ardeatinischen Straße, Christen; jener erlitt unter Domitian, wie uns heidnische Geschichtschreiber berichten, wegen seines christlichen Bekenntnisses den Martertod, diese wurde nach der Insel Pontia verbannt. (Vgl. auch Kraus, Roma sotterr., S. 41 ff.)

18) Uebrigens scheint die neronische Verfolgung doch das Christen= thum in Rom fast bis auf die Wurzel ausgetilgt zu haben. Ueber alle die Personen, welche der Apostel Paulus in seinen Briefen als hervorragende Mitglieder der römischen Gemeinde erwähnt, fehlt uns mit wenigen Ausnahmen jede weitere Kunde;

Ampliatus und vielleicht Urbanus, dessen Namen wir in den
ältesten Grabschriften der Katakomben der Priscilla wiederfinden,
ausgenommen, ist uns nicht einmal die Ruhestätte dieser Apostel=
schüler bekannt.

19) Während die Katakomben unterirdische Gänge und Grabkammern
sind, in dem braunen vulkanischen Tuff der römischen Campagna
ausgehauen, waren derartige Grabanlagen in dem Lehm= und
Sandboden des vatikanischen Hügels nicht möglich; hier mußten
die Gräber, gleich denen der Heiden, an der Oberfläche der Erde
angelegt werden. Durch den Bau der Peterskirche unter Con=
stantin ist dieser älteste christliche Friedhof in Rom zerstört worden.
Da uns außer dem h. Petrus und seinen nächsten Nachfolgern
keine Märtyrer im Vatikan mit Namen genannt werden, so muß
der Friedhof auf einen engen Raum beschränkt gewesen sein.
Man hat aber hinter St. Peter eine Gruppe christlicher Grab=
monumente aus dem zweiten Jahrhundert gefunden, welche noch
auf einen andern Friedhof in diesem Gebiete hinweisen, neben
der Ruhestätte, wo Petrus beigesetzt worden ist.

20) Vgl. De Rossi, Bull. di arch., Jahrg. 1868.

21) Eine große Anzahl der ältesten Gräber im Cömeterium der
Priscilla bewahrt noch heute die Leichen mit ihren Verschlüssen,
meistens aus Ziegelplatten, auf welche mit rother Farbe die
Inschriften geschrieben sind. Einige derselben machen durch be=
sondere Zeichen die Gräber als Märtyrergräber wahrscheinlich.

22) Die heidnisch-römischen Grabmäler, wie es uns die noch trefflich
erhaltenen an der Via Latina zeigen, bestanden aus zwei Ab=
theilungen: einer unterirdischen Kammer, wo die Sarkophage und
Aschenkrüge aufgestellt waren, und einem oberirdischen Raume,
in welchem die Angehörigen sich zur Jahresfeier des Gedächnisses
der Verstorbenen bei einer Mahlzeit versammelten. In derselben
Weise war die Memoria, welche Anaclet, der dritte Nachfolger
Petri, über der Gruft des Apostels erbaute, ein hypogeum oder
unterirdischer Raum für die Särge, (die confessio), und ein
darüber sich erhebendes Oratorium für den Gottesdienst, und
ähnlich erhoben sich über den Katakomben Kapellen, in welchen
die Gläubigen sich zum Jahresgedächniß der Märtyrer versam=
melten. Die Räume oben waren groß genug zur Entfaltung
des feierlichen Gottesdienstes (des Hochamts), während die enge
Grabkammer nur eine einfachere Form der Liturgie unmittelbar
über der Ruhestätte des Märtyrers (stille Messe) gestattete. Erst
als Diocletian die kirchlichen Gebäude und Besitzungen confis=
cirte, begann man größere unterirdische Oratorien auszuhauen,

um unter der Erde am Jahrestage der Martyrer den feierlichen Gottesdienst begehen zu können.

23) Die kirchliche Tradition der ersten Jahrhunderte hat uns die Porträts der beiden Apostel in Farbe, in Stein und Metall aufbewahrt. Darnach hatte Petrus krauses Haupt- und Bart- haar und ein etwas eingedrücktes Gesicht, während Paulus uns auf den Monumenten so entgegentritt, wie wir ihn eben schilderten.

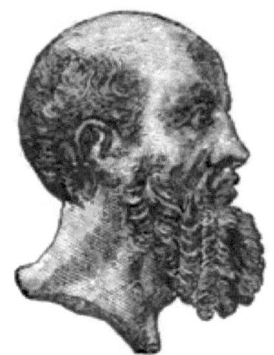

Porträte der Apostel auf einer Bronze-Medaille aus der Mitte des zweiten Jahrhunderts, in den Katakomben der Domitilla gefunden, jetzt im vatikanischen Museum.

24) Es ist der heil. Gregorius Illuminator, Patriarch von Armenien, dessen Fest am 1. Oktober gefeiert wird.

25) Der Stein, jetzt in mehrere Stücke zerbrochen, findet sich im Coemeterium der Priscilla; die Arbeit ist nicht die eines geübten Steinmetzen, sondern, wie es scheint, von einem Sklaven aus- geführt. Der aufrecht stehende Anker ist zugleich ein verhülltes Kreuz, mit dem Siegeskranz auf seiner Spitze.

Zu dem Bilde S. 37.

In verkleinertem Maßstabe geben unsere Abbildung und diejenige auf dem Titelblatte den Boden zweier Glasbecher aus dem vierten Jahrhundert wieder mit den Bildnissen der beiden Apostelfürsten. Die Figuren sind in Gold zwischen zwei Glaslagen eingeschmolzen. Wir werden wiederholt Abbildungen solcher Goldgläser bringen, weil die Darstellungen auf denselben für die Kenntniß des christlichen Alterthums die wichtigsten Aufschlüsse bieten. Die Glasbecher haben wohl vorwiegend als Trinkgefäße bei den Mahlzeiten und der Speisung der Armen an den Festtagen der Heiligen gedient, wohl auch als Geschenke am Jahrestage der Taufe, der Hochzeit u. dgl.

Ganze Becher dieser Art sind uns keine erhalten, wohl aber eine Anzahl von Böden dieser Becher, da die alten Christen es liebten, mit ihnen die Gräber ihrer Angehörigen zu kennzeichnen. Die meisten derselben sind von Garrucci in einem eigenen Werke zusammengestellt und erläutert worden.

Zu dem Bilde S. 66.

Diese zwei Fische mit Broden finden sich eingravirt auf einem Grabstein des Titus Flavius Eutychius in den Katakomben der Lucina an der ostiensischen Straße. Darstellungen von Fischen und Broden als Hinweis auf die wunderbare Brodvermehrung und damit als Hinweis auf jene höhere Speise zum ewigen Leben begegnen uns auf Gräbern der Katakomben bereits im ersten Jahrhundert; auch jener Grabstein des Eutychius gehört dem höchsten christlichen Alterthum an.

Zu dem Bilde S. 79.

Eine christliche Lampe aus Thon, aus dem 4. Jahrhundert. Die Handhabe zeigt das Monogramm oder den Namenszug Christi ☧, zusammengefügt aus den beiden ersten Buchstaben X (CH) und P (R) des griechischen Wortes XPICTOC. — Die obere Fläche der Lampe ist mit dem Bilde des Fisches geschmückt, in welchem die alten Gläubigen ein Symbol des Herrn sahen. Endlich war auch noch die Lampe selber ein Bild des Heilandes, welcher „das wahre Licht ist, welches jeden Menschen erleuchtet, der in diese Welt kommt."

Zu dem Bilde S. 90.

In dem lebendigen Glauben an eine dereinstige Auferstehung hatte für die alten Christen der Tod seine Schrecken verloren; daher schmückten sie die Grabkammern in den Katakomben neben biblischen Darstellungen mit heiteren Bildern der Natur, die ja auch selber in ihrem Absterben zur Winterszeit und in ihrem Erwachen im Frühlinge ein Sinnbild unserer Auferstehung ist.

Zu dem Bilde S. 120.

Das Mittelstück eines Deckengemäldes, eine weibliche Figur, das Haupt verschleiert, die Hände zum Gebete erhoben, das Gewand mit Purpurstreifen, dem Abzeichen vornehmer Geburt, geziert. Solche betende Frauengestalten (Oranten) begegnen uns überaus oft in den Gemälden, wie eingravirt in die Grabsteine der Katakomben. Häufig stellten sie die dort im Grabe ruhende Person vor; daneben aber haben die alten Chriſten überhaupt unter dem Bilde ſolcher betenden Frauen an die zur Anſchauung Gottes eingegangene Seele gedacht, die angethan mit dem Ehrenkleide der Unſterblichkeit, als die Braut des himm= liſchen Königs, ewig im Gebete vor Gott ſteht. Die Blumen, welche gewöhnlich zu ihren Füßen wachſen, ſinnbilden die Freuden des himmliſchen Paradieſes=Gartens, wie der Kranz, der unſer Bild ein= ſchließt, das Symbol des unverwelklichen Siegeskranzes iſt, den die Seele im Kampſe dieſes Lebens ſich erſtritten hat.

Zu dem Bilde S. 124.

Der Hochaltar im Chor der Peterskirche bewahrt in einem Ver= ſchluſſe, der von den Rieſenfiguren der vier großen Kirchenväter getragen wird, jene cathedra, deren ſich der Apoſtelfürſt Petrus bei der Feier der hl. Geheimniſſe bediente. Unſere Abbildung zeigt den Stuhl mit den Verzierungen, die im neunten Jahrhundert hinzuge= fügt wurden, nämlich Elfenbeintäfelchen auf der Vorderſeite und die gleichfalls mit Elfenbein eingelegte Rücklehne. Der eigentliche Stuhl Petri iſt einfach aus Eichenholz, von welchem aber überall Splitter als Reliquien abgeſchnitten worden ſind. Die vier Ringe an den Seiten zum Durchſtecken von Stangen ſind gleichfalls ſpäter ange= fügt, als die Päpſte ſich dieſes Biſchofsſtuhles bei den öffentlichen Feſtzügen bedienten.

Als im Jahre 1867 zum Centenarium des Todes der beiden Apoſtelfürſten, die ſeit zweihundert Jahren verſchloſſene cathedra der öffentlichen Verehrung ausgeſtellt wurde, hat der berühmte Alter= thumsforſcher De Rossi in einer ſorgfältigen Unterſuchung, von Jahrhundert zu Jahrhundert aufſteigend, die Zeugniſſe zuſammen= geſtellt, welche bis in das zweite Jahrhundert hinauf die Echtheit dieſer ehrwürdigen Reliquie beſtätigen. (Vgl. Bulletino di Archeol. 1867, pag. 33 f.) Aus dieſen Zeugniſſen ergibt ſich auch, daß die Täuflinge, wenn ſie in der Oſternacht das Sakrament der Wieder= geburt empfangen hatten, aus der Taufkapelle an den Ort geführt wurden, wo der Papſt, auf dieſer cathedra ſitzend, ſie erwartete, um ihnen das Sakrament der Firmung zu ſpenden. Istic insontes coelesti flumine lotas Pastoris summi dextera signat oves.

Domitian.

Eine Erzählung

aus dem ersten Jahrhunderte christlicher Zeitrechnung.

Erſtes Kapitel.
Die Tempelſteuer.[1])

Das Erſte Jahrhundert der chriſt=
lichen Zeitrechnung ging
ſeinem Ende zu, und die=
ſes Ende war entſetzlich
blutig. Nach der ſegens=
reichen Regierung des Vespaſian
und des Titus ſaß auf dem Thro=
ne der römiſchen Imperatoren ein
Tyrann, welcher die ſchlimmſten
Tage der Schreckensherrſchaft
eines Tiberius und Nero über
Rom zurückführte. Domitia=
nus war des Vespaſianus
Sohn, des Titus Bruder; aber ſelten iſt ein Sohn ſeinem
Vater unähnlicher, nie ein Bruder ſo ſehr das Gegen=
theil ſeines Bruders geweſen.

An dem Tage, an welchem unſere Erzählung beginnt,
— es iſt im Spätherbſt des Jahres 95 — herrſchte in
dem transtiberiniſchen Stadttheile, der zumeiſt von Juden
bewohnt war, eine ungewöhnliche Aufregung.[2]) Allent=
halben ſah man Männer und Weiber in Gruppen zuſam=
menſtehen, und wenn ein vorübergehender Römer auch

die Sprache dieser Orientalen nicht verstand, die lebhaften
Gestikulationen und das Feuer, das zumal aus den Augen
der Weiber sprühte, erklärten ihm deutlich genug, daß
eine verhängnißvolle Neuigkeit die Ursache der allgemeinen
Aufregung sein müsse.

„Beim Gott meiner Väter!" sprach ein Greis mit
kahlem Scheitel und langem, weißem Bart, „ich habe Jerusalem, ich habe den Tempel des Herrn der Heerschaaren in
Flammen aufgehen, habe das Blut von Tausenden durch
die Straßen der heiligen Stadt fließen sehen; aber mitten
in dem unermeßlichen Jammer schaute ich in Hoffnung und
Vertrauen nach oben. Er mußte ja kommen, der Tag
der Rache für den ungeheuren Frevel, den Vespasianus
und Titus an Israel und seinem Heiligthume begangen.
— Ich will's ertragen," fuhr der Alte mit bebender
Stimme fort, „daß ich in's Grab steige, ohne jenen Tag
der Vergeltung an den Römern erlebt zu haben. Allein
daß ich dieses neue Edikt noch schauen mußte, welches
auf all' die Schmach die Dornenkrone setzt," . . .

Von tiefstem Schmerze ergriffen, ballte der Alte
stumm die Fäuste; Thränen rannen über seine Wangen.

„Vater Jakob," nahm ein Jüngerer das Wort, „diese
Doppeldrachme ist das jährliche Opfer, das jeder Israelit
ehemals nach Jerusalem in den Tempel sandte. Hätte
Domitianus diese Steuer von uns verlangt für einen
Kriegszug gegen die Germanen oder für seine unsinnigen
Prachtbauten: wenn auch murrend, würde ich die Didrachme
zahlen. — Allein um den zerstörten Tempel ihres Jupiter
dort auf dem Capitol wieder aufzubauen, während Sion
in Trümmern liegt, also zur Verherrlichung der Abgötterei,
— Vater Jakob, daß ich dazu mein sauer verdientes Geld
hergeben soll, nein, das verwind' ich nicht."

„Was mich tröstet, Benjamin," nahm ein Dritter das Wort, „ist dies, daß der Kaiser auch die Nazarener zu der Steuer herangezogen. Diese Christenhunde haben sich immer hinter unsere Privilegien versteckt; ich werde den Zöllnern behilflich sein, daß ihnen keiner entwischt."[3]

„Ein schlechter Trost für unsern Schmerz, wenn die Hunde die gleichen Hiebe erhalten," bemerkte Benjamin; aber der alte Jakob fuhr grimmig fort:

„Dieses ganze Geschlecht der Flavier ist ein Fluch für Israel; schlimmer als die Moabiter und Philistäer haben sie gegen das auserwählte Volk gewüthet. Fluch über Vespasianus, Fluch über Titus, welche Jerusalem zerstört und den Tempel des Herrn in Brand gesteckt haben. Aber dreimal Fluch über Diesen da, der uns auch noch zum Götzendienste zwingt! — Doch wenn das Scepter von Juda genommen ist, dann wird ja der Messias erscheinen. Ach," rief der Alte und hob die Hände zum Himmel, „wenn ich Ihn noch sehen, Ihn als Knäblein auf meine Arme nehmen könnte, Ihn, die Hoffnung Israel's — o, dann riefe ich selig aus: Herr! jetzt lasse Deinen Diener im Frieden fahren; denn meine Augen haben Dein Heil gesehen."

„Vater Jakob," rief Benjamin, von des Greises Klage tief ergriffen, „lastet denn nicht des Himmels Strafe sicht= bar auf diesem flavischen Geschlechte und auf dem ganzen Volke der Römer? Der letzte seines Stammes, sah Domi= tianus eines seiner Kinder nach dem andern aus der Wiege in das Grab steigen; zitternd vor der Prophezeiung der Zeichendeuter, die ihm den Tod durch Mörderhand vorher= gesagt, vom Zorne des Herrn gegeißelt, irrt er die Nächte unstät durch die Prunkgemächer seines Palastes; umsonst versucht er durch das Blut der Römer, welches er in Strömen

vergießt, die Hände rein zu waschen von des Vaters unge=
heurer Schuld. Und dieses neue Edikt, ich sag's Dir, Vater
Jakob, das macht den Frevel voll. Domitian's Tage
sind gezählt, und gezählt die Tage unserer Schmach. Er
dämmert schon, der Morgen der Erlösung Israel's!"

Weder der Alte noch die Andern hatten den Mann
bemerkt, der nebenan vor dem Kramladen einer Jüdin
Schwefelfäden kaufte und mit ihr um den Preis einer
zerbrochenen Vase feilschte, dabei aber gespannt auf jene
Unterredung lauschte und, weil er die Worte nicht verstand,
sich die Züge der Sprecher einzuprägen suchte. Es war
einer der zahlreichen Spione im Dienste Domitian's, ein
Mitglied jener ruchlosen Bande, die schon so Viele, von
den vornehmsten Patriziern bis zum niedrigsten Volke,
in die Hände der Henker geliefert hatte.—

Am Abend desselben Tages hatten sich die Priester
und Diakonen nebst einigen hervorragenden Mitgliedern
der Christengemeinde im Hause des Bischofs Clemens ver=
sammelt, um über das kaiserliche Edikt zu berathen.*) Es
war eine den Ständen nach sehr gemischte Gesellschaft,
Angehörige des höchsten Adels neben Freigelassenen und
Sklaven, und doch hatte Rom selten eine so ehrwürdige
Versammlung gesehen. Sie alle waren Schüler der Apostel=
fürsten, der Bischof Clemens, der mit dem kaiserlichen
Hause der Flavier verwandt war, wie der erste unter den
sieben Diakonen, der Freigelassene Anencletus, der sein
Nachfolger im Hirtenamte sein sollte; der Senator Titus
Flavius Clemens, der leibliche Vetter des Kaisers Domi=
tian, wie die beiden Brüder Nereus und Achilleus, welche
als Soldaten unter Nero Werkzeuge seiner blutigen Ver=
folgung gewesen, bis sie, durch die Standhaftigkeit der
Martyrer bekehrt, durch den Apostel Petrus die heil. Taufe

empfangen hatten. Jetzt standen sie im Dienste der Flavia
Domitilla, der Gemahlin des eben genannten Senators
Titus Flavius Clemens,⁵) aber zugleich war ihnen als
Diakonen die Aufsicht und Sorge für die Wittwen und
Waisen und die Beherbergung der Fremden überwiesen
worden. Unter den Priestern, welche mit dem Bischofe den
Vorsitz führten, waren drei erst vor einigen Tagen aus
Korinth zurückgekehrt, wohin sie ein Hirtenschreiben der
römischen Gemeinde zur Beilegung der dort ausgebrochenen
Zwistigkeiten überbracht hatten. Denn schon damals be=
trachtete die Kirche von Rom es als ihr Recht und ihre
Pflicht, wie es in dem Schreiben heißt, für den Frieden
und das Heil aller Kirchen zu sorgen.⁶) — Der Jüngste in
der Versammlung und erst am letzten Osterfeste getauft,
war Stephanus, der Procurator oder Verwalter der
Flavia Domitilla, gegen dreißig Jahre alt, auffallend groß
und stark und von lebhaftem Temperament. Er war Christ
geworden, nicht um seiner Gebieterin zu gefallen oder in
der Hoffnung auf die Freilassung, sondern nach langem
Kampfe und aus vollster Überzeugung; aber Domitilla
hatte ihm doch am Tage seiner Taufe am verflossenen Oster=
feste das Patent seiner Freilassung als Pathengabe gegeben;
ja, als wenige Wochen später ihr oberster Verwalter oder
Procurator starb, war Stephanus an dessen Stelle gerückt.
Domitilla's Gemahl war nicht der einzige, der diese Be=
förderung für etwas überschnell angesehen hatte. —

Der Bischof Clemens eröffnete die Versammlung
mit einem Gebete, verlas dann das Edikt des Kaisers,
welches außer den Juden auch Alle, welche zu ihnen
gehörten, vom nächsten ersten Januar ab zu der jähr=
lichen Steuer der Doppeldrachme verpflichtete, und fuhr
dann fort:

„Weil wir mit den Juden den Einen Gott anbeten und mit ihnen die gleichen heiligen Bücher haben, werden die Beamten, welche das Geld eintreiben, unzweifelhaft auch uns Christen zu der Auflage heranziehen.“

„Warum sollen wir, ehrwürdiger Vater,“ fiel Stephanus dem Bischof in's Wort, „die Steuer entrichten, wo wir doch weder die Beschneidung, noch die sonstigen Satzungen der Juden anerkennen?“

„Weigern wir uns,“ erwiderte der Bischof, „die Drachme zu zahlen, indem wir dem Richter erklären, daß wir weder Juden noch Anhänger der Synagoge seien, so wird er den Beweis fordern dadurch, daß wir den römischen Göttern opfern. Lehnen wir nun wiederum dieses ab, so erscheinen wir als eine Gesellschaft, welche auf die Privilegien der Juden keinen Anspruch hat, welche aber zugleich eine vom Staate nicht anerkannte und daher verbotene Religion bekennt.“

„Hat die Kirche die Verfolgung unter Nero glücklich überstanden“, bemerkte wiederum Stephanus, „so wird sie auch aus der eines Domitians glorreich hervorgehen. Die Auflage zahlen, heißt Christum verleugnen, und gewiß werden wir Alle lieber den letzten Blutstropfen verspritzen.“

Mehr als Einer in der Versammlung runzelte die Stirne über den vorlauten Sprecher; nun aber erhob sich der Senator Flavius Clemens, indem er sprach:

„Meine Brüder! In den Tagen der Apostel war die Scheidung zwischen Juden und Christen noch keine ausgeprägte; Israel war zunächst zum Heil berufen, wie ja aus ihm das Heil hervorgegangen, und so genoß die Tochter mit der Mutter gleiche Rechte und Privilegien. Seitdem die Juden die Zeit der Gnade von sich gestoßen, hat die Braut Christi keine Gemeinschaft mehr mit der Synagoge; allein

sollte die Tochter darum den Anspruch auf ihr Erbtheil ver=
loren haben? Ich bin daher der Meinung, so lange die Rich=
ter nicht verlangen, daß wir unsern Herrn Jesum Christum
verleugnen, sondern sich mit der Erklärung begnügen, daß
wir denselben Gott mit den Juden anbeten und dieselben
heiligen Bücher haben, dürfen wir die Auflage zahlen,
nicht weil wir Juden, sondern obgleich wir Christen sind."

Trotz des allgemeinen Beifalls, den diese Worte
fanden, wiederholte Stephanus, er werde niemals die
Didrachme entrichten, um so weniger, weil die Steuer
zum Wiederaufbau des Jupitertempels, also zur Ver=
herrlichung der Abgötterei verwendet werde. —

Während die Juden über die neue Auflage fluchten
und die Christen beriethen, ob sie sich ihr unterwerfen
dürften, verbrachte derjenige, der sie ihnen auferlegt hatte,
Stunden finsterer Sorgen in den Prachtgemächern des
Palatin. Was der feine Kunstsinn jener Zeit, wenn ihm
ungezählte Summen zur Verfügung standen, an Pracht und
Herrlichkeit zu schaffen vermochte, war aufgeboten worden,
die Wohnung des Herrschers mit einem geradezu wahn=
sinnigen Luxus auszustatten. Für den Neubau des Jupiter=
tempels auf dem Capitol, der unter Vitellius in Flammen
aufgegangen, waren unermeßliche Summen verwendet wor=
den; die Vergoldung der ehernen Dachziegel allein hatte,
nach unserm Gelde gerechnet, gegen sechzig Millionen Mark
gekostet, und doch erklärte Plutarch, es erscheine das Alles
als nichts, wenn man eine einzige Gallerie oder einen Saal
des Palastes betrachte. Domitian wollte als Gott, als
Sohn der Minerva, seiner Lieblingsgöttin, betrachtet wer=
den: seine Wohnung mußte eines Gottes würdig sein. Da
blitzte Alles von Gold und Edelsteinen; selbst das niedrigste
Geräth war ein Kunstwerk ersten Ranges; was Griechen=

land und der gesammte Orient an unbezahlbaren Schätzen
besaßen, das Seltenste und Kostbarste, was in den weiten
Provinzen des Römerreiches gefunden werden konnte,
hatte in den Palast des Herrschers wandern müssen.

Allein der Mann, der über alle diese Schätze und Reich=
thümer verfügte, war nicht glücklich. Nein, in dem ganzen
großen Reiche gab es Keinen, Keinen, dessen Leben so freuden=
leer, dessen Gemüth von solcher Nacht umdunkelt gewesen

wäre. Alle hassend ist er von Allen gehaßt; vergebens sucht
er Zerstreuung in den großartigen Bauten, in den Triumph=
bögen und Statuen, die er in Rom zu seiner Ehre errichten
ließ; an ein Weib ist er gekettet, das er jetzt ebenso tödtlich
haßt, wie er es früher verbrecherisch geliebt hat; ohne Erben,
da das schwarze Verhängniß ihm seine Kinder in ihrer zar=
testen Jugend eines nach dem andern geraubt hat. Auf jedem
Schritt verfolgt ihn die Angst vor dem Dolche des Mörders,

den ihm die Astrologen vorhergesagt haben, und so irrt Domitianus des Nachts stundenlang schlaflos in seinen Prunksälen und schimmernden Hallen umher, das Herz voll Gram und Grimm, erschreckend vor seinem eigenen Schatten, — in unermeßlichem Glanze unermeßlich unglücklich.

In unbändigem Stolze verachtet er Alle und zittert doch vor Jedem, der ihm an Fähigkeiten überlegen ist. Der geringste Verdacht reicht hin zu Anklagen auf Majestäts=beleidigung (reus laesae maiestatis) und Staatsumwälzung (molitor novarum rerum), und Spione an allen Ecken und Enden liefern Hoch und Niedrig in die Hände der Richter. Nur wenig über vierzig Jahre alt, hatte Domitianus alles Haupthaar verloren; die finstern, tief gefurchten Züge ließen ihn um mehr denn zehn Jahre älter erscheinen.

Allein wenn Sueton und Dio Cassius die Farben kaum schwarz genug auftragen können, um Domitian als Scheusal zu schildern, — es gab doch Momente, wo der finstere

Geist von ihm gewichen, wo er wieder Mensch war und
sich freute, es zu sein. Er hatte in seiner Umgebung ein
kleines Mädchen von etwa sechs Jahren, das Kind eines
niederen Hofbeamten, das den Namen „Irene, Friede"
trug. Das war  die unschuldig
sein Liebling, reinen Augen,
und wenn alle schon der Na=
Welt vor dem me des Kindes
Herrscher zit= bezauberten
terte, die Klei= sein Herz, und
ne allein kann= nicht selten,
te keine Scheu wenn es auf sei=
vor ihm. Die nem Schooße
süße Stimme, saß und nach
seiner Art mit ihm plauderte, oder wenn er es auf den
Armen schaukelte, dann trat wohl eine Thräne in das
Auge des finstern Mannes, und ein tiefer Seufzer ent=
wand sich seiner Brust. Anspruchslos, auf jeden Wink
gehorsam, ihm herzlich ergeben, ohne Arg und Falsch,
dabei geistig hoch begabt, spielte die Kleine zwischen den
Krallen des Löwen, den sie durch den Zauber ihrer Un=
schuld gefesselt hielt.

Irene's Eltern waren im Geheimen Christen; hatte
ja bereits seit den Tagen der Apostel das Kreuz seine
Bekenner im Kaiserhause auf dem Palatin. —

An jenem Abende, an welchem die Christen ihre Be=
rathung bei dem Bischofe Clemens hielten, hatte die Kleine
durch ihr anmuthiges Geplauder den bösen Dämon auf
einige Stunden von Domitian vertrieben; ruhiger als
sonst wandelte er durch die offene Halle, welche einen
duftenden Blumenpark umschloß. Der volle Mond schaute
still und feierlich vom nächtlichen Himmel nieder und

verwandelte mit seinem Lichte die rauschenden Wasser des
Springbrunnens in Mitten des Hofes in flüssiges Silber.

In einer Nische der Halle stand die goldene lebens=
große Statue der Minerva, der Schutzgöttin des Kaisers.

Mit gekreuzten Armen an eine Säule gelehnt, den
Blick auf das Standbild geheftet, hing der Kaiser einem
Gedanken nach, der, ihm selber verwunderlich, heute zum
ersten Male in seiner Seele aufgetaucht war.

„Ich weiß es," sprach er für sich, „meine Tage sind
gezählt. Der Traum, in welchem Du, meine Göttin,
mir erklärtest, daß Du Jupiter's Beschluß nicht zu ändern
vermagst, er lehrte mich, daß die Mörder vor meiner
Thüre stehen.

„Ich beuge mich dem Schicksal. —

„Seltsam, daß mir heute zum ersten Male die Frage auftaucht: Wer wird nach dir herrschen?

„Muß ich auch dies dem Walten des dunklen Geschickes überlassen? —

„Ha, daß ich niemand habe, der meinen blutigen Tod rächt, — Niemand, der mein Andenken in Ehren hält und dem Hundegezücht des römischen Volkes wehrt, über meinen Untergang zu frohlocken!

„Titus Flavius Clemens — —?

„Wie komme ich auf diesen Namen?

„Bei allen Göttern! wenn ich ihn, meinen Vetter, zum Mitregenten nehme, ... wenn ich seine beiden Söhne adoptire, ... dann bleibt die Herrschaft bei dem Geschlechte der Flavier, und der absterbende Stamm treibt neue Zweige.

„Es ist wahr, Clemens ist von einer unsäglich verächtlichen Trägheit,*) die von keinem Amte, von keiner Arbeit wissen will. Desto weniger habe ich, so lange ich lebe, von ihm zu fürchten. Und Besseres ist von seinen Söhnen zu hoffen, wenn ich ihnen einen tüchtigen Lehrer suche. —

„Habe Dank, hohe Göttin! — Nur von Dir kann dieser Gedanke kommen. Konntest Du meinen Tod nicht abwenden: Du lässest mich doch nicht ohne Trost sterben.“ —

Domitianus hatte seit Monaten keinen so ruhigen Schlaf genossen, wie diese Nacht. Aber Flavius Clemens und seine Gattin Flavia Domitilla würden kein Auge geschlossen haben, hätten sie geahnt, was ihnen der nächste Tag bringen sollte.

---

*) contemptissimae inertiae, sagt Sueton.

Zweites Kapitel.

Der Kaiser.

enn Domitianus seinem Vetter einen ver-
achtungswürdigen Widerwillen gegen jede Arbeit und Thätigkeit in Staatsämtern zum Vorwurf gemacht hatte, so lag diese Abneigung
nicht sowohl im Charakter des Clemens, als
in der Unmöglichkeit für jeden Christen, ein öffentliches
Amt zu übernehmen, welches ihn jeden Tag in die
Nothwendigkeit versetzt haben würde, an heidnischen Opfer-
handlungen Theil zu nehmen. Im Senate stand die
Statue der Victoria, und jede Sitzung wurde mit einem
Opfer begonnen; Domitianus hatte im Tempel des Jupiter auf dem Capitol seine goldene Statue errichten lassen,
und wehe dem Beamten, der ihr nicht täglich seinen
Weihrauch streute. Das ganze öffentliche Leben der Römer
war so sehr mit der Religion, mit der Verehrung der
Götter verwebt, daß mit dem Übertritt zum Christenthum
möglichste Zurückgezogenheit unabwendbares Gebot ward.[7])

Während der Regierung Domitian's aber kam noch
der andere Umstand hinzu, daß Jedermann von Talent
und Fähigkeit dem Verdachte ausgesetzt war, nach der
Herrschaft zu streben, — und der bloße Argwohn reichte
hin, den Mann auf den Richtplatz zu bringen. Was
half es dem Agricola, dem siegreichen Feldherrn in Bri-
tannien, daß er nach seiner Rückkehr sich in die tiefste
Verborgenheit zurückzog? Domitian war nicht eher ruhig,
als bis er ihn durch Gift aus dem Wege geräumt hatte.

Titus Flavius Clemens war ungefähr im gleichen
Alter mit dem Kaiser. Er war eine schöne, männliche Er-
scheinung mit dunklem, krausem Haupthaar und kurzem
Bart; die edlen Züge, wie das tiefe Auge erinnerten an Kaiser
Vespasian, welcher der Bruder seines Vaters gewesen. —

Es war Sitte und strenge Vorschrift, daß in der Frühe
eines jeden Tages die Senatoren und der ganze Adel, in die
festliche weiße Toga gekleidet, ihren Morgenbesuch im Palaste
machten. Domitianus zeigte sich selten; in der Regel entließ

er die Besucher durch einen seiner Hofbeamten, und Jeder=
mann war froh, in dieser Form entlassen zu werden.

An diesem Morgen aber erschien der Gebieter. Streng
und stolz wie immer, aber doch herablassender, als man
es sonst an ihm gewohnt war, ließ er sich von den vor
ihm Knieenden die Hand küssen und hatte für Einzelne
sogar ein freundliches Wort, — allerdings zu geheimem
Schrecken Derjenigen, welchen diese Bevorzugung galt.
Denn man wußte, daß Domitianus es liebte, den Mann,
den er verderben wollte, durch Gnadenerweise über seine Ab=
sichten zu täuschen. Des Flavius Clemens Freunde erblaßten
daher, als der Kaiser seinen Vetter mit ungewöhnlicher
Freundlichkeit begrüßte und vor allen Anwesenden seinen
trefflichen Charakter und seine hohen Geistesgaben rühmte.
Als dann gar Domitianus ihm befahl, ihm in seine Ge=
mächer zu folgen, da mißgönnte ihm Niemand eine Aus=
zeichnung, welche der sichere Vorbote des Verderbens zu
sein schien.

Die Unterredung zwischen dem Kaiser und seinem
Vetter dauerte lange. Als Domitianus ihm erklärte, es
sei sein Wille, ihn zunächst zum Consul für das nächste
Halbjahr, das mit den Kalenden des Januar beginnen
mußte, dann aber zum „Augustus", d. h. zum Mitregenten
zu machen, seine beiden Knaben aber an Kindesstatt als
„Caesares" zu adoptiren, da sah Clemens die Gefahr klar
vor Augen, welche ihm drohte. Allein, was er auch vor=
bringen mochte, den Antrag abzulehnen, Domitianus
blieb bei seinem Entschlusse; noch heute sollte Domitilla,
des Senators Gemahlin, die beiden Kinder in den Palast
bringen.

Domitilla hatte eben mit den Knaben und dem ganzen
Hausgesinde das tägliche Morgengebet beendigt, als ihr

10*

Gemahl leichenblaß nach Hause kam und ihr den Befehl
des Kaisers eröffnete. —

Lassen wir die Beiden allein, um über den verhängnißvollen Entschluß des Herrschers zu berathen, und begeben
wir uns in den innern Hof ihres Palastes, wo uns eine
harmlos liebliche und anmutige Scene erwartet.

Von den sieben Kindern, welche Domitilla ihrem Gatten
geschenkt, sind ihm nur zwei Knaben geblieben, der eine zehn,
der andere acht Jahre alt, Sabinus und Plautius. Sie
tragen die üblichen Kleider vornehmer Kinder, toga praetexta, ein mit Stickerei verbrämtes Gewand, und um den

Hals an einem Kettchen die goldene Bulla, eine herz=
förmige Kapsel, das Abzeichen adeliger Geburt. Das
schwarze Haar fällt in vollen Locken auf die Schultern;
aus den dunklen Augen, die uns bis in's Herz hinabsehen
lassen, leuchtet Unschuld zugleich und ungewöhnliche Be=
gabung; bei dem kleinen Plautius glauben wir einen ge=
wissen muthwilligen Zug zu
erkennen; er scheint überhaupt
geweckter, als der ältere.

Bei Spiel und Erholung
ist die Bewachung der Knaben
einem Mann von riesiger Ge=
stalt anvertraut, einem germa=
nischen Sklaven, Namens Si=
gamber. Als Kriegsgefange=
ner von den Ufern des Rhein's
auf den römischen Sklavenmarkt
gebracht, ist er von Flavius
Clemens gekauft worden, und
wenn Sigamber allmählich das
tiefe Heimweh nach der nordi=
schen Heimath überwunden, so
dankt er es der überaus güti=
gen Behandlung seines Herrn,
wie seiner Gebieterin. Er ist eine prächtige Figur,
hoch und stark, mit blondem, vollem Haar und Bart,
treuherzige Gutmüthigkeit in seinen Zügen. Nur zu=
weilen, wenn ihm etwas Widerwärtiges begegnet, bricht
die alte Germanen=Natur wieder hervor: dann sprüht
aus seinen Augen wildes Feuer und der Zorn macht
sich Luft in der Muttersprache; denn das Lateinische,
das er überhaupt nur sehr gebrochen spricht, ist ihm zu

weich als Sprache für die Leidenschaft. Eifrig in den
mancherlei Diensten, zu welchen er verwendet wurde, ist
er am glücklichsten bei den beiden Knaben. Diese haben
von ihm das eine oder andere deutsche Wort gelernt;
nichts ist ihnen lieber, als wenn er ihnen von seinem
Vaterlande erzählt, wie die Germanen ihre Söhne im
Waffendienst und in den Künsten des Krieges unterrichten

oder, auf Bärenhäute gelagert, ihre Berathungen halten,
wie sie in ihren Wäldern Bären, Auerochsen und Elenthiere jagen, und im Winter über die Eisschollen wandeln, die den Strom bedecken, und wie sie in die Schlacht
ziehen, gefolgt von ihren Weibern und Töchtern, die von
der Wagenburg aus ihnen Muth zurufen. — Sigamber
hat seinen Odin und Thor und die übrigen Götter seines

Volkes nicht vergessen; allein von ihnen darf er vor den Kindern nicht reden.

Der Germane erzählte eben wieder den lauschenden Knaben von den Waffenübungen der Krieger, als Stephanus, der Procurator oder Verwalter der Flavia Domitilla, sich zu ihnen gesellte. Sigamber hatte den Mann von dem Tage an, wo derselbe in den Dienst Domitilla's getreten, mit einer gewissen Abneigung betrachtet, und diese war noch dadurch gewachsen, daß Stephanus gerade ihn gerne zur Zielscheibe seiner Neckereien machte.

„Ah," begann der Procurator lächelnd, indem er, zu den Knaben gewendet, den Germanen an seinem prächtigen Bart zupfte, „lügt Euch der struppige Bär wieder allerlei vor aus seiner germanischen Wildniß? — Sage doch, Sigamber, wie viel Pfund Pferdefleisch hast Du dort täglich vertilgt, und wie viele Amphora Meth dazu getrunken? Darin seid Ihr ja Helden."

„Sigamber nie lügen," antwortete finster der Hüne, „und Pferdefleisch und Meth besser sein, als römische Tafel. O, Germanen stecken nicht Feder in den Hals, wenn satt gegessen. Pfui! Römer fressen und saufen, und dann erbrechen, und wieder fressen und saufen.[8] Ja, ja, darin Römer Germanen überlegen."

„Weißt Du," fuhr Stephanus in dem gleichen Tone fort, „daß eine Wahrsagerin Deines Volkes nach Rom gekommen, in der Hoffnung, Kaiserin zu werden."[9]

„Sigamber kennt Ganda, die Priesterin," entgegnete der Germane. „Aber deutsche Jungfrauen rein und züchtig; Römerinnen, pfui, wie ausgelassen! Ganda, heilige Prophetin, Botin Odin's an Imperator, — und dunkle Botin. O, Germanen nicht Meuchelmörder: Germanen offen."

Stephanus, der den Sinn der letzten Worte nicht verstanden, hatte einen neuen Scherz auf der Zunge, und gewiß wäre Sigamber endlich in seiner Muttersprache los= gebrochen, wenn nicht eben jetzt ein Diener erschienen wäre, die beiden Knaben zu den Eltern zu rufen; zugleich brachte er dem Germanen den Befehl, das Festkleid anzulegen, um der Herrin zu einem hohen Besuche als praecursor oder Vorläufer das Geleit zu geben.

Wenn vornehme römische Damen Besuche machten, so ging ihrer lectica, der geschlossenen Sänfte, in welcher sie sich tragen ließen, ein Diener voraus, um in dem Gedränge Platz zu machen; man bediente sich dazu be= sonders großer und starker Sklaven.

Nach einer Stunde sah man Domitilla, Kummer und Besorgniß in ihren edlen Zügen, ihre Wohnung verlassen und den Weg nach dem Palatin einschlagen; in einer zweiten lectica folgte das junge Brüderpaar.

Sigamber, in die rothe Livré des praecursor ge= kleidet, einen Stab mit einem goldenen Knauf in der Hand, schritt stolz und gravitätisch seiner Herrin voraus, indem er in den belebten Straßen durch sein „cedite!" Platz machte.

Hinter den beiden Sänften folgte der Sitte gemäß Stephanus, da hohe Damen bei solchen Ausgängen sich von ihrem Procurator begleiten ließen.

Je mehr man dem Forum sich näherte, desto lebhaf= ter war der Verkehr, und Sigamber hatte alle Mühe, den Weg für die Sänftenträger frei zu machen.

„Au!" schrie ein dickes Weib aus dem Volke, „hält dieser Ochse mich für ein Bündel Heu?"

„Nur sanft bei Seite geschoben!" erwiderte mit seiner tiefen, rauhen Stimme der Hüne; „cedite!"

„Schone doch die Falten meiner Toga!“ rief wü=
thend ein fein gestriegelter Stutzer.

„Ihr Götter!“ jammerte ein Dritter, „ein Elephant
ist aus dem Amphitheater entwichen!“

„Cedite, cedite!“ wiederholte mit unverwüstlicher
Ruhe der Germane und fuhr fort, die Leute nach seiner
Weise „nur sanft bei Seite zu schieben“.

Endlich war die große Freitreppe erreicht, die zum
Palatin emporführte; nach wenigen Augenblicken stand

Domitilla klopfenden Herzens in dem Vorgemache des Kaisers. Eine unsäglich schwere Angst drückte auf ihrer Brust; — sie glaubte in den Boden zu versinken, als der cubicularius sie mit ihren Kindern eintreten hieß.

Sobald Domitilla den Herrscher erblickte, warf sie sich mit den beiden Knaben ihm zu Füßen und küßte schweigend die Hand des Gebieters.

Domitian richtete seine Augen auf die Knaben, die in banger Scheu ihn nicht anzusehen wagten; er gedachte seiner Kinder, die jetzt in dem gleichen Alter stünden, hätte nicht das herbe Geschick sie ihm entrissen.

„Du hast,“ sprach er zu Domitilla, „von Deinem Gatten meinen Willen vernommen. Ich nehme aus Deiner Hand diese Knaben entgegen, nicht um sie Dir zu entreißen, sondern um sie durch den trefflichen Quintilianus zu der Aufgabe ausbilden zu lassen, zu welcher die unsterblichen Götter sie berufen haben. Ich erwarte zudem, daß Dein Gemahl, wie Du selber, Euch der Ehre würdig erweisen werdet, die ich Euch zugedacht. Täuscht mich meine Voraussetzung, so trete ich, was ich erhoben habe, in den Staub. In den nächsten Wochen,“ schloß Domitian, „werde ich den Palast des Tiberius herrichten lassen; bis dahin darfst Du jeden Morgen kommen und die Knaben sehen.“

Das Herz zum Brechen voll, raffte Domitilla alle Kraft zusammen, um dem Kaiser zu antworten.

„Mein Herr und Gebieter“, sprach sie, „Dein Wille ist Befehl für Deine Dienerin, so schwer es mir wird, den stillen Kreis meines Hauses mit dem Glanze des Palastes zu vertauschen, so unendlich schwerer es für mich ist, mich von meinen Kindern zu trennen.“

Thränen erstickten ihre Stimme; aber Domitianus, der keine Ahnung von dem Opfer hatte, das die Christin brachte, keine Ahnung von dem Schmerze und der Be= sorgniß des Mutterherzens, runzelte finster die Stirne.

„Der göttliche Domitianus, Dein Herr," sprach er, „ist nicht gewohnt, Einwendungen zu hören. Was ich beschlossen habe, ist von oben eingegeben worden. Kehre jetzt heim; die Knaben bleiben hier. — Und wisse, daß sie in Zukunft andere Namen führen; der ältere heißt nach meinem Vater Vespasianus, der jüngere nach mir. Kommt her, Ihr Buben, und versprecht mir, fleißig und gehorsam zu sein."

Zitternd nahten die Knaben dem schrecklichen Manne und küßten ihm die Hand, ohne es zu wagen, ihn anzuschauen.

Vater und Mutter hatten ihnen unter so viel Kümmer= niß, so ernst und dringend vorgeschrieben, wie sie sich zu benehmen hätten, daß die Kinder es ahnten, wie uner= meßlich viel von ihrem Verhalten in dieser Stunde abhänge.

„Ich werde dem Lehrer befehlen, die ferula bei Euch nicht zu schonen," sprach der Kaiser. „Jetzt verabschiedet Euch von Eurer Mutter; ein Sklave wird Euch in Euere Zimmer führen."

Domitilla drückte schweigend die beiden Kinder an ihr Herz und machte ihnen heimlich ein Kreuzzeichen auf die Stirne; dann verließ sie das Gemach des Herrschers.

Erst als sie wieder in der Sänfte saß, machten Schmerz und Kummer ihres Mutterherzens sich in einem Strome von Thränen Luft.

„O Gott!" flehte sie, und richtete mit glühendster In= brunst ihre Augen zum Himmel, „o Gott, hast Du die drei Jünglinge am Hofe des Nabuchodonosor beschirmt und den Daniel aus der Löwengrube errettet, schütze denn auch meine Kinder in der Höhle des Löwen, die Lämmer in Mitten der Wölfe."

Stephanus war im Gefolge seiner Herrin bis in die Vorzimmer des Kaisers vorgedrungen. Während er hier auf Domitilla's Rückkehr wartete, erschien Parthenius, der praefectus cubiculariorum oder Oberst-hofmeister; der Procurator erklärte, wer er sei, und Parthenius, dem des Kaisers neuester Entschluß bekannt war, benützte gerne diese günstige Gelegenheit, in einem leichten Geplauder durch scheinbar unverfängliche Fragen sich über das Leben im Hause des Clemens zu unterrichten.

Auf dem Heimwege, als Stephanus allein hinter der Sänfte seiner Herrin daher schritt und nun über die Unterredung nachdachte, fiel es ihm schwer auf das Gewissen, daß er, durch die gewinnende Freundlichkeit des hohen Herrn verlockt, doch mehr denn Ein Wort gesagt, welches er besser verschwiegen hätte.

Drittes Kapitel.

Die Thronerben.

Am 24. Oktober feierte Domitian seinen Ge= burtstag, und da im Oktober die neuen Con= suln für das nächste Jahr designirt, d. h. vom Kaiser dem Senate und Volke angezeigt wur= den, so verschob Domitian auf jenen ohnehin nahestehenden Festtag die feierliche und amtliche Bekannt= machung seiner neuesten Entschließungen. Allein in Rom, wo die Wände Ohren hatten, war die Sache schon sofort bekannt geworden, und so bildete am nächsten Tage und die ganze Woche das ausschließliche Stadtgespräch auf dem Forum und in den Tabernen die Designirung des Flavius Clemens zum Consul neben dem Kaiser, die Adoption seiner beiden Söhne und die bevorstehende Ueber= siedelung der Familie zum Palatin. Ueberall wurde diese Nachricht mit unverholener Freude aufgenommen; der Kaiser erfuhr es durch seine Spione, und war doppelt befriedigt.

Die beiden jungen Prinzen, denen Domitian zu Neu= jahr den Titel „Cäsar" verleihen wollte, wußten sich mit einem über ihr Alter hinausgehenden Starkmuth in die Trennung von den Eltern und in die neue Lage zu fin= den, so wenig deren Glanz ihnen Ersatz zu bieten ver= mochte für das heitere Glück, das sie bisher genossen.

Was ihnen das Opfer leichter machte, war die liebe
kleine Irene. Sobald diese von ihrer Ankunft im Palaste gehört, war sie zu ihnen geeilt und hatte sie auf
alle Weise aufzumuntern gesucht; von Domitian erschmei-
chelte sie sich dann die Erlaubniß, die tägliche Stunde der
Erholung mit den Beiden theilen zu dürfen.

Quintilian, der berühmteste Rhetor seiner Zeit, den
der Kaiser zum Erzieher der Knaben berufen hatte, war
ein ganzer Lehrer. Schon am ersten Tage hatte er ihre
Herzen gewonnen; er machte ihnen das Lernen leicht und
lieb zugleich; ihrerseits aber zeigten beide Knaben so viel
Talent, daß Quintilian nach der ersten Woche schon die
erfreulichsten Berichte erstatten konnte. Der erste Unterricht, den sonst ein literator oder höherer Elementarlehrer
ertheilte, erstreckte sich auf die Erklärung der griechischen
und römischen Dichter und Redner, besonders auf Homer
und Demosthenes, Virgil und Cicero. Zur Uebung im
Rechtschreiben wurde viel dictirt. Das Gedächtniß wurde
durch Auswendiglernen geschärft, und wie unsere Kinder
die zehn Gebote, so mußten die kleinen Römer die zwölf
Tafelgesetze hersagen.[10]

Hatte der Rhetor die Knaben in den verschiedenen
Zweigen des Wissens zu unterweisen, wie sie damals zur
Bildung gehörten, so gingen damit die körperlichen Uebungen,
zumal die in den Waffen, Hand in Hand. Domitian hatte
sich in seiner Jugend viel mit Dichtkunst und Philosophie
beschäftigt, später sie dann ebenso verächtlich bei Seite geworfen; daß Quintilian die beiden Knaben in jeder geistigen
Beziehung ausbilde, verlangte er; aber ihren körperlichen
Uebungen wohnte er nicht selten persönlich bei. Domitian war ein Schütze, der, wie keiner, so sicher mit dem
Pfeile das Ziel zu treffen wußte; der jüngere der beiden

Knaben, der des Kaisers Namen trug, war schon darum
sein bevorzugter Liebling, weil er besser schoß, als der ältere.

Domitilla machte von der ihr gewährten Erlaubniß,
täglich ihre Kinder besuchen zu dürfen, genau innerhalb
der festgesetzten Zeit Gebrauch. Wie Vieles hatte sie dann
den Knaben zu sagen; mit welcher Mutterliebe mahnte
und warnte, tröstete und ermunterte sie dieselben! Freute
sie sich über ihre Fortschritte im Unterricht, so zitterte sie
auch wieder, daß die zarte Pflanze des christlichen Glau=
bens in der Seele ihrer Kinder Schaden leiden könne
durch die Lehren und Grundsätze ihres heidnischen Er=
ziehers. Und noch besorgter war das Mutterherz um die
Unschuld ihrer Söhne an einem Hofe, wo trotz des Schreckens
vor dem Tyrannen die Sünde allenthalben ihre Netze stellte.

Flavius Clemens durfte seine Kinder nur zuweilen
sehen. So hart ihm das Opfer wurde, die Klugheit und
die Sorge um das Heil der Seinen geboten ihm, seine
Vaterrechte nicht über die engen Grenzen hinaus geltend
zu machen, welche der Adoptivvater ihm gesteckt hatte.
Denn Domitian betrachtete die beiden Knaben, die er aus
dem Dunkel des Privatlebens erhoben hatte, um sie auf
den Thron der römischen Imperatoren empor zu führen,
als sein Eigenthum.

Für Sigamber war der Tag immer ein Festtag, wo
er es ermöglichen konnte, den Uebungen der Prinzen
beizuwohnen. Das Herz lachte ihm im Leibe, wenn er
die jungen Recken ihre kleinen Pferde tummeln oder Pfeil
und Bogen handhaben sah. Eines Tages konnte er sich
nicht enthalten, gleichfalls nach einem Bogen zu greifen;
mit sicherem Schusse jagte er den Pfeil in das Schlüssel=
loch der Thüre, auf das er gezielt hatte. Aber in dem=

selben Augenblicke fuhr er erschreckt zusammen, da hinter
ihm eine rauhe Stimme ihm zurief:

"Prahlhans Du! Bist doch nur ein Stümper!"

Es war der Kaiser, der unbemerkt aus der Nähe
den Uebungen der Knaben zugeschaut hatte. Sigamber,
der den Domitianus heute zum ersten Male sah, diese
große, starke Gestalt mit den stechenden Augen und dem
finstern Ausdruck in seinen Zügen, dachte an eine Er=
scheinung seines Kriegsgottes Thor.

Auf des Kaisers Weisung mußte der kleine Domi=
tianus sich in doppelt weiter Entfernung, als jenes Schlüs=
selloch gewesen, hinstellen und die Hand mit ausgespreizten
Fingern ausstrecken.

"Wenn Du Dich rührst, schieß' ich Dich in's Herz!"
rief der Kaiser, indem er den Bogen spannte. Im näch=
sten Augenblicke schwirrte der Pfeil zwischen Daumen und
Zeigefinger des Knaben hindurch.

"Stillgestanden!"

Der zweite Pfeil fuhr zwischen die nächsten Finger,
ohne sie auch nur zu streifen.

Ebenso ging es mit den beiden folgenden Pfeilen.*)

Sigamber starrte stumm auf das grausige Spiel;
dann aber warf er sich vor dem Kaiser auf den Boden
und rief aus:

"O, Sigamber nun begreifen, daß Germanen be=
siegt! Thor Germanen verlassen; Thor Kaiser der Römer
geworden."

Domitian, den diese urwüchsige Huldigung des Bar=
baren nicht wenig schmeichelte, erlaubte fortan dem Sigam=
ber, häufiger bei den Uebungen der Knaben zu erscheinen.

---

*) Dieses Bravourstück wird uns ausdrücklich durch Sueton
berichtet.

So verflossen die letzten Wochen des alten Jahres. Domitian war mit sich über die Adoptirung der beiden Kinder zufrieden, und auch diese legten nach und nach ihre bange Angst ab vor dem „Herrn", wie sie ihn stets nennen mußten. Daß sie nur mit scheuer Ehrfurcht ihm nahten, dafür sorgten schon die Erscheinung, wie Blick und Sprache des Gebieters. Sie hatten bis jetzt dem Kaiser noch keinen Anlaß zum Tadel gegeben; allein wenn er ihnen auch niemals nur das leiseste Wort der Anerkennung gegönnt, so bebten sie schon bei dem Gedanken, daß sie je den Zorn des schrecklichen Mannes erregen könnten. Mehr denn einmal waren sie zitternd Zeugen seiner Wuthausbrüche gewesen.

Außer Sigamber fanden auch die beiden alten Diener Nereus und Achilleus zuweilen Gelegenheit, ihre jungen Herren zu sehen.

„Erinnerst Du Dich noch", sprach nach einem solchen Besuche auf dem Heimwege Nereus zu seinem Bruder, „erinnerst Du Dich noch, mit welcher Wuth Nero Alles aufbot, den christlichen Namen auszulöschen? Und jetzt, schon nach dreißig Jahren, sind es zwei christliche Edelknaben, die an den Stufen des kaiserlichen Thrones stehen und, so Gott will, noch vor unseren Augen als Imperatoren die Herrschaft über die Welt antreten."

„Auch ich", entgegnete Achilleus, „habe schon oft an diesen Wechsel gedacht, in welchem so sichtbar das Walten Gottes über seine Kirche vor Augen tritt. Allein wenn ich mir dann die Folgen überdenke, muß ich ein noch viel, viel größeres Wunder erwarten, falls ich mich nicht der trübsten Besorgniß hingeben soll."

„Ich verstehe, woran Du denkst. Allein kann nicht Gott, der die Herzen der Menschen wie Wasserbäche

leitet, die Verstocktheit der Juden und den Irrwahn der
Römer durch ein Wort seiner Allmacht plötzlich erleuchten!"

„Gewiß, Nereus, und ich würde in diesem Wunder
die Frucht des Blutes der Martyrer sehen, zu deren
Tod ja leider auch wir in unserer Verblendung mitgewirkt."

„Und was hält Dich ab, ein solches Wunder zu er=
warten? Sahen wir denn nicht Jerusalem und seinen
Tempel in Flammen aufgehen und das jüdische Volk für
seinen Frevel am Gottessohn in alle Welt zerstreut wer=
den, ganz so, wie der Herr es vorhergesagt?"

„Allein bei dem Wunder, das ich im Auge habe,
liegt die Sache doch anders. Ist denn dieses römische
Volk mit seiner Abgötterei und seiner Sittenverderbnis
auch nur halbwegs reif für das Christenthum? — Gott
thut dem Menschen keine Gewalt an, und über Nacht
verwandeln Wölfe sich nicht in Lämmer. Und hier, siehst
Du's, hier liegt der Grund meiner Besorgniß."

„Ich muß Dir wohl einiger Maßen Recht geben",
bemerkte nach einigem Nachdenken Nereus. „Wenn unsere
jungen Herren demnächst den Thron besteigen und als
christliche Kaiser handeln und herrschen wollen, dann
haben sie sofort Priesterschaft, wie Adel und Volk gegen
sich. Allein sind die Römer unter Domitianus in eine
Sklaverei versunken, welche Geist und Gewissen in gleich
schmachvolle Ketten geschmiedet hat, wird dann nicht ein
von Gott gesandter Imperator sie zu der höchsten und
edelsten Freiheit emporzuführen im Stande sein?"

Achilleus zuckte mit den Achseln und schwieg.

„Ich sage Dir," fuhr er nach einiger Zeit fort, „ich
zittere für unsere jungen Herren, so oft ich an die Zu=
kunft denke. Und ebenso bangt mir für unsern Gebieter
und seine Gemahlin. Trotz aller Vorsicht werden sie der

Stunde nicht entgehen können, wo sie ihren Glauben offen bekennen, oder aber ihn offen verleugnen müssen."

„O, die werden keinen Augenblick wanken."

„Und dann ist für sie das Urtheil gesprochen."

„So fürchtest Du, ..."

„Ich überlasse Alles Dem dort oben. Allein ich habe mich bis jetzt keinen Augenblick gefreut über die Erhebung, welche Domitianus unserm Herren und den Seinen zugedacht hat." —

Anders sah Stephanus die Sache an. Wäre er bei der Unterredung zugegen gewesen, er würde die schmähliche Knechtschaft, in welcher die Römer gelernt hatten, sich in das Härteste und Unwürdigste zu fügen, als die von Gott gewollte Vorbereitung auf die sofortige Bekehrung des ganzen Reiches zum Christenthume hingestellt haben. — Auch er benützte jede Gelegenheit, die beiden Knaben im Palaste zu sehen, und er that es aus herzlicher Anhäng= lichkeit. Allein er machte sich dabei doch auch für sich selber seine Pläne für die Zukunft: eines der wichtigsten und einträglichsten Aemter am kaiserlichen Hofe stand ihm ja in sicherer Aussicht.

Bei seinen Besuchen im Palaste fand Stephanus wieder= holt Gelegenheit, mit dem obersten Kämmerer Parthenius zu reden. Bei dem ersten Gespräche hatte er das, was er früher in seiner Geschwätzigkeit ausgeplaudert, durch entgegengesetzte Aeußerungen zu verwischen gesucht; um jede Vermuthung, daß Clemens und seine Familie Christen seien, zu verscheuchen, hatte er sogar die Lüge nicht gescheut, daß dieselben täglich in ihrem Lararium der Statue des Kaisers Weihrauch opferten. — Bei der hervorragenden Stellung, welche Flavius Clemens in Bälde einzunehmen berufen war, hielt es Parthenius, der schlau berechnende

11*

Hofmann, für gerathen, Domitilla's Verwalter sich zum
Freunde zu machen; zu seiner Genugthuung fand er
den Procurator nicht nur für Schmeicheleien, sondern
auch für Geschenke zugänglich.

Obschon die Wohnung im Palaste des Tiberius
längst hergerichtet war, verschob Flavius Clemens seine
Uebersiedelung unter immer neuen Vorwänden von Woche
zu Woche. Domitian, sonst gewohnt, seinen Willen sofort
ausgeführt zu sehen, mochte hier doch nicht befehlen, und
ließ einstweilen die Entschuldigung wegen Ordnung der
häuslichen Verhältnisse gelten. — In dem nahenden Vorgefühl der Stunde, wo der Herr das Gold im Feuer
erproben wolle, suchte Domitilla mit dem gottergebenen
Starkmuth ihrer Seele sich auf jede Prüfung bereit zu
halten. Vor dem appischen Thore, an der ardeatinischen
Straße besaß sie ein Landgut; ohne ihrem Gemahl etwas
davon zu sagen, ließ sie sich dort eine Familiengruft
bauen und entzog dieselbe durch einen gerichtlichen Akt
jeder Vererbung oder Veräußerung.[11]) Auf der Front
des Grabmonumentes stand auf marmorner Tafel die
Inschrift, welche dasselbe als Eigenthum der Familie
der Flavier bezeichnete:

Darunter hatte sie einen Anker, das Symbol der
chriftlichen Hoffnung, einmeißeln laffen.[12]) Ein weiter,
gewölbter Gang ftieg vom Eingange aus allmählich in
die Tiefe der Erde hinab, die Decke mit lieblichen Scenen
traubenlefender Genien zwiſchen leichten Rebengewinden,
die Wände mit biblifchen Bildern, Noe in der Arche,
Daniel in der Löwengrube, das himmliſche Gaftmahl
u. A. decorirt. Rechts und links öffneten ſich in den
Wänden des Ganges Nifchen zur Aufftellung von Sar=
kophagen. Die Folgezeit hat dann neben dem Eingange
noch links die Wohnung des Wächters, rechts einen Saal
hinzugefügt, wo nach altchriftlicher Sitte die Ueberleben=
den das Jahresgedächtniß der Verftorbenen in gemein=
famer Feier zu begehen pflegten. In dieſer Geftalt ift
das Grabmal, wenn auch theilweiſe zerftört, bis auf den
heutigen Tag erhalten, als Ausgangspunkt jenes großen
chriftlichen Gottesackers, welcher nach ſeiner Gründerin
noch jetzt das Cömeterium der Domitilla heißt.[13])

Eingang in die Katakombe der h. Domitilla.

Viertes Kapitel.

Die Kalenden des Januar.

Der erste Januar des Jahres 96 war angebrochen, der Tag, an welchem die beiden neuen Consuln für das kommende Jahr ihr Amt antraten. Domitian hatte auch jetzt wieder das eine Consulat selber übernommen — zum siebzehnten Male — stolz darauf, daß noch kein Kaiser vor ihm so oft Consul gewesen.

Nach der römischen Einrichtung standen die beiden Consuln ein volles Jahr lang an der Spitze des Staates. Allein seit Nero war die halbjährige Amtsdauer nichts Ungewöhnliches; Domitian selber wählte sich in der Regel schon im zweiten oder dritten Monat einen consul suffectus, der seine Stelle vertrat. So hatte der Kaiser auch für Flavius Clemens nur eine halbjährige Frist in's Auge gefaßt; entsprach er in dieser Zeit den gehegten Erwartungen, so sollte alsdann seine Ernennung zum Augustus oder Mitregenten erfolgen.

Für die Feier des Amtsantrittes der Consuln gab es eigene Prachtgewänder, die im Schatze des Jupitertempels auf dem Capitol aufbewahrt wurden, die tunica palmata, ein langes Prunkgewand von blendend weißer Wolle, mit zwei in Farben und Gold gestickten breiten Streifen (latus clavus), welche von den Schultern über die Brust bis zu den Füßen hinabgingen, — und die toga picta, der weite, mit goldenen Sternen besäte, mit

Purpursaum verzierte Mantel; endlich goldgestickte San=
dalen mit Purpurbändern in hochrother Farbe. Dazu
kam als weiteres Abzeichen der Würde ein Elfenbeinstab
mit goldenem Adler auf seiner Spitze. — Noch kostbarer
war das Gewand des Kaisers, indem er über der tunica
palmata das Triumphalgewand trug, nämlich eine Toga
ganz von Purpur und mit reichster Stickerei in Gold
und Edelsteinen, und um die Stirne den Lorbeerkranz.

Der Sitte gemäß hatten die neuen Consuln zunächst
in dem Lararium, dem Heiligthume ihres Hauses und
ihrer Familie, durch ein Opfer die Götter um ihre Ge=
neigtheit zu der Uebernahme des Amtes zu befragen.
Dann folgte in Gegenwart des Senats und des ganzen
Volkes das feierliche Opfer auf dem Capitol. Flavius
Clemens entsprach der ersten Anordnung, indem er, frei=
lich vor der gewohnten Stunde, in der ersten Frühe des
Tages der Feier der h. Geheimnisse beiwohnte, welche
der Bischof Clemens in der Wohnung des neuen Consuls,
umgeben von den christlichen Freunden und Angehörigen
der Familie, darbrachte.

Wie aber konnte er dem andern feierlichen Opfer
answeichen, welches die beiden neuen Consuln Jupiter,
dem höchsten der Götter, auf dem Capitol darzubringen
hatten? —

Der Festzug, in welchem Domitian sich zu diesem
Opfer begab, wurde eröffnet durch ein Musikkorps von
Flötenbläsern und Trompetern; ihnen folgten in langen
Reihen die Ritter, alle in weißem, purpurgebrämtem
Staatskleide; nun kamen die vierundzwanzig Liktoren in
Purpur=Livrè, die fasces oder Ruthenbündel über die Schul=
ter gelegt. — Dicht gedrängt, Kopf an Kopf stand zu bei=
den Seiten des Weges, vom Palatin herunter, am Tempel

der Vesta vorbei, um das Forum hinauf zum Tempel des Jupiter eine unzählige Volksmenge, welche schweigend die einzelnen Abtheilungen der Festprozession an sich vorüberziehen ließ, in gespannter Erwartung harrend auf das Erscheinen des Imperators.

Endlich kam der von sechs weißen Rossen gezogene Triumphalwagen, auf demselben der Kaiser strahlend in göttlicher Pracht, von dem Volke, das sich an all der Herrlichkeit ergötzte, mit lauten Beifalls= und Glück=wunschrufen begrüßt. Dem Kaiser folgte der Senat in

Amtstracht, das gesammte Amtspersonal, die Freunde
und Clienten des kaiserlichen Hauses.

Auf der Höhe des Kapitols erwartete am Eingange
des Jupitertempels der Pontifex maximus mit seiner gesammten Priesterschaft den Herrscher, um zunächst das
Opfer von weißen Rindern darzubringen, welche die
Consuln des Vorjahres bei ihrem Amtsantritte den Göttern
für eine glückliche Regierung gelobt hatten; auch die
neuen Consuln mußten das gleiche Opfer geloben, um
den Segen der Götter auf sich herab zu flehen. Bei
dem Opfer war der Ehrenplatz des Kaisers ein über viele
Stufen emporsteigender suggestus mit seinem goldenen
Throne, der von einem Baldachin aus goldverbrämtem
Purpurstoff überschattet war. Ihm gegenüber erwartete,
gleichfalls auf einem erhöhten Throne, die Kaiserin ihren
Gemahl; — das Volk, das zu ihren Füßen nur Auge
und Sinn für den Glanz des Festes hatte, sah nichts
von den giftigen Blicken, mit welchen die Herrscherin den
Mann verfolgte, der ihr in der Seele verhaßt war, und
der sie nicht einmal eines Grußes würdigte.

Von dem Glanze seines strahlenden Hofes umgeben,
wohnte der Kaiser der Opferhandlung bei; dann sprach er
vor dem lauschenden Volke laut das Gebet, durch welches er sich
und das Heil des Staates für das kommende Jahr unter
den Schutz der Götter stellte, — eine uralte Gebetsformel,
welche der Hohepriester ihm vorsagte, um jeden Fehler, der
von übler Vorbedeutung gewesen wäre, zu vermeiden. [14])

Beim Auszuge vom Palatin hatte Domitian es für
selbstverständlich gehalten, daß sein Amtsgenosse unmittelbar
hinter ihm folge, und Niemand hatte den Muth gehabt,
dem Kaiser zu sagen, daß Flavius Clemens noch nicht
erschienen sei. Manche vermutheten sogar, er sei auf aus-

drückliche Weisung fortgeblieben, um dem Herrscher allein die Ehre des Tages zu lassen. Auf dem Wege zum Kapitol war Domitian zu sehr mit sich selber beschäftigt gewesen, als daß er an den Mitkonsul gedacht hätte. Jetzt aber, wo er das feierliche Gebet sprechen sollte, das sein Collega mit ihm sprechen mußte, da erst bemerkte er, daß Flavius Clemens fehlte, und dunkle Zornesröthe flog über sein Gesicht.

„Kann denn dieser Mensch," rief er aus, „von seiner schmachvollen Trägheit selbst dann nicht lassen, wenn der göttliche Domitianus ihn zu der höchsten Würde neben sich erheben will? Petronius," rief er dem Präfekten der prätorianischen Leibwache zu, „sende sofort einen Centurio zu ihm, und kann dieser nicht ihn selber zur Stelle schaffen, so soll er seinen Kopf bringen!"

Eine Bewegung des Beifalls ging durch die Umstehenden. Selbst die wohlwollendsten Freunde des Clemens schüttelten den Kopf: hatte man nicht mit allem Recht erwarten können, daß er wenigstens an diesem Tage sich Gewalt anthue? —

Unmittelbar an das Opfer auf dem Kapitol schloß sich die feierliche Sitzung des Senates an, in welcher die neuen Consuln in einer Ansprache die Grundsätze und Gesichtspunkte darzulegen pflegten, nach welchen sie in dem kommenden Jahre ihres Amtes zu walten gedachten. Domitian eröffnete die Sitzung mit dem herkömmlichen Rauchopfer vor der Statue der Victoria und gab dann den „versammelten Vätern" zu wissen, daß er die beiden Söhne des Titus Flavius Clemens adoptirt und zu seinen dereinstigen Nachfolgern bestimmt habe.

Wenn der Aelteste der Senatoren im Namen seiner Standesgenossen und des ganzen römischen Volkes dem Herrscher für diesen Entschluß und für die väterliche Für-

sorge um des Reiches künftige Wohlfahrt in überschwäng=
lichen Worten dankte, und der ganze Senat, von seinen
Sitzen sich erhebend, darin einstimmte, so kamen solche
Dankesworte diesmal wahrhaft von Herzen. Blieb ja
so die Herrschaft bei dem Geschlechte der Flavier, welches
dem römischen Reiche einen Vespasianus und Titus gegeben,
und waren dadurch zugleich die Schrecken eines Bürger=
krieges beim Tode des Kaisers weniger zu befürchten.

Während der Ansprache des ältesten Senators erschien
Flavius Clemens in der Curie.

Domitian, der seine Gefühle wie Keiner zu beherrschen
wußte, begrüßte ihn auf das freundlichste und stellte ihn
den patres conscripti als seinen Amtsgenossen im Con=
sulate für das kommende Halbjahr vor.

Die wenigen Worte, welche Clemens nunmehr an
den erlauchten Senat richtete, waren so wohl überlegt,
so klug den Umständen angepaßt, daß dadurch der schlimme
Eindruck seines zu späten Erscheinens, wenn nicht verwischt,
so doch vermindert wurde. Der Einzige, dem die Ansprache
nicht gefiel, war der Kaiser. Verdroß ihn schon der Er=
folg, den die nach Form und Inhalt gleich vortrefflichen
Worte unverkennbar bei den Zuhörern erzielt hatten, so
ärgerte ihn noch mehr die Herzlichkeit, mit welcher die
Senatoren dem Clemens zu seinem Consulate Glück
wünschten; trotzdem war er doch wiederum der erste, der
ihm für seine klassische Ansprache das lauteste Lob spendete.

Nach Beendigung der Sitzung kehrte der Kaiser in
demselben glänzenden Gefolge zum Palatin zurück; sein
Mitconsul, dem zwölf Lictoren vorangingen, schloß sich
unmittelbar dem kaiserlichen Wagen an.

Im Palaste faßten die weiten Hallen kaum die Menge
der Gratulanten, die, nach Rang und Stand vertheilt,

in den einzelnen Sälen dem Kaiser und seinem Kollegen ihre Huldigung darbringen wollten.

Von der vorhergehenden Feier ermüdet, ließ Domitian sich gar nicht sehen; aber seine Spione mußten ihm berichten, wie Clemens sich den Glückwünschenden gegenüber benommen habe.

Petronius Secundus, der Befehlshaber der kaiserlichen Leibwache der Prätorianer, gewohnt an militärische Ordnung und Pünktlichkeit, hatte wohl am meisten dem Clemens, obschon er sein Jugendfreund war, sein so spätes Erscheinen verübelt, um so mehr, je freudiger er dessen Erhebung begrüßt hatte. Als er daher am Abende mit Parthenius, dem praefectus cubicularorum oder Obersten der Kämmerer, zusammentraf und dieser scherzend die Bemerkung machte, Clemens habe den ersten Tag seines Consulates glücklich verlebt, ohne in des Kaisers Ungnade zu fallen, antwortete jener:

„Beim Herkules! mich hätte er weniger gnädig gefunden. Was könnte dieser Mensch leisten, wenn er nur wenige Jahre Soldat gewesen! Seine Ansprache verrieth doch ebenso viel Geist als besonnene Klugheit."

„Verrieth von beiden mehr, als ihm selber von Nutzen war," entgegnete Parthenius lächelnd. „Ich habe," fuhr er fort, „den Kaiser genau beobachtet, und ich sage Dir, edler Petronius, wenn Flavius Clemens mehr solcher Ansprachen hält, ..."

Der Höfling machte mit der Hand ein Zeichen um den Hals, um auszudrücken, was er nicht sagen wollte.

„Der Schild seines Consulates deckt ihn wenigstens für die Dauer seiner Amtsführung," bemerkte Petronius.

Parthenius zuckte mit den Achseln.

„Diesen Schild," bemerkte er spöttisch, „mag sich
Flavius Clemens bei seinem Vetter Titus Flavius Sabinus besehen, den der Herr schon in den ersten Tagen
seines Consulats tödten ließ. Und was hatte der arme
Schelm verbrochen?"

„Mußt Du mich noch," rief Petronius, „an dieses
Nilpferd von einem Herold erinnern, der sich versprach
und den Sabinus, statt zum Consul, zum Kaiser pro-
klamirte?"

„Und wenn das für Sabinus genügte," antwortete
der Höfling, „dann liegt vielleicht auch für Flavius
Clemens ein Steinchen — ein ganz kleines Steinchen
auf seinem Wege, über welches er straucheln wird."

Die Beiden sprachen über Hinrichtung der ersten
Männer des Staates mit jener Gleichgültigkeit, die in
schrecklichen Zeiten aus dem täglichen Anblick grausamer
Thyrannei erwächst, wo der ungerechteste Tod Jeden kalt läßt,
weil Jeder für sich selber täglich auf ein Gleiches gefaßt ist.

„Nun," bemerkte nach einer Pause Petronius Secundus, „wenn der neue Consul sich hinter dem Wall seiner
angeborenen Unthätigkeit verschanzt hält, und wie bisher
vom öffentlichen Leben ferne bleibt, als ob er nicht existirte,
dann mag er noch glücklich den kaiserlichen Geschossen
ausweichen."

„So glaubst auch Du an diese schmähliche Trägheit?"
fragte der Höfling lächelnd. „Du kennst ihn ja von der
Schule her, edler Petronius; in seiner Jugend soll er
doch ganz anders gewesen sein."

„Beim Herkules!" lachte der Oberst, „wir waren
alle unbändige Fohlen; aber keiner schlug doch ärger aus,
als er. — So ist's also wohl die Furcht vor dem Kaiser,
die ihm die Zügel kurz hält."

„Aber warum erscheint er denn auch nie bei öffent=
lichen Festen, wo doch in den Massen der Einzelne ver=
schwindet? Steht nicht im Theater, bei den Gladiatoren=
kämpfen im Colosseum, bei den Wettrennen im Circus
seit Jahr und Tag jedesmal sein Platz leer? Und was
noch auffallender ist: wann hättest Du ihn je im Tempel
des Jupiter oder der Minerva, des Aesculap oder der
Isis gesehen?"

„Aber beim Helm der Minerva! was hat denn die
Sehne an diesem Bogen so schlaff gemacht?" rief Petronius.

„Gewiß, diese Umwandlung muß ihre verborgene Ur=
sache haben," antwortete der Höfling. „Seit aber Flavius
Clemens auf dem Palatin wohnt, gibt es in seinem Hause
keine verschlossenen Thüren und keine Geheimnisse mehr, —
und ein wenig," fuhr Parthenius mit schlauem Lächeln
fort, „verstehe ich mich darauf, Dinge zu erforschen, die
für mich Reiz und Bedeutung haben." —

In derselben Stunde hatte Flavius Clemens seine
erste amtliche Unterredung mit dem Kaiser. War es seine
Klugheit, welche vorsichtig jedes Wort abwog und mehr
aus den Mienen als aus den kargen Worten des Herr=
schers seine innersten Gedanken errieth, oder war es das
Gebet Domitilla's, die in heißem Flehen für den Gemahl
zum Himmel rief und sich nicht eher erhob, als bis ihr
dessen Rückkehr gemeldet wurde, — Domitian war mit
seinem neuen Amtsgenossen sehr zufrieden.

„Sollte ich," sprach er, indem er in seinem Gemache
auf und nieder schritt, „sollte ich endlich durch die Huld meiner
Göttin einen Menschen gefunden haben, der ohne Selbstsucht
und Eigennutz, in wahrhafter Treue mir ergeben ist? —

„Ich habe bis jetzt nur hassen — und nur Haß
säen können.

„Fände ich Einen, — nur Einen, der mir um meinet=
willen diente, — um des Einzigen willen würde ich auf=
hören, die Menschheit zu verachten und zu hassen.

„Die Welt," fuhr der Kaiser nach einer Pause fort,
„hält es für angeborene Trägheit, daß er sich nie um ein
Amt bewarb. Ich kenne besser die Ketten, die seine That=
kraft bisher gebunden; — ich werde diese Fesseln von ihm
nehmen; ich werde der Welt zeigen, daß Die mich nicht
zu fürchten brauchen, welche meiner Achtung würdig sind.

„Aber — aber wenn doch der von der Kette losge=
lassene Hund . . ."

Der Kaiser sprach vor sich selber seinen Gedanken
nicht aus. Der unselige Argwohn, der ihn gegen Alle
und Jeden erfüllte, umwölkte wieder den milden Sonnen=
strahl, der für einige Augenblicke durch sein finsteres Ge=
müth geleuchtet hatte.

„Er soll es wagen," rief Domitian mit bitterem
Hohnlachen, „auch nur einen Athemzug zu thun, der mir
nicht lieb ist, — und bei allen Göttern, weder der Name
der Flavier, noch sein Consulat sollen ihn vor dem Beile
des Lictors retten!"

Fünftes Kapitel.
Die Judensteuer.

Bei jener ersten Unterredung, welche Parthenius so zufällig mit Stephanus gehabt, als letzterer seine Herrin auf dem schweren Gange zum Kaiser begleitete, hatte der Procurator in seiner Geschwätzigkeit einige Worte fallen lassen, welche in Verbindung mit anderweitigen Beobachtungen den Höfling auf die Vermuthung brachten, daß Flavius Clemens und seine Familie nicht bloß, gleich so vielen andern Römern und Römerinnen, jüdischen Anschauungen und wohl auch Gebräuchen huldigten, sondern daß sie sogar zu der am meisten fanatischen Sekte derselben, zu den Christen gehörten. Parthenius hatte dem Befehls= haber der kaiserlichen Leibwache gegenüber, wie wir gesehen haben, schon einige Andeutungen über seine Vermuthung gegeben. Für ihn, den ersten Hofbeamten des Kaisers, war die Sache von höchstem Belange. Wie sein Name zeigt, stammte er aus einer jener asiatischen Provinzen des Reiches, in welchen der Kult des Mithras oder Sonnen= gottes herrschte; auch Parthenius bekannte sich zu dieser im römischen Staate anerkannten und weit verbreiteten Reli= gion, einer Religion, welche seit Jahrhunderten im schroffsten Kampfe gegen das Judenthum gestanden. Mußte ihm daher schon aus diesem Grunde das Eindringen der eifrigsten und rührigsten unter den jüdischen Sekten in die höchste römische Staatsgewalt widerstreben, so stand auch zu befürchten, daß Flavius Clemens seinen Einfluß geltend

machen werde, um seine Glaubensgenossen in die Hof-
ämter zu bringen.

Uebrigens lag für Parthenius eine andere Erwägung
doch noch näher. Bei der Gunst, welche Flavius Clemens
augenblicklich beim Kaiser genoß, war an seiner Freundschaft
sehr viel gelegen: — er, der kaiserliche Freigelassene, hatte ihn
in seiner Gewalt, wofern er um ein Geheimniß wußte,
welches jener wahrlich allen Grund hatte, möglichst geheim
zu halten.

Allein wenn Parthenius sich vor dem Befehlshaber
der kaiserlichen Leibwache gerühmt hatte, er verstehe sich
darauf, Geheimnisse zu entdecken, welche für ihn Reiz und
Bedeutung hätten, so schien seine Kunst doch bei Flavius
Clemens erfolglos. Seit der Uebersiedlung auf den Palatin
lebte derselbe noch zurückgezogener und abgeschlossener;
aus den beiden Alten, Nereus und Achilleus, bei denen
Parthenius wiederholt seine Angel auswarf, war trotz
des goldenen Köders nichts herauszubringen; ebensowenig
aus der übrigen Dienerschaft. Denn alle waren Christen,
und es hätte nicht der ernstlichen Mahnung von Seiten
des Herrn und seiner Gemahlin bedurft, um sie zur größten
Vorsicht und zum Mißtrauen gegen Jeden zu veranlassen,
den sie nicht als Christen und alten Hausfreund der
Familie kannten. Auch Stephanus war seit jener ersten
Unvorsichtigkeit überaus zurückhaltend geworden und wich
jeder neugierigen Frage über die Familie seiner Herrin
behutsam aus.

Endlich glaubte Parthenius doch den Schlüssel gefunden zu haben, der ihm das Geheimniß erschließen sollte.

Es war in den letzten Tagen des December, als es
ihm gelang, den Sigamber in eine Taberne nahe beim
Cirkus maximus zu locken: dem Germanen mußte ja der

12*

Trunk, den Parthenius in einem einsamen Stübchen, fern
von den übrigen Gästen, ihm vorsetzen ließ, die Zunge
lösen. Da der kaiserliche Freigelassene die Unterhaltung
zunächst auf Sigamber's Heimath am fernen Rheinstrom
lenkte, plauderte dieser denn auch nach Herzenslust, während
die Kellnerin mit verstohlenem Lächeln einen Becher nach
dem andern brachte.

Endlich warf Parthenius, um auf seinen Gegenstand
zu kommen, die Bemerkung hin, Domitilla halte wohl
ihre Dienerschaft sehr strenge und scheine zumal den Wein
ihr karg zuzumessen.

„Meine Herrin?" rief Sigamber. „Alle Göttinen
aus Olymp Eurigem werfen in einen Kessel und zu Brei
kochen, noch keine halbe meine Domina! Ah, trinken auf
Wohl meiner Domina! — Me Hercule, ganz austrinken!"

Ob er wollte oder nicht: Parthenius mußte den
ganzen Becher leeren.

„Gewiß," fuhr er dann fort, „Deine Herrin ist eine
der edelsten unter den römischen Frauen; allein . . . . ."

„Domina meine, was Diamant unter Kieselsteinen,
im Walde was Hirsch unter Hasen!" unterbrach ihn der
Germane, und stolz auf das Lob seiner Gebieterin that
er wieder einen tiefen Zug auf ihr Wohl.

„Allein warum sperrt sie sich so ab in dem schönen
Palast, den der Kaiser ihrem Gemahl angewiesen?"

„O ja," rief der Germane, der die Worte nur zur
Hälfte verstanden, da der schwere Wein seine Wirkung
zu thun begann, „Imperator schönen Palast gegeben,
schönen Palast! He, Freia, oder wie Dirne heißen, zwei
Becher auf Imperator sein Wohl!" — „Vinus bonus,
vinus bonus!" schmunzelte er, nachdem er erst prüfend
gekostet, und Parthenius mußte abermals mit ihm gleich-

mäßig auf das Heil des Kaisers den Becher leeren: wie hätte er sich dessen weigern dürfen?

„Was thut eigentlich Dein Herr den ganzen Tag? — Nicht wahr, jeden Morgen streut er zuerst vor der Statue des göttlichen Domitianus Weihrauch und dann . . .?"

„Ah, Flitus Flavius Tremens goldener Herr!" lachte der Germane und schlug mit der Faust auf den Tisch, daß die Becher aufhüpften. „Noch einen — ha, ha, ha, noch einen Becher auf Consul Clitus Falius Flemens! Trinken finus ponus, ha, ha, ha! auf mein Dominus seine Gesundheit."

Als der Hofmann sich sträubte, abermals die Nagel= probe zu machen, nahm Sigamber ihn mit einer Ver= traulichkeit, die keinen Widerstand zuließ, in den Arm und hielt ihn so lange, bis der letzte Tropfen geleert war.

Der Riese wurde mit jedem Augenblick lustiger und redseliger, indem er Deutsch und Latein durcheinan= der mengte; — jetzt allerdings war er in dem Zustande, wo er Alles ausgeplaudert hätte.

Allein auch Parthenius fühlte, wie der Wein ihm zu Kopfe stieg, wie seine Gedanken wirr wurden. Er setzte wiederholt zu weiteren Fragen an: die Zunge ver= sagte ihm den Dienst, und was der Germane in seinem Kauderwelsch antwortete, war ihm meist unverständlich.

Was anderes blieb ihm endlich übrig, als die Zeche zu bezahlen, wozu sein Beutel noch eben ausreichte?

Zum Glücke war es schon Nacht, als Beide auf die Straße hinanstraten. Aber während der Germane durch die frische Luft sofort wieder klar im Kopfe wurde, fühlte Parthenius die entgegengesetzte Wirkung. Er hatte nur noch Bewußtsein genug, den Mantel über den Kopf zu

ziehen, damit Keiner ihn erkenne; dann ließ er sich am
Arme des Hünen nach Hause führen.

Mit schwerem Kopfe erwachte er spät am Morgen,
als die Stunde seiner Audienz beim Kaiser längst vorüber
war. —

Mit dem 1. Januar trat das Gesetz über die Judensteuer in Kraft, und mit unerbittlicher Strenge begannen
die Beamten die Doppeldrachme in jenen Stadtvierteln
einzutreiben, welche besonders von den Hebräern bewohnt
waren. Im transtiberinischen Quartier kam es gleich
am folgenden Tage zu blutigen Auftritten, da der alte
Jakob, welchen wir im ersten Kapitel kennen lernten,
nebst dem hitzigen Benjamin sich mit Gewalt der Eintreib-
ung der Steuer widersetzten und in diesem Widerstande
bei zahlreichen Stammesgenossen Unterstützung fanden.
Umsonst wurde ein Centurio mit einer Abtheilung Soldaten den von allen Seiten bedrängten Beamten zu
Hilfe geschickt. In dem engen Netze der theilweise die
Höhe des Janiculus hinaufgebauten Gassen war die Entfaltung militärischer Kräfte eine Unmöglichkeit; die Weiber gossen von den flachen Dächern herab kochendes
Wasser auf die Krieger oder warfen Steine, und was
ihnen sonst zur Hand war, auf dieselben; von oben und
von allen Seiten angegriffen, mußten die Soldaten und
Beamten sich endlich, unter Hinterlassung mehrerer Todten,
zurückziehen, bis zur ämilischen Brücke verfolgt von Schaaren der Juden.

Als Domitian von dem Aufruhr Kunde erhielt, befahl
er, mit schonungsloser und unerbittlicher Strenge gegen
die Empörer vorzugehen, und so rückten nun gegen Mittag
mehrere Cohorten von verschiedenen Seiten in das Gewirr
der Gassen ein, indem sie unbarmherzig Alles nieder-

metzelten, was ihnen in den Weg kam. Ringsumher in die Enge getrieben, suchten die Juden jetzt ihr Heil in der Flucht, indem sie sich in Kellern und Schlupfwinkeln verbargen; so war gegen Abend die Ruhe wieder hergestellt. Auf Befehl des Kaisers aber wurden noch in der Nacht die Rädelsführer enthauptet und ihre Köpfe zum abschreckenden Beispiele in doppelter Reihe auf Lanzen vor der Synagoge aufgepflanzt. Der Spion, der an jenem Tage der Proklamation der Judensteuer das Gespräch belauschte, hatte auch die Köpfe des alten Jakob und seiner Genossen dahin geliefert.

Da, wie wir gesehen, Domitian die Steuerpflicht auch auf alle jene ausgedehnt hatte, welche mit den Juden in religiösem Zusammenhange standen, so begann nun in ganz Rom die Nachspürung. Die Beamten waren Wochen lang in Thätigkeit; allein die Arbeit lohnte sich. Mit wachsendem Staunen sah man, wie groß die Zahl derer war, welche sich zu dem Glauben an den Einen Gott der Juden bekannten.

Hatten die Hebräer sich aus allen Kräften der Zahlung der Didrachme widersetzt, so waren jetzt sie es, welche den Beamten im Aufspüren die wichtigsten Dienste leisteten. Allein es kam nun doch wiederholt vor, daß ein von den Spionen Denuncirter vor dem Richter sich sofort als Verehrer der Götter auswies, indem er Weihrauchkörner in die Gluthpfanne vor der Statue des Jupiter warf; unter den so Belästigten waren angesehene Patrizier, und dies, wie das rücksichtslose und gehässige Vorgehen der Beamten erzeugte eine von Tag zu Tag wachsende allgemeine Unzufriedenheit über die unerträglichen Vexationen des neuen Gesetzes.

Es gelang dem Flavius Clemens, indem er alles dies dem Kaiser vorstellte, die Verfügung zu erwirken, daß die Steuereinnehmer fortan Ritter und Senatoren nicht belästigen durften, eine Vergünstigung, welche wenigstens die den höheren Ständen angehörenden Christen vor den Nachforschungen schützte.

Von den Gläubigen zahlten die Meisten sofort die Drachme; die Wenigen, welche sich weigerten, wurden gleich den übrigen Renitenten durch Confiscation zur Zahlung gezwungen.

Wenn Flavius Clemens persönlich mit seiner Familie theils wegen seiner hohen Würde, theils in Folge des jüngsten kaiserlichen Erlasses von den Beamten nicht belästigt wurde, so gab es neben ihm noch eine ganze Anzahl von Patriziern, von deren Sklaven und Freigelassenen der eine oder andere, und wohl auch mehrere unter das Gesetz fielen; es war daher nicht besonders auffallend, daß bei ihm die gesammte Dienerschaft die Steuer zahlen mußte. Stephanus allein, trotz ernstlicher Abmahnungen, widersetzte sich der Entrichtung der Doppeldrachme, und als die Beamten zur Confiscation schreiten wollten, appellirte er an den Richter.

„Ich bin kein Jude und kein Proselyt der Juden," erklärte er; „ich halte weder ihren Sabbath, noch besuche ich ihre Synagoge; ich verwerfe im Gegentheil ihre Satzungen und Gebräuche. Daher bin ich in keiner Weise zur Zahlung der Steuer verpflichtet."

„Du bist aber," antwortete der Richter, „als einer ihrer eifrigsten Anhänger angezeigt worden. Beweise denn das Gegentheil, indem Du den unsterblichen Göttern opferst."

„Ich werde niemals Euren falschen Göttern opfern, da ich nur den Einen wahren Gott verehre."

„Ist dieser Gott etwa Mithras oder ein anderer von den orientalischen Gottheiten, welche durch den römischen Staat anerkannt worden sind?"

„Ich glaube an Gott den Vater, den allmächtigen Schöpfer Himmels und der Erde, und an Jesum Christum, seinen eingebornen Sohn."

„So bist Du also ein Christ? Aber die Christen sind doch eine Sekte der Juden, und da ich mich in Fragen über Euer Gesetz und Eure Lehre nicht einlassen kann, so wirst Du die Steuer zahlen müssen."

„Die Christen sind keineswegs eine Sekte der Juden, wie ihr Römer meint. Wie könnte es auch anders sein, da wir Denjenigen als Gott anbeten, den jene gekreuzigt haben?"

„Das ist aber ein Gott, den das römische Gesetz nicht kennt, und Du wirst wissen, daß eine vom Staate nicht anerkannte Religion unter Todesstrafe verboten ist."

„Ich bin bereit, für Jesum Christum in den Tod zu gehen."

„Bedenke wohl! wenn Du bei Deiner Weigerung verharrst, die Steuer zu zahlen, und nicht eine Religion aufgibst, welche vom Staate verboten ist, so geht die Sache an den höchsten Gerichtshof, der über Leben und Tod zu entscheiden hat."

Nach diesen Worten zog sich der Richter mit seinen Beigeordneten zu einer Berathung zurück; dieselbe dauerte ziemlich lange, weil ein solcher Fall ihnen noch nicht vorgekommen. Das Ergebniß der Berathung war, daß der Richter dem Angeklagten mit Rücksicht auf seine hohe Herrin acht Tage Bedenkzeit gewährte, damit er zur Einsicht komme.

Stephanus verließ die Gerichtshalle, indem er bei seiner Erklärung beharrte, weder je die Steuer zahlen, noch den Göttern opfern zu wollen; — allein der Geist, in welchem er redete, war nicht der Geist, welcher Martyrer macht.

Sechstes Kapitel.

Schlangen.

Niemand am kaiserlichen Hofe war glücklicher als die kleine Irene, seitdem sie in den beiden Cäsaren Gespielen gefunden, welche zudem Christen waren. Jetzt war das Mädchen nicht mehr vereinsamt; Lust und Leid seines kleinen Kinderherzens konnte es nunmehr rückhaltslos mittheilen; neben den finster dräuenden Zügen des Kaisers lachten ihm freundliche Augen entgegen. Und nicht minder fanden die beiden Knaben unter all' den fremden, kalten Gesichtern ihrer Umgebung in Irene ein Wesen, welches, wie sie, ein Kind war, heiter und unbefangen, das zugleich wie ein kleiner lieber Engel warnend und behütend ihnen zur Seite stand und auf Grund seiner Erfahrung ihnen sagte, was sie thun, wie sie sich gegen Diese und gegen Jene verhalten mußten. Aber mehr als alles Andere verband die Drei das gemeinsame Geheimniß ihres heiligen Glaubens an Christum, welches sie in gleicher Weise verborgen halten mußten, selbst vor der Amme und vor dem paedagogus, welchen der Kaiser den Knaben als Hüter und Wächter gegeben.

Domitilla war allerdings, seitdem sie mit ihrem Gemahl den kaiserlichen Palast bezogen, ihren Kindern näher; aber mußte sie sich nicht aus Furcht vor dem Herrscher hüten, ihre Mutterrechte zu sehr geltend zu machen? Die Henne, klagte sie, kann doch ihre Küchlein unter die Flügel nehmen, wenn der Habicht in den Lüften kreist; ich, ich muß sie in den Krallen des Raubvogels lassen, der jetzt

mit ihnen spielt, und vielleicht in der nächsten Stunde sie
zerreißt. Vor Allem aber zitterte das Mutterherz, wenn
es der Zukunft gedachte; wie häufig kamen jene Stunden
trüber Schwermuth, wo sie unter Thränen zum Himmel
flehte: „Laß sie lieber sterben, o Herr, als daß sie in
Mitten der Gefahren Dir untreu würden und im Glanze
des Thrones Deiner und Deines Sohnes vergäßen!"

Selten mag Jemand eine schwierigere und gefahr-
vollere Stellung eingenommen haben, als der Consul
Flavius Clemens. Zur Verwunderung von ganz Rom
wußte er sich die Gunst des Kaisers zu bewahren, und
wenn bei seinem Amtsantritte Einer von den Senatoren,
neidisch über seine Erhebung, mit einem römischen Sprich-
worte behauptet hatte, er verstehe von Staatsgeschäften
so viel wie der Esel vom Flötenspiel: jetzt suchte Jeder
seine Gunst. Aber obgleich Clemens heimlich und unvermerkt half und schützte und rettete, wo er konnte, nach
Außen trat er möglichst wenig hervor. Zumal als Consul
hätte er den Sitzungen des Senats, den öffentlichen Spielen
und den religiösen Festen zu Ehren der verschiedenen
Gottheiten beiwohnen müssen: wo er konnte, blieb er
denselben fern; wenn ihn zuweilen der ausdrückliche Befehl
des Kaisers nöthigte, zu erscheinen, kam er so spät, daß
die religiösen Ceremonien, ohne welche die Römer sich
selbst nicht einmal die Spiele im Amphitheater denken
konnten, bereits vorüber waren. Dadurch bestärkte er
die öffentliche Meinung über ihn, daß er zwar ein fähiger
Kopf, aber durch seine schmähliche Trägheit zu keinen
Staatsgeschäften zu brauchen sei. Wer ihm das am
wenigsten verübelte, war der Kaiser. —

Es war an einem schönen Nachmittage des Februar;
die Sonne schien warm und freundlich vom Himmel her-

nieder, und der topiarius, dem die Pflege der kaiserlichen
Gärten anvertraut war, hatte in den Treibhäusern die
aus Stroh geflochtenen Matten aufgezogen, welche die
tropischen Gewächse gegen die Kälte schützten.

Der kleine Vespasianus und sein Bruder Domitianus
spielten mit Irene auf dem Platze vor den Treibhäusern;
die Pracht der herrlichen Blumen und Bäume, die in
geschmackvollster Gruppirung unter den schützenden Glas-
dächern aufgestellt waren, lockte sie an, und die Ärmchen
auf die Brüstung der Unterwand gelehnt, betrachteten
und bewunderten sie die Schönheit der melisischen Rosen
und die duftigen Lilien, die Narcissen und Hyacinthen
und die dunklen Weintrauben, welche jetzt schon reif
zwischen den großen Blättern der Rebstöcke hingen. [15])
Buxbaum und andere Sträucher waren nach römischem
Geschmack kunstreich geschnitten und bildeten Pyramiden,
Thierfiguren und selbst Buchstaben in allen Formen.
Ganz nahe an der Brüstung stand, gleichfalls aus Laub
geformt, ein Löwe mit offenem Rachen.

„Ei," rief der kleine Domitian, dem diese Figur
besonders gefiel, „dem will ich mal die Hand in den
Rachen stecken!" und mit diesen Worten war er auch
schon auf die niedrige Brüstung gestiegen.

Allein kaum hatte er seine Hand in das Maul des
Thieres gesteckt, als er sie mit gellendem Schrei zurück-
zog: eine giftige Schlange, eine Viper, in dem dichten
Grün verborgen, hatte sich in die Hand festgebissen.*)

Auf das Geschrei der Kinder stürzte der paedagogus,
der in nächster Nähe auf einer Ruhebank saß, herbei:
vor Schrecken stand er da wie versteinert, als er die
Schlange an der Hand des Knaben erblickte.

---

*) Einen gleichen Fall erwähnt Martial III, 19.

In diesem Augenblicke erschien Stephanus, den gleich=
falls der warme Sonnenschein von seinen Rechenbüchern
hinausgelockt hatte. Rasch sprang er hinzu, faßte mit
festem Griff die Viper unterhalb des Kopfes und schleu=
derte sie weit hinweg. Dann legte er seinen Mund auf
die Wunde, um das Gift auszusaugen, während er ober=
halb den Arm des Knaben festgepreßt hielt, um das Ein=
dringen des Giftes in das Blut zu verhindern. Was
war ihm an seinem Leben gelegen, wenn er nur das
theure Leben des Knaben rettete!

Sprachlos standen Vespasianus und Irene daneben,
vor Schreck und Mitleid am ganzen Körper zitternd.

Das Geschrei der Kinder hatte auch noch andere
Personen herbeigerufen; voll Besorgniß umgaben sie die
Gruppe und erwarteten den Arzt, nach welchem Stephanus
den paedagogus sofort ausgeschickt hatte.

Plötzlich wich Alles scheu zurück: — der Kaiser stand da.

Beim Anblicke seines todtenbleichen Lieblings zuckte
Domitian zusammen.

„Wenn Du ihn rettest,“ rief er dem Stephanus zu,
„belohne ich dich kaiserlich!“

Zum Glücke kam bald der Arzt, der die Wunde
untersuchte; nach sorgfältiger Prüfung erklärte er jede
Gefahr beseitigt, da Stephanus alles Gift herausgezogen
habe. Er ließ den Knaben zu Bette legen und verband
die Wunde; weiterhin bedurfte es nur mehr beruhigen=
der Arzneien.

Zwei Tage später zog man aus der Tiber die Leiche
eines Mannes: — der paedagogus hatte aus Furcht
vor dem Zorn des Kaisers sich selber den Tod gegeben.

Hatten die acta diurna oder die Hofzeitung eingehend
die Rettung des Cäsars berichtet, so ehrte Domitianus den

Procurator dadurch, daß er ihn Abends zur Tafel befahl
und vor allen Gästen seiner Geistesgegenwart und Klug=
heit das verdiente Lob spendete.

Eine Belohnung, welche der Kaiser ihm beim Abschiede
anbot, lehnte Stephanus entschieden ab: er habe nur
seine Pflicht gethan, und sein höchster Lohn sei, das Leben
des Cäsars gerettet zu haben.

Dieses, sowie weitere Erkundigungen, welche Domi=
tianus über ihn einzog, und die zumal aus dem Munde
des Parthenius überaus günstig lauteten, brachten den
Kaiser auf den Gedanken, Stephanus in seinen persön=
lichen Dienst zu nehmen. Wenn Domitilla es wagte,
den Herrscher zu bitten, ihr einstweilen noch ihren Pro=
curator zu lassen, so that sie es weniger ihrer selbst, als
vielmehr des Stephanus wegen, für den es sie in der
gefährlichen Umgebung bangte. So glaubte sie ihm jetzt
am besten für die Rettung ihres Kindes zu danken.

Wie sehr hatte sie Recht! ──

Seit dem Tage, wo Stephanus die Gunst des Herr=
schers gewonnen, wurde Parthenius gegen ihn ein An=
derer; hatte er ihn früher als Werkzeug auszunützen ge=
dacht, jetzt suchte er ihn sich verbindlich zu machen. Das
Bekenntniß seines christlichen Glaubens vor dem Richter
war dem Höfling nicht unbekannt geblieben. Indem
er hinter seinem Rücken die Doppeldrachme für ihn be=
zahlte, wußte er den Richter zu bewegen, den Proceß
gegen ihn niederzuschlagen: wie hätte man den Mann,
welcher des Kaisers Liebling und dereinstigen Thronfol=
ger vom Tode errettet, wegen religiöser Zänkereien zwi=
schen Juden und Christen vor den obersten Gerichtshof
bringen können?

Stephanus wunderte sich, daß er zu dem festgesetzten Termin nicht vorgeladen wurde; — er war nicht unzufrieden darüber. Begann der Glorienschein des Martyriums in seinen Augen schon zu erblassen vor dem Glanze der verlockenden Aussichten, die sich ihm so unerwartet erschlossen hatten? — Er war ein zweites Mal zur kaiserlichen Tafel befohlen und war auch jetzt wieder in besonderer Weise ausgezeichnet worden.

Einige Tage später sah Domitilla den Stephanus Arm in Arm mit Parthenius durch den Park wandeln.

„Der meinen Sohn,“ so rief sie seufzend aus, „vor dem tödtlichen Biß der Viper gerettet hat, den sehe ich jetzt in den Umwindungen einer Schlange, welche ihn verderben wird, wenn er sie nicht von sich schleudert.“

Mit dem Feingefühl, das den Frauen angeboren ist, hatte sie bei dem ersten amtlichen Besuche, welchen Parthenius in ihrem Hause gemacht, in ihm den gefährlichen Menschen durchschaut, dessen Freundschaft eben so sehr, wie seine Feindschaft zu fürchten war. —

So standen die Dinge, als im März das Fest der Quinquatrien zu Ehren der Minerva herannahte. Um sich in besonderm Maße der Huld seiner Schutzgöttin zu empfehlen, hatte Domitian großartige Feste angeordnet, vor allem aber reiche Opfer an jedem der fünf Feiertage im Tempel der Minerva, wo er selber als pontifex maximus oder oberster Priester des Staates zu erscheinen gedachte. Auch seine beiden Adoptivsöhne sollten dabei als camilli oder Opferdiener erscheinen, um damit zugleich in feierlichster Form dem römischen Volke als Cäsaren und dereinstige Thronerben vorgestellt zu werden.

Parthenius hatte aus Stephanus trotz dessen Vorsicht doch einige Aeußerungen zu entlocken gewußt, die ihn nicht mehr zweifeln ließen, daß Domitilla Christin sei, und die es wenigstens sehr wahrscheinlich machten, daß auch der Consul der Sekte angehöre. Mit wachsender Spannung sah er daher dem Feste der Minerva entgegen, wo der Consul an der Seite des Kaisers unausbleiblich erscheinen mußte. Seine Abwesenheit, und selbst eine Verspätung hätte eine persönliche Beleidigung des Herrn in sich geschlossen und seinen Sturz zur unfehlbaren Folge gehabt.

Diese Entscheidungsstunde hatte auch Flavius Clemens lange vorausgesehen. Trotzdem erblaßte er, als Tags vor Beginn der Feste im Auftrage des Kaisers Parthenius mit dem gemessenen Befehl erschien, nebst seiner Gattin den Herrscher in seinem Festzuge zum Tempel der Minerva zu begleiten.

Der Freigelassene beobachtete mit dem lauernden Blick einer Schlange den Eindruck, den seine Meldung auf den Consul gemacht; er war nicht wenig überrascht, als Clemens ihm zur Antwort gab:

„Melde meinem kaiserlichen Herrn, daß ich es ihm persönlich auszusprechen wünsche, wie gerne ich seinen Befehlen Folge leiste."

Als der Höfling fortgegangen, schritt Flavius Clemens sinnend in seinem Gemache auf und ab. Es war nicht bloß sein eigenes Leben und das seiner Gattin und seiner Kinder, über das er jetzt zu entscheiden hatte, — seine Weigerung, an dem Opfer Theil zu nehmen, weil er Christ sei, mußte für alle Christen von verhängnißschwerer Folge sein. Noch standen dem Consul die blu-

13*

tigen Scenen vor Augen, welche er unter Nero erlebt, die lebendigen Fackeln, die langen Reihen der Gekreuzigten, die von Hunden zerrissenen Bekenner: — unter einem Domitian war eine kaum minder grausame Verfolgung nur zu wahrscheinlich.

Als Domitilla von dem Besuche des Parthenius hörte, eilte sie, nichts Gutes ahnend, zu ihrem Gemahl.

„Die Stunde der Entscheidung, theures Weib," sprach er mit zitternder Stimme, „ist gekommen. Ich glaubte mich auf dieselbe gerüstet, und doch, jetzt . . . . jetzt . . . ."

„Mein Gemahl," erwiderte Domitilla, indem sie die Hand ihres Gatten ergriff, „brauche ich Dir zu sagen, wie mein ganzes Herz an Dir und unsern Kindern hängt, an ihnen jetzt um so mehr, wo in ihrer Zukunft hellstes Licht und tiefster Schatten ungelöst neben einander liegen?

„Aber wollen wir heute unser Leben retten um den Preis unseres Glaubens, um es vielleicht schon morgen durch die Grausamkeit des Tyrannen dennoch zu verlieren?

„Was ist das Leben werth ohne den Trost der Religion, vergiftet durch den Vorwurf schwerster Schuld?

„Bisher," fuhr Domitilla fort, und ihre Stimme zitterte von tiefster innerer Bewegung, „bisher, so oft ich der dunklen Zukunft unserer Kinder gedachte, konnte das Mutterherz in vertrauensvollem Flehen zum Himmel aufblicken: wie könnte ich für meine Kinder zu dem Gott beten dürfen, von dem ich mich losgesagt? — Ich kann nicht leben und mag nicht sterben, abgeschnitten von der Gemeinschaft der Gläubigen, denen wir das Beispiel muthigen Bekenntnisses schuldeten, — verstoßen von einem Gott, der mir die Palme des Martyriums bot, und die ich um eine Spanne Leben verkaufte."

Ein starkes Weib mit einem großen Herzen ist wie ein leuchtender Engel, der dem Manne voranschwebend ihn wieder zu lichten Höhen emporführt, wenn irdisches Sinnen und Sorgen ihn in giftige Sümpfe herabzuziehen drohte. Clemens schloß, von tiefster Rührung ergriffen, seine Gattin in seine Arme.

„Das Opfer ist gebracht," sprach er, „das Opfer meines und Eures Lebens! — Gott wird uns stärken, liebes Weib, den Tod hinzunehmen, wann und wie er kommt."

Eine Stunde später stand der Consul im Vorzimmer des Kaisers, des Augenblickes harrend, wo der Gebieter ihn empfangen werde. Unwillkürlich gedachte er seines Kindes, welches die Hand in den Rachen des Löwen mit der giftigen Viper gesteckt hatte.

„Du weißt," sprach er, als er vor Domitian erschienen, „wie ich Dir als meinem Herrn und Gebieter gehorsam gewesen; allein den Befehl, den Dein Freigelassener mir überbracht hat, den, Herr, kann ich nicht erfüllen."

Domitian war gewohnt, daß Alles sklavisch vor ihm zitterte; so lange er Kaiser war, hatte er ein solch verwegenes Wort noch nicht gehört. Seine Stirne legte sich in finstere Falten; indem er einen Schritt zurücktrat und den Consul von oben bis unten mit durchbohrendem Blicke maß, fragte er in gedehntem Tone:

„Du kannst meinen Befehl nicht erfüllen? — Habe ich Dir befohlen, Deinem Weibe den Hals abzuschneiden? — oder Deinen Knaben, einem nach dem andern die Augen auszustechen?"

„Herr, ich will offen reden: — ich bin Christ, und darum kann ich an dem Opfer zu Ehren der Göttin nicht Theil nehmen. Ich bete den Gott an, den die Juden anbeten, und die jüdische Religion ist im römischen Reiche gesetzlich anerkannt."

Der Tiger kann nicht mit blutgierigerem Blicke sein glühendes Auge auf sein Opfer richten, als Domitian jetzt, die Lippen zusammengekniffen, den Consul anstierte, während die Zornesadern an seinen Schläfen anschwollen. Erst nach einer Pause stieß er mit zitternder Stimme die Worte heraus:

„Jude? Christ? — Ein römischer Consul? — Und Du weigerst Dich, der Schutzgöttin des Kaisers zu opfern? — Weißt Du, wem Du das sagst? — — Und die Buben, sind die auch . . . . ?"

„Herr," sprach Clemens, indem er dem Kaiser fest in das zornglühende Auge blickte, „ich wußte, daß ich mir mein Todesurtheil holte, als ich zu Dir ging. Was hat mir den Muth dazu gegeben? — Weil ich meinem kaiserlichen Herrn nicht mehr treu sein könnte, wenn ich meinem Gotte untreu würde!"

„Deinem Gott? dem gekreuzigten Nazarener?" brüllte Domitian; „und ihm mußt Du mehr gehorchen, als mir?"

„Rom gehorcht Dir," antwortete Clemens mit unerschütterlicher Ruhe, „weil Rom vor Dir zittert. — Höre mich an, mein Kaiser; es wird ja mein letztes Wort sein. Du zitterst selber vor denen, die vor Dir zittern; die Furcht vor dem Dolche der Verschwörer verscheucht den Schlaf von Deinen Augen. — Nicht Ehrgeiz oder Habsucht,

Dein kaiserlicher Wille hat mich aus der Verborgenheit
herausgerissen; ich habe Dir gedient mit treuer Anhäng=
lichkeit. — Hast Du," fuhr er fort, und die Worte kamen
ihm, er wußte selbst nicht, wie? — „hast Du Viele, mein
Kaiser, auf die Du rechnen kannst in der Stunde der
Gefahr? — Weißt Du Einen, einen Einzigen, der sich
zwischen Dich und den Mörder werfen würde, um den
Dolchstoß, der Dir gegolten, mit seiner Brust aufzu=
fangen? — Nur wer den Muth hat, für seinen Gott
zu sterben, der stirbt auch für seinen Kaiser."

Zumal die letzten Sätze, welche Clemens mit wach=
sender Wärme gesprochen, verfehlten nicht ihren tiefen
Eindruck auf Domitian.

Nein, er wußte Keinen, — Niemand unter den
Senatoren, Niemand unter den Rittern, Keinen aus
dem ganzen Troß seiner Freigelassenen und Sklaven,
der den Dolch des Mörders für ihn auffangen würde.
— — Clemens wäre der Einzige.

Domitian hatte sich in die tiefste Verachtung der
Menschheit hineingelebt, und darum galt ihm auch ein
Menschenleben nichts. Jetzt sah er einen Mann vor sich,
der ihm Hochachtung abzwang, sowohl durch den Muth,
mit welchem er seinem kaiserlichen Zorne zu trotzen
wagte, wie durch die Ergebenheit gegen ihn, für die sein
Wort bürgte.

Das finstere Haupt gesenkt, stand der Kaiser einige
Augenblicke schweigend da.

„Sind Deine Söhne auch schon Christen?" fragte
er nach einer Pause.

„Sie haben noch nicht die Taufe empfangen, durch
die sie erst zu Christen werden; aber in den Lehren des
Christenthums sind sie von Kindheit an erzogen worden."

Der Kaiser senkte wiederum schweigend das Haupt. Nach einer Pause des Nachdenkens richtete er den Kopf empor, zeigte mit der Hand nach der Thüre und sprach das Eine Wort:

„Gehe!"

Siebentes Kapitel

Die Würfel.

Am Abende des ersten Festtages der Minerva hatte der Kaiser eine zahlreiche Gesellschaft zur Tafel entboten. In einer von unzähligen Kandelabern und Lampen tageshell erleuchteten Halle, deren Wände und Decke in blendender Golddekoration strahlten, standen, für je sieben Gäste abgetheilt, die Reihen der Tische, lauter Cithrustafeln von einer einzigen Holzscheibe aus den Wäldern des Atlasgebirges, jeder Tisch ruhend auf einem mit Gold und Elfenbein eingelegten Dreifuß. Im Halbkreis um die Tische standen die Sophas, mit Schildpatt und Gold verziert, mit Purpurdecken überbreitet, am unteren Theile mit golddurchwirkten Stoffen aus Babylon behangen. Auf kleinen Kredenztischen prangten größere und kleinere Gefäße aller Art, Pokale aus Bernstein mit erhabener Arbeit, oder alexandrinische Glasbecher, in deren Wandung der Künstler mit jahrelanger Geduld netzförmige Verzierungen, Trinksprüche und Ornamente ausgebohrt hatte; daneben standen kleine Gefäße aus Edelstein mit goldener Umrandung, goldene Schalen und Platten mit den Arbeiten des Herkules und den Heldenthaten des Achilles, Meisterwerke eines Phidias von unermeßlichem Werte; antike Amphoren aus corinthischem Erz hatten an Kostbarkeit des Materials, wie an Feinheit der getriebenen Figuren nicht ihres Gleichen.

Die zur Tafel geladenen Gäste erschienen alle im
höchsten Schmucke: über der toga praetexta, dem weißen, mit
Goldstickerei verbrämten Gewande die hochrothe synthesis,
Kränze von Rosen und Myrthen um die Stirne, die
Haare von Salben duftend, an den Fingern zahlreiche
Ringe mit blitzenden Edelsteinen.

Auf dem halbkreisförmigen Sopha an dem obersten
Tische, zur Rechten, welchen Platz man den der Minerva
nannte, lagerte der Kaiser; den nächsten Platz nach ihm
hatte der Consul Titus Flavius Clemens.

Sklaven — Erwachsene und Knaben — alle in hoch=
rother Livrée, trugen an den einzelnen Tischen die Speisen
auf. Andere besorgten den Wein, der aus mächtigen Am=
phoren in die Krystallbecher gegossen wurde, Falerner und
Cäcuber und vor allen Setiner, der für die kostbarste und
feurigste unter den Weinsorten galt. [16])

Domitian, der, entgegen der römischen Sitte, seine
Hauptmahlzeit um Mittag zu halten pflegte, aß bei solchen
Gelegenheiten nur sehr wenig und beschränkte sich meist
auf etwas Obst und einen Becher Wein; desto schärfer
beobachtete er seine Gäste, indem er seine Augen von Tisch

zu Tisch schweifen ließ. Ueber mehr denn Einen der Ge=
ladenen hatte er bei sich schon das Todesurtheil gesprochen:
mag er diesen Abend noch schwelgen, mag er auf dem
Heimwege sich freuen über die Liebenswürdigkeit, mit welcher
der Kaiser ihn ausgezeichnet hat, — er wird die Sonne
des morgigen Tages nicht mehr untergehen sehen. —

Als der Consul Flavius Clemens nach jenem Auftritt
mit dem Kaiser heimgekehrt war, hatte er, auf Alles gefaßt,
was die nächste Stunde ihm bringen werde, die ihm ge=
gebene Frist benutzt, um die Dokumente der Freilassung
seiner Sklaven auszustellen und andere testamentarische
Bestimmungen zu treffen. Domitilla hatte in dieser Be=
ziehung Alles schon früher in Ordnung gebracht. Beide
blieben am nächsten Morgen von der Opferfeier im Tempel
der Minerva fern; allein bis zum Abend schien Domitian
noch zu keinem Entschlusse über ihr Schicksal gekommen
zu sein.

Pflichtgemäß begab sich Clemens am Abende zur
kaiserlichen Tafel: Domitian that, als ob nichts vorge=
kommen; — kämpfte noch in ihm der gute und der böse
Geist um die Entscheidung?

Der coena folgte die commissatio oder das Trink=
gelage, zu welchem die Gäste aus dem Speisesaale in den
sogenannten ägyptischen Saal hinübergeführt wurden, wo
orientalische Pracht und Ueppigkeit zum heitersten Genusse
einluden. Am Eingange des Saales lagen aus Basalt
gemeißelte Sphinxe, aus deren Brüsten duftende Essenzen
hervorsprudelten. Die Malereien an den Wänden ver=
setzten den Beschauer an die Ufer des Nils, in dessen Fluthen
sich die Pyramiden und die stolzen Tempel von Memphis
und Theben spiegelten; die goldenen Statuen der Isis
und des Osiris und anderer Gottheiten prangten zwischen

den Säulenreihen, während im Hintergrunde in einer Felsengrotte von leuchtendem Kryſtall jene Rieſenfigur des Nilgottes, auf eine Sphinx gelehnt, und von den

Symbolen der Fruchtbarkeit des Landes umgaukelt, lagerte, die heute den Braccio nuovo des vatikaniſchen Muſeums ziert.

Da der Kaiſer ſich, wie gewöhnlich, ſchon während der Tafel erhob, ſo konnten jetzt die Gäſte, wie von einem drückenden Alp befreit, ſich ungezwungen den Freuden des Bechers hingeben.

Der Conſul Flavius Clemens hatte mit einigen älteren Männern es vorgezogen, nach der coena heimzukehren; er gab auch dem Stephanus, welcher gleichfalls wieder zu dem Feſte befohlen worden war, einen Wink, ihm zu folgen. Allein Parthenius hatte dieſen ſchon in den Arm genommen und beredete ihn, nur auf ein Stündchen zu bleiben, mehr um das heitere Treiben anzuſchauen, als um ſelber an den berauſchenden Genüſſen Theil zu nehmen.

Und Stephanus ließ ſich feſthalten, trotz der inneren Stimme, die ihn wegrief aus einer Geſellſchaft, in welche er

als Christ nicht gehörte, und deren Gefahr er sich nicht
verhehlte.

Schon hatten die rauschende Musik, die lüsternen
Bewegungen leichtfertiger Tänzerinnen und die von ägyp=
tischen Knaben immer neu gefüllten Becher die Köpfe erhitzt;
an einzelnen Tischen fing es an, lauter zu werden; man
trank einander hinüber und herüber Gesundheit; hier
und dort hatte bereits das Würfelspiel begonnen, und
die aus silbernem fritillus geworfenen Elfenbeinwürfel
rollten über die Cithrustische, — als plötzlich wie mit
Einem Schlage Todtenstille eintrat und Alles sich von
den Sitzen erhob: — der Kaiser war gekommen.

Nachdem er den Gästen befohlen, sich wieder zu setzen
und sich durch seine Anwesenheit nicht stören zu lassen,
wandelte er schweigend an den Tischen vorüber, während
Aller Blicke verstohlen auf den Herrscher gerichtet waren.

So kam er auch zu der Gesellschaft, welcher Stephanus
angehörte.

Parthenius hatte diesen veranlaßt, die Geschichte mit
der Viper noch einmal den Gästen zu erzählen, und Domi=
tian hörte mit Wohlgefallen dem Schlusse der Schilderung zu.

Da der Freigelassene wußte, wie leidenschaftlich der
Kaiser das Würfelspiel liebte, gab er während der Er=
zählung einem Sklaven einen Wink, den abacus oder das
Würfelbrett mit den vier Würfeln zu bringen; gern gab
der Kaiser die Erlaubniß, das Spiel zu beginnen, und
mit wachsendem Interesse schaute er zu, wie der Reihe
nach je zwei und zwei ihr Glück versuchten.[17])

Jeder Knöchel oder talus hatte auf seinen vier Seiten
vier Zahlen; der glücklichste Wurf, wenn alle vier Würfel
verschiedene Zahlen zeigten, hieß der Venus=Wurf; war
das Gegentheil der Fall, so nannte man ihn den Hund.

Jetzt kam die Reihe auch an Stephanus: — konnte er sich vor den Augen des Kaisers weigern, zu den Würfeln zu greifen, obgleich er nie in seinem Leben gespielt hatte?

Sein Gegner war Petronius Secundus, der Präfekt der kaiserlichen Leibwache.

Gleich sein erster Wurf war ein Venus-Wurf.

Es waren nur zwanzig Denare (nahezu drei Thaler) eingesetzt worden.*)

Sofort setzte der Gegner das Doppelte; so lagen achtzig Denare als Gewinn da.

Nachdem wiederholt Würfe von beiden Seiten kein Resultat gehabt, warf Stephanus abermals alle vier Würfel verschieden.

Seine Aufregung wuchs, als Petronius Secundus wiederum den Einsatz verdoppelte.

Diesmal siegte der Gegner und strich 640 Denare, gegen 350 Mark, ein.

„Höre jetzt auf!“ rief eine innere Stimme dem Stephanus zu; aber zugleich flüsterte Petronius ihm in's Ohr:

„Ich leihe Dir Geld, so viel Du willst.“

Stephanus stürzte einen Becher Wein hinunter und setzte die gleiche Summe.

„Bei allen Göttern!“ scherzte Domitian, als Stephanus nach dem vierten oder fünften Wurfe wiederum die Venus warf, „wenn Fortuna Dir in der Ehe so hold ist wie im Spiele, wirst Du der glücklichste unter den Menschen sein.“

Mit einem Blicke grimmiger Wuth erklärte Petronius Secundus, auf weiteres Spiel zu verzichten.

---

*) Das war nach damaliger Spielweise ein sehr niedriger Einsatz.

„So will denn ich für den Besiegten eintreten," sprach lächelnd der Kaiser, von seiner Leidenschaft fortgerissen.

Zweitausend fünfhundert sechzig Denare, über siebenhundert Thaler, lagen als Einsatz auf dem Tische. Stephanus bebte an jeder Fiber; sein Herz klopfte fast hörbar: der Kopf schwindelte ihm. Mit zitternder Hand faßte er den silbernen fritillus, schüttelte die Würfel und — warf abermals die Venus.

Nach und nach hatte sich ein Kreis von Gästen um unsere Gruppe gesammelt, Anfangs, weil der Kaiser sich ihr zugesellt hatte; dann noch mehr, als Domitian selber zu den Würfeln gegriffen.

Schweigend hatte dieser die verlorene Summe wieder eingesetzt; — Stephanus gewann abermals.

Sich gegenüber den Kaiser, — ringsum alle Augen auf ihn gerichtet, — vor ihm die schimmernden Haufen Goldes in einer halben Stunde gewonnen, und vielleicht im nächsten Augenblicke verloren, — betäubt bei jedem neuen Vennswurf durch die Aeußerungen der Verwunderung über sein unerhörtes Glück, ... in dieser fürchterlichen Aufregung, welche ihm die Brust zusammenklemmte und den kalten Schweiß auf die Stirne trieb, hörte er aus dem Kreise der Umstehenden die Bemerkung:

„Hm! Er spielt mit chaldäischen Zauberkünsten."

Petronius Secundus hatte das Wort gesprochen.

„Was?" rief Stephanus erbleichend, „es ist das erste Mal in meinem Leben, daß ich Würfel anrühre."

Ein ungläubiges Lachen der Umstehenden antwortete ihm; — Domitian, der wie Keiner an die geheimen Kräfte und Künste der Chaldäer glaubte, heftete schweigend seinen durchbohrenden Blick auf Stephanus.

„So bringt denn andere Würfel," stöhnte dieser, „wenn Ihr glaubt, daß ich kein ehrlich Spiel treibe."

Es wurde ein neues Würfelbrett und ein anderer Becher mit anderen Würfeln gebracht; der Kaiser mußte sich von einem Senator Geld leihen, um dem ganzen Gewinne des Stephanus die gleiche Summe entgegen zu setzen, und — „Wiederum gewonnen!" riefen wie aus Einem Munde alle Umstehenden.

„Dem gegenüber verliert der Kaiser das ganze römische Reich!" rief Petronius aus, und setzte dann mit zorn= glühenden Augen hinzu: „Er ist ja ein Christ!"

Stephanus fühlte den Boden unter seinen Füßen weichen, als er das Wort hörte, da jeder Mund wieder= holte: „Ein Christ? — Ein Christ?"

„Er hat es ja selber vor einigen Wochen vor dem Richter erklärt," fuhr der Präfekt fort; „fragt nur den Parthenius!"

„Das ist er früher mal gewesen!" rief der Höfling, dem diese Wendung und zumal das Hereinziehen seiner Person im höchsten Grade unangenehm war.

„Versuchen wir noch einmal die Würfel!" sprach mit tiefer Stimme der Kaiser und fügte hinzu: „Minerva gegen Christus!"

„Ludere felix, glückliches Spiel!" riefen die Um= stehenden dem Herrscher zu.

Domitian warf! — lauter Jubel schallte durch den Saal: — er hatte den Venus=Wurf gethan.

Stephanus sank, wie vom Schlage getroffen, zurück; aber nun rief ihm eine Stimme im Innern zu: „Wie? soll Minerva über Christus siegen?"

Das Wort kam von keinem Engel des Lichtes.

Aber Stephanus, seiner selbst längst nicht mehr Herr, hörte auf dasselbe, und indem er Parthenius bat, für ihn Bürge zu stehen, setzte er die ganze Summe gegen den Kaiser ein.

Mit zitternder Hand faßte er die Büchse; die Würfel fielen —; „Ha ha ha, der Hund! der Hund!" schallte es unter Hohngelächter durch den Saal; — Stephanus brach bewußtlos zusammen. — —

Auf den Wink des Herrschers trugen einige Sklaven den Unglücklichen hinaus in's Freie, wo sie ihn, an die Basis einer Säule gelehnt, allein zurückließen.

Er mußte recht lange dort gesessen haben; denn als er erwachte, war es ringsum öde und still. Kein Ton klang aus dem Innern des Palastes; die Lichter und Fackeln auf dem Platze waren meistens erloschen, und ängstlich flackerten die letzten Flammen in dem frostigen Windhauch der kalten Frühlingsnacht.

Stephanus fühlte seine Stirne vor Fiebergluth brennen; eine unendlich drückende Last lagerte auf seiner Seele: Nacht draußen, — tiefste, finsterste Nacht im Gemüthe. Nur allmählich vermochte er seinen Geist zu sammeln; allein je mehr die Vorgänge des verflossenen Abends in seiner Erinnerung erwachten, um so entsetzlicher erschien ihm der Abgrund, der bodenlose Abgrund, in den er sich hinuntergestürzt.

Mühsam raffte er endlich die vor Kälte erstarrten Glieder auf und wankte wie ein Betrunkener fort, wohin? — — am liebsten in die Tiber.

Instinktmäßig taumelte Stephanus seiner Wohnung zu, geängstigt durch das Rauschen eines Springbrunnens, zusammenfahrend vor dem Geschrei eines Nachtvogels, dessen Stimme ihm wie Hohngelächter der Hölle vorkam. —

Die Sonne stand schon hoch am Himmel, als Par=thenius, sein böser Dämon, den Stephanus weckte.

„Du wirst Sorge tragen,“ sprach er kalt, „daß ich das Geld bis zum Abende dem Kaiser einhändigen kann. Es sind, bis auf Weniges, 54,000 Denare.“*)

Stephanus gab keine Antwort; Parthenius aber warf ihm beim Fortgehen das Wort hin:

„Deine Herrin hat ja Geld genug.“ —

Am Abende zahlte Parthenius dem Kaiser die volle Summe aus, — und Domitian fragte nicht, woher der Procurator der Domitilla all das Geld genommen.

---

*) Ueber 13,000 Thaler.

Achtes Kapitel.

Das Osterfest.

Wenn Domitianus den Flavius Clemens ge-
schont hatte, vielleicht in der Ahnung, daß
derselbe in der Stunde der Gefahr sein Retter
werden könnte, so hatte doch jener Tag zwischen
dem Kaiser und dem Consul eine tiefe Kluft
geschaffen. Ein Mitglied des Geschlechtes der Flavier,
deren Ruhm für alle Zeiten die Zerstörung Jerusalems
und seines Tempels, wie die Vernichtung der jüdischen
Nation war, konnte der Religion dieses Volkes anhangen?
Ein römischer Senator und Consul mochte sich zu der
verworfensten Sekte dieser Juden bekennen? Und das
mit einem Fanatismus, der für diese orientalischen Ab-
geschmacktheiten selbst in den Tod zu gehen bereit war?
— Domitianus hatte jetzt auch die Lösung des Räthsels
gefunden, warum der Consul sich seit Jahren von allem
öffentlichen Leben zurückgezogen. Allein je mehr er die
Fähigkeiten seines Vetters in den letzten Monaten kennen
gelernt, um so verderblicher erschien ihm nun auch für
den römischen Staat eine Religion, welche die begabtesten
Köpfe dem allgemeinen Wohl entzog und sie zur Unthätigkeit verurtheilte.

Vor allem mußte dem Kaiser daran liegen, was von
diesen Ideen die Eltern ihren beiden Söhnen eingepflanzt,
gründlichst mit der Wurzel auszurotten. Er hatte ja vom

14*

Darstellung der Beute aus Jerusalem auf dem Triumphbogen des Titus.
(Siebenarmiger Leuchter; Tisch der Schaubrode.)

Vater gehört, daß sie in die eigentlichen Mysterien noch
nicht eingeweiht seien. Indem der Kaiser daher den
Verkehr der Cäsaren mit ihren Eltern auf alle Weise
einschränkte, machte er es ihrem Lehrer Quintilian zur
Pflicht, die Juden, ihre Satzungen, Lehren und Gebräuche
den Knaben recht verächtlich zu machen, die Zerstörung
Jerusalem's und des großen Nationalheiligthums als
das offenbare Werk der allmächtigen Götter zu schildern,
durch den Hinweis auf den Triumphbogen des Titus
mit seiner Darstellung der Beute aus dem Tempel zu
Jerusalem den Familienstolz in ihnen zu nähren, und
zumal die Lehren der Nazarener als den Inbegriff orientalischen Aberglaubens hinzustellen.

Der Redegewandtheit eines Quintilian wäre es
wohl gelungen, die zarten Keime des Christenthums in
den Herzen der Knaben allmählich zu zerstören und sie
mit ganzer Seele für die Götter zu gewinnen, welche
Rom zur Weltbeherrscherin gemacht; allein der Himmel
sandte den Kindern seine Schutzengel.

Das waren zunächst die beiden Greise Nereus und
Achilleus.

Sobald Domitilla erfahren, daß der vom Kaiser
den beiden Knaben beigegebene Pädagogus sich selber das
Leben genommen, beeilte sie sich, an dessen Stelle ihre
beiden Diener in Vorschlag zu bringen, und Domitian
konnte diese Bitte nicht wohl abschlagen. Damit hatten
nun die Kinder als glückliches Gegengewicht gegen heidnische Einflüsse zwei christliche Wärter, und es bedurfte
gar nicht der besondern Mahnung der Eltern, um diese
anzuspornen, die Knaben in ihrem heiligen Glauben zu
bewahren und zu festigen.

Einen willkommenen Beistand hatten die Greise an
der kleinen Irene. Das geweckte Mädchen war für die
Knaben eine Auktorität geworden, deren Urtheil, deren
Lob und Tadel ihnen fast noch mehr galt, als das Wort
der beiden Männer. Die Kleine hatte ihnen auch genaue
Vorschrift gegeben, wie sie sich am Feste der Minerva
bei dem Opfer im Tempel zu verhalten hätten, und ge=
treu ihrer Weisung hatten die Knaben während der
Feier, bei welcher sie als camilli mitwirken mußten,
immer im Herzen die Worte wiederholt: „Pfui, du
häßliche Minerva! ich will nichts von dir wissen; du bist
keine Göttin, sondern die Schwester des Teufels, und
dein Vater Jupiter ist der Vater aller Teufel.“

In jener Zeit wurde die Kindertaufe vor dem vollen
Gebrauche der Vernunft nur in Todesgefahr gespendet;
in der Regel fand der Empfang des Sakramentes im
neunten oder zehnten Jahre nach vorhergehendem Unterricht
in den Heilswahrheiten statt, und mit der Taufe war
dann zugleich die heilige Salbung, die feierliche Aufnahme
in die Kirche und die erste Kommunion verbunden. Die
beiden Cäsaren standen in dem Alter, in welchem sie
zugelassen werden konnten; die wachsenden Gefahren aber,
von welchen sie umgeben waren, mußten den frommen
Eltern den dringenden Wunsch nahe legen, daß dieselben
am nahe bevorstehenden Osterfeste die h. Taufe empfingen.

Der Bischof Clemens gab erst nach längerem Be=
denken seine Zustimmung. Wie sollten die Kinder, wenn
sie nach Domitian's Absicht dereinst den römischen Kaiser=
thron bestiegen, sich von all den religiösen Handlungen
ferne halten, die mit dem ganzen öffentlichen Leben in
Rom auf das engste verknüpft waren? Aber, was für
den Augenblick noch mehr in die Waagschale fiel: stand

nicht das Leben der Kinder in Gefahr, wenn Domitian
erfuhr, daß sie Christen geworden? Und wurde damit
nicht zugleich eine Verfolgung, blutiger vielleicht noch als
die neronische, gegen die Kirche heraufbeschworen? —
Diesen Erwägungen standen andere gegenüber. Zunächst
das Seelenheil der Kinder in Mitten der Gefahren;
dann aber vor Allem die Hoffnung auf den schnellen
Triumph des Kreuzes, wenn zwei vom Glauben an
Christus tief durchdrungene Imperatoren den Thron
bestiegen. War nicht gerade die Blutherrschaft des Domitian eine Zulassung Gottes, um einer Regierung die
Wege zu bahnen, welche im milden Geiste des Christenthums
Zeiten des Glückes und Segens für das römische Volk
und das ganze Reich brachten? [18])

So gab denn der Bischof den Bitten der Domitilla
nach und beauftragte die beiden Wärter Nereus und
Achilleus, die Kinder auf den Empfang der Taufe vorzubereiten. Mit welch frommem Eifer suchten beide ihre
Aufgabe zu erfüllen!

Als gelehrigen Schüler gesellte sich zu den Cäsaren
bald auch Sigamber.

Seit jenem Tage, wo der Germane der Sicherheit
des Kaisers in der Handhabung von Pfeil und Bogen
unwillkürlich in seiner barbarischen Weise eine so glänzende
Huldigung dargebracht, war Sigamber von Domitianus
gerne gesehen. Als Domitilla den Nereus und Achilleus
als Wärter für die Cäsaren in Antrag brachte, hatte der
Kaiser selber den Sigamber hinzugefügt. Über die
sonst so harten Züge des Herrschers flog unwillkürlich ein
Lächeln, als er gleich am ersten Tage, wo Sigamber in
seinen Dienst getreten, die Knaben vom Spaziergange

heimkehren fah, rittlings auf den breiten Schultern des
Riesen sitzend.

„Siehe, Herr," rief der kleine Domitianus dem
Kaiser triumphierend zu, „was für ein prächtiges Roß
wir bestiegen haben! Wenn ich groß bin, dann mußt
Du mich einen Feldzug nach Deutschland machen lassen,
Herr, und dann bringe ich tausend solcher Rosse als
Kriegsbeute mit."

Indem Sigamber gerne zuhörte, wie die Alten den
Knaben das Leben des Herrn erzählten, machte er zu
manchen Berichten seine eigenartigen Bemerkungen. So
wollte es ihm gar nicht einleuchten, daß der neugeborne
Heiland vor Herodes die Flucht ergriff und den Mord
all der Kindlein von Bethlehem geschehen ließ, statt mit
einigen Legionen himmlischen Kriegsvolkes vor Jerusalem zu ziehen und den Frevler zu züchtigen. — Bei
der wunderbaren Brodvermehrung hätte der Herr den
Juden doch auch einen Wein geben sollen. — Dem Petrus
aber konnte Sigamber es gar nicht verzeihen, daß er dem
Malchus bloß das Ohr abgehauen. „Ah," rief er,
„Petrus schlechter Kriegsmann! Sigamber dabei sein:
gleich ganzen Kopf abgehauen; Allen die Köpfe abgehauen." — Auch bei der Erzählung von der Flucht der
Wächter am Grabe des Herrn schüttelte er unwillig den
Kopf: das seien gewiß keine Germanen gewesen.

Nach der im ganzen christlichen Alterthum herrschen-
den Sitte wurde die Taufe in der Osternacht gespendet.
Dem Empfange derselben unmittelbar vorher ging der
Unterricht über das Altarssakrament, welches den Täuf-
lingen erst jetzt erläutert wurde. Nach der Taufe wohnten sie zum ersten Male dem ganzen Gottesdienste bei,

und auch sie mit den übrigen Gläubigen empfingen den
Leib des Herrn.

Bei der Sorgfalt, mit welcher Domitian seine Adop=
tivsöhne vor den Eltern abschloß, schien es eine Unmög=
lichkeit, dieselben auf eine Nacht aus dem Palaste zu
bringen; an eine heimliche Entfernung war bei den
allenthalben aufgestellten Wachen gar nicht zu denken.
Woher aber einen Vorwand nehmen, triftig genug, um
vom Kaiser die erforderliche Erlaubniß zu erwirken?
Wohl wurde zu Zeiten blutiger Verfolgung oder bei
drohender Todesgefahr das Sakrament der Taufe ohne
jenen reichen Kranz von Ceremonien und Gebeten gespen=
det, wie wir ihn zum Theil aus jenen ältesten Jahrhun=
derten ererbt haben; allein eine heimliche Taufe entsprach
weder dem Geiste der alten Kirche, noch im vorliegenden
Falle dem Wunsche der Eltern: Durch den Empfang
des Sakramentes in feierlichster Form, und in Verbind=
ung mit der Firmung und der ersten heil. Communion
sollte sich ihren Kindern ewig unvergeßlich das Bewußtsein
einprägen, daß sie Christo angehörten.

Die Liebe ist erfinderisch, und wenn nach langem
Planen und Rathen endlich ein Weg gefunden wurde,
trotz aller kaiserlichen Wachen die Knaben in der Oster=
nacht heimlich in die Versammlung der Gläubigen zu
bringen, so hatte die heilige Mutterliebe das Hauptver=
dienst, den Plan mit allen seinen näheren und entfernteren
Umständen ersonnen zu haben. Die hilfreiche Hand
mußte vor Allen — Sigamber ihr reichen.

Es war einige Tage vor dem Osterfeste, als Petro=
nius Secundus vor dem Kaiser erschien.

„Herr," sprach er, „die Prätorianer lassen mir keine
Ruhe, Deiner Göttlichkeit eine Bitte vorzutragen. Die
Germanen unter ihnen feiern alljährlich das Wiederer-
wachen der Natur durch nächtliche Waffentänze und allerlei
kriegerische Spiele, wie es in ihrer Heimath Sitte ist.
Nun wollen sie, Herr, daß die Cäsaren sie mit ihrer
Anwesenheit beehren. Allein Deine Göttlichkeit wird
nicht gestatten, daß die Knaben bei Nacht . . . ."

„Sigamber, den ich ihnen als Wächter beigegeben,"
fiel ihm der Kaiser in's Wort, „ist Dir schon mit der
Bitte zuvorgekommen. Nun, das ist ein zuverlässiger
Kerl, und auf die eine oder andere Stunde mögen
immerhin die Knaben von einem Fenster aus den Übungen
zuschauen. Es wird für sie lehrreich sein. Die Germanen,"
fuhr Domitian fort, „sind auf Jahrhunderte die gefährlichsten Feinde des römischen Reichs, die wir besiegen,
aber schwerlich ganz unterjochen können."

„Zum Glück ist ihre Zwietracht unser Bundesgenosse,"
bemerkte Petronius.

„Wenn sie einträchtig wären," entgegnete der Kaiser,
„sie zögen, wie ehemals die Cimbern und Teutonen, über
die Alpen, und wer würde Rom gegen ihren Anprall
vertheidigen?"

„Nun, so lange Deine Gottheit regiert, ist bei allen
Barbaren Dein gefürchteter Name der beste Schutzwall
für uns."

Domitian's Kriegszüge gegen die Germanen waren
nichts weniger als ruhmreich gewesen; dennoch hatte er
wiederholte Triumphe in Rom über sie gefeiert; auf
allen öffentlichen Plätzen Rom's standen Statuen des

Kaisers, welche ihn als Besieger der Barbaren an der
Donau und am Rheine priesen. So nahm er denn auch
die Schmeichelei des Präfekten als ernst gemeint und
antwortete:

„Aber ich muß auch für die Zeiten nach mir denken,
und darum ist es gut, wenn die beiden Cäsaren sich
schon früh mit der Kampfesweise und dem Kriegsbrauch
der Feinde bekannt machen.“

„Befiehlt Deine Göttlichkeit, daß ich sie mit allen
Ehren . . .“

„Hat man denn auch den göttlichen Domitianus,“
fiel ihm der Kaiser ärgerlich in's Wort, „in seiner Ju=
gend mit allen Ehren empfangen, wenn er, älter als
diese Bürschlein, in den Tempel oder in den Quartieren
der Soldaten erschien? Und ziehst Du etwa die Waffen=
spiele der Barbaren der kaiserlichen Tafel vor, zu der ich
Dich erwarte? Ein Centurio mag die Knaben empfangen
und sie in irgend ein Gemach bringen, von wo sie den
Uebungen zuschauen können. Nichts weiter!“

Es war die ewige Furcht, daß ihm Jemand nach
der Herrschaft trachte, was den Kaiser bewog, den Be=
fehlshaber der Leibgarde nicht mit den Cäsaren vor den
Prätorianern erscheinen zu lassen; nachträglich gab er
den Kindern sogar den Befehl, sich den Soldaten mög=
lichst wenig zu zeigen. Zugleich beauftragte er den Par=
thenius, sich durch seine Spione über Alles zu unterrichten,
was an dem Abende vorfalle.

Daß die Germanen in der Kaisergarde so dringend
nach dem Erscheinen der Cäsaren bei ihrem nächtlichen
Waffenspiel verlangten, das hatte Sigamber eingefädelt.
Um die ihnen in Aussicht gestellten Amphoren oder

Weinkrüge hätten die tapferen Recken auch im Som=
mer oder im Herbste das „Wiedererwachen der Natur"
gefeiert.

Uebrigens gab es unter den Prätorianern auch einige
Christen, auf deren bereitwilligste Hilfe man bei dem
gewagten Plane rechnen konnte.

Es war am Abend vor dem Osterfeste. Im Atrium
des kaiserlichen Palastes harrte die verschlossene lectica
oder Sänfte, in welcher zwei Sklaven die Cäsaren in
das Castrum oder Standquartier der Prätorianer tragen
sollten. Endlich erschienen diese, festlich gekleidet, von
Nereus und Achilleus gefolgt; ihnen voran schritt in
hochrother Livré Sigamber, den schweren silbernen Herolds=
stab über die Schulter. Die Knaben hatten vorher noch
vor dem Kaiser erscheinen müssen, welcher bei der coena
oder Abendtafel saß, von einer Anzahl von Gästen um=
geben, zu denen, durch den Befehl des Kaises genöthigt,
auch Petronius gehörte. In kurzen, rauhen Worten
gebot Domitianus den Knaben, wie sie sich verhalten soll=
ten; dann mußten sie ihm die Hand küssen und konnten
gehen. Unter Vortritt von zwei Fackelträgern nahm der
Zug seinen Weg durch den Triumphbogen des Titus
am Colosseum vorbei nach dem viminalischen Hügel, wo
in der Nähe der heutigen Kirche zu den Ketten Petri
das Castrum oder Standquartier der kaiserlichen Leib=
wache lag.¹⁹)

Ein Centurio empfing die Cäsaren am Portale und
geleitete sie in einen Saal, wo bald nachher auch der
Consul, ihr Vater, erschien.

Als die Knaben an's Fenster traten, welches auf
den großen, hell erleuchteten Hof ging, wurden sie von

Ein römisches Standquartier.

den Soldaten mit lautem Salve und Vivat begrüßt;
dann begann sofort das Waffenspiel.

In zwei Abtheilungen aufgestellt, warfen die Ger=
manen erst die Lanzen, dann die Schwerter herüber und
hinüber, indem sie dieselben mit bewunderungswürdiger
Geschicklichkeit in der Luft auffingen; unter nationalen
Gesängen, in welchen sie Odin und Thor und Baldur
priesen, tanzten sie, auf ihren Schilden den Takt schla=
gend, in kunstreichen Verschlingungen durcheinander, wobei
die Schwerter in die Höhe geworfen und jedesmal am
Griff wieder aufgefangen wurden. Nun griff man zu
Pfeil und Bogen, um bald einen abgeschossenen Pfeil
im Fluge durch einen zweiten Pfeil zu spießen, oder ein
in die Höhe geworfenes Geldstück zu treffen. Indem die
Einen in gewissen Entfernungen von einander die Schilde
über ihren Köpfen hielten, sprangen Andere mit staunens=
werter Leichtigkeit der Reihe nach von Schild zu Schild,
und so folgten in buntem Wechsel die mannigfaltigsten
Uebungen auf einander.

So sehr dieses Waffenspiel sonst die beiden Knaben
angelockt hätte, so waren sie doch zu lebhaft von der
hohen Wichtigkeit der nächsten Stunden durchdrungen,
als daß sie länger zugeschaut hätten, als notwendig war,
um dem Kaiser, wenn er sie am nächsten Tage befragen
würde, Antwort geben zu können. Auch der Consul
suchte wieder und wieder durch kurze Bemerkungen den
Geist seiner Kinder für die hochheilige Feier gesammelt
zu halten.

Obschon Flavius Clemens sich vorsichtig vom Fenster
ferne hielt, mußte er doch einmal sich demselben so weit

genähert haben, daß die Soldaten ihn bemerkten; da sie
sich durch seine Anwesenheit geehrt fühlten, begrüßten sie
ihn mit lautem Zurufen.

Als die Stunde nahe war, wo der Gottesdienst
beginnen sollte, erschien einer von den christlichen Soldaten
und meldete, daß der Weg rein und sicher sei; eine
Sänfte harre an dem posticum oder der Hinterpforte.

In einen gemeinen Soldatenmantel gehüllt, einen
Helm auf dem Kopfe, schritt Flavius Clemens seinen
Kindern, die in einer einfachen bürgerlichen Sänfte
getragen wurden, durch das Dunkel der Nacht voraus,
bis sie zu einem Palaste an der Stelle gelangten, wo
heute die Kirche des heil. Clemens steht.

Hier, in einem großen, für den Gottesdienst herge=
richteten Saale hatte der Bischof Clemens die Gläubigen
zur Feier der heiligen Osternacht versammelt. Ein Bassin
in Mitte des innern Hofes mit plätscherndem Spring=
brunnen ist für die Spendung der Taufe ausersehen;[20])
in der anstoßenden Halle steht jener einfache Sessel aus
Eichenholz, dessen sich der Apostelfürst Petrus bei der
Feier der heiligen Geheimnisse bedient hatte, und auf
welchem jetzt der Papst die Neophyten mit dem heiligen
Oele salben wird. —

Es war ihnen, als ob sie in den Himmel einträten,
als vor den Neugetauften die Thüre des Betsaales sich
aufthat, der mit zahlreichen Lampen festlich beleuchtet
war[21]); zu beiden Seiten nach den Geschlechtern geschie=
den, erwarteten die Gläubigen sie und begrüßten sie in
heiliger Freude als neue Brüder. Mit welcher Andacht
folgte das Auge der beiden Knaben der heiligen Opfer=

handlung am Altare; wie ergriff sie der festliche Oster=
gesang; mit welcher Ehrfurcht nahten sie sich dem Tische
des Herrn, um zum ersten Male das Brod des Lebens
zu empfangen! —

Der Morgen warf sein blasses Dämmerlicht über
das schlummernde Rom, als vom Castrum der Prätori=
aner die kaiserliche Sänfte, ihr voraus Sigamber, zum
Palatin zurückkehrte. Als die beiden Knaben, unbemerkt,
wie sie fortgegangen, wieder bei den kriegerischen Spielen
erschienen waren, hatte eben die Schlußvorstellung, die
Erstürmung einer Wagenburg, begonnen. Der eine Theil
der Soldaten, in heimathlicher Waffenrüstung, den Stier=
helm auf dem Kopfe, kämpfte von oben herab gegen den
andern Theil, der, als römische Legionssoldaten bewaffnet,
wider die Wagenburg anstürmte. Allerdings galt der
Kampf heute nicht Weib und Kind, sondern eine Reihe
von Amphoren war der Preis, in welchen sich nunmehr
Sieger und Besiegte in deutscher Gemüthlichkeit theilten.

Neuntes Kapitel.

Die ersten Opfer.

Für das Herz christlicher Eltern, denen die Religion das Erste und Höchste im Leben ist, gibt es keine seligere Stunde, als wenn sie ihr ältestes Kind zum ersten Male zum Tische des Herrn treten sehen. Wie haben sie sich auf diesen Gnadentag gefreut, wie für ihr Kind und mit ihm gebetet, daß es würdig dort erscheine! Nie ist die Elternliebe so heilig und verklärt, als wenn sie in ihrem Kinde ein Gotteskind erblickt, einen Liebling Jesu in makelloser Unschuld, an sein göttliches Herz gezogen und gespeist von Ihm mit dem Brode der Engel. Wenn diese selige Stunde den Eltern Alles bezahlt, was sie bisher für ihr Kind gethan und geopfert, dann ist zugleich auch noch nie so inbrünstig ihr Gebet zum Himmel gestiegen, daß der Herr es in seiner Liebe bewahre in allen Stürmen des Lebens, denen es jetzt beim Eintritt in's reifere Alter entgegen geht.

Mußte aber in den ersten Jahrhunderten, wo Taufe, Firmung und die erste heilige Communion in eine einzige Feier zusammengelegt waren, dieser ganze Akt noch einen viel tiefern Eindruck machen, so gab auch noch die äußere Lage des Christenthums in jener Zeit der Feier eine weit höhere Bedeutung. Es war eine vom Staate verbotene Religionsgesellschaft, in welche der Täufling eintrat: so war die Taufe zugleich für Viele die Weihe zum Martyrium.

Auf dieses Martyrium waren für sich selber Flavius Clemens und seine Gattin längst gefaßt; jetzt führten sie auch ihre Kinder zum Altare, um sie wie Opferlämmer dem Herrn darzubringen.

Als Domitilla ihre Söhne aus dem heiligen Bade der Wiedergeburt, angethan mit den weißen Kleidern der

Neugetauften, zurückkehren sah, als sie ihre Kinder zum
Bischofe geleitete, daß er ihnen die Hände auflege und
salbend das heilige Siegel auf ihre Stirne drücke, als
die Beiden neben ihr am Altare auf den kreuzweise über
einander gelegten Händen die göttliche Speise empfingen
und aus dem Kelche des Heiles tranken, da war ihr
Mutterherz übervoll von seligem Himmelsglück. Aber
zugleich legten auch ihre Hände die beiden kostbaren
Schätze als Opfergaben auf die Stufen des göttlichen
Thrones, mit glühendster Inbrunst flehend um das Eine
für ihre Kinder, um Treue und Standhaftigkeit in der
Stunde des Bekenntnisses.

Andere Mütter würden überglücklich in dem stolzen
Gedanken gewesen sein, daß ihre Söhne dereinst den
Thron der römischen Imperatoren besteigen sollten. Domitilla hatte an diese Aussicht immer mit bängster Sorge
gedacht. Gewiß, im Besitze der ganzen Fülle kaiserlicher
Macht konnten ihre Söhne unermeßlich viel Gutes thun.
Allein auf der schwindelnden Höhe irdischer Majestät
erwartet auch den zu ihr Emporgeführten derselbe Dämon
des Hochmuths, der einst dem Erlöser von der Spitze
des Berges alle Reiche der Welt und ihre Herrlichkeit
zeigte und zu ihm sprach: Dies Alles will ich Dir geben,
wenn Du niederfällst und mich anbetest.

Domitilla zitterte, so oft sie sich das kaiserliche Diadem auf den Häuptern ihrer Söhne vorstellte; — wie
viel schöner und leuchtender standen sie vor ihrer Seele
mit dem Kranze des Martyriums um die Stirne!

„Führe sie, Herr, auf Deinen Wegen," hatte sie in
der Osternacht beim heiligen Opfer aus tiefstem Herzen
gefleht, und heiße Thränen waren dabei über ihre Wangen

15*

gerollt, „aber nimm sie hinweg, ehe Du zuläſſeſt, daß
sie Dir untreu werden." —

Bei jener heiligen Feier hatte Einer gefehlt, —
Stephanus.

Daß Flavius Clemens und seine Gemahlin von dem,
was in jener unseligen Nacht geschehen, keine Kenntniß
erhielten, das verdankte Stephanus theils der überaus
zurückgezogenen Lebensweise der Familie, theils dem
Umstande, daß von den kaiserlichen Gästen die wenigsten
ihn gekannt hatten. Petronius Secundus war allerdings
des folgenden Tages in der Wohnung des Consuls erschienen, um ihm Alles zu erzählen; allein Stephanus hatte,
angeblich im Auftrage des Hausherrn, dem Pförtner den
strengsten Befehl gegeben, Niemanden vorzulassen. Unmuthig war Petronius wieder fortgegangen.

Stephanus war seit jener Nacht ein anderer Mensch
geworden. Die schwere Sünde, die auf seinem Gewissen
lastete, verscheuchte jede Freude von seinem Gesichte;
Tag und Nacht quälte ihn die Angst, daß sein Vergehen
offenbar werde, die Furcht, daß seine Herrin Rechenschaft
über seine Verwaltung fordere. Um die Entdeckung des
gewaltigen Deficits in der Kasse hinauszuschieben, mußte
Stephanus um hohe Zinsen Geld bei einem Juden leihen;
um die Forderung des Juden zu befriedigen, griff er
zur Ausstellung von Schuldscheinen auf den Namen seiner
Gebieterin.

So sehr sich auch Stephanus in ihrer Gegenwart
zusammennahm, die Aenderung im ganzen Wesen ihres
Verwalters hatte doch der Domitilla nicht entgehen können:
sollte vielleicht das Gift der Natter, das er aus der
Wunde ihres Sohnes gesogen, zum Theile mit dem
Speichel in seinen Körper gedrungen sein? — Ja freilich,

es war Ratterngift, aber anderer Art, woran er krankte.
— Einmal hatte Domitilla bemerkt, daß Unordnung in
der Rechnungsführung sein müsse; allein schonend hatte
sie geschwiegen und die Einsicht in seine Bücher ver-
schoben, um den Stephanus nicht aufzuregen. In ihrer
dankbaren Besorgniß wandte sie sich an einen Arzt; von
einer Vergiftung, antwortete dieser, könne nicht die Rede
sein, da dieselbe sich früher und unter bestimmten Symp-
tomen geäußert haben würde. Wenn sie freilich an den
Umgang ihres Verwalters mit Parthenius dachte, dann
stieg allerdings ein Verdacht schlimmster Art in ihrer
Seele auf; allein sie verscheuchte jedesmal diesen Gedanken
als sündhaft aus ihrem Geiste: nein, nein, Stephanus
war zu fromm, um ein Sklave der Wollust werden zu
können.

Domitilla hatte das Fehlen ihres Procurators am
Osterfeste bemerkt: also selbst von dieser erhabensten
Feier hatte das ihr unbekannte Leid ihn fern gehalten!
Nunmehr hielt sie es für ihre Pflicht, den Stephanus
kommen zu lassen und Alles aufzubieten, um ihn zum
Sprechen zu bringen. Sie wählte dazu ohne Säumen
den Nachmittag des Osterfestes.

„Ich muß doch endlich mit Dir ein offenes Wort
reden," sprach sie; „sage mir, was fehlt Dir? Deine
frühere Heiterkeit ist in einen Gram verwandelt, der Dich
täglich mehr abhärmt."

„Ich fühle mich allerdings seit einiger Zeit unwohl,"
antwortete Stephanus ausweichend, „und ich habe Dich,
edle Gebieterin, schon bitten wollen, mir auf eine Woche
Urlaub zu einer Luftveränderung zu geben."

„Und was hindert Dich, auf unsere Villa nach Antium zu gehen, wo die Seeluft Dich stärken wird? Allein,"

fuhr Domitilla fort, „Dein Leiden scheint mir weniger ein körperliches zu sein. Sage mir offen, wo fehlt es? Meine Dankbarkeit für die Rettung meines Kindes ist so groß, daß ich jede Gelegenheit begrüßen werde, wo ich meine Schuld an Dich theilweise abtragen kann.“

Stephanus schwieg. — Der Unselige! Warum warf er sich seiner Herrin nicht zu Füßen, um seine ganze Schuld zu bekennen?

Allein die Scham verschloß seinen Mund, und als Domitilla nochmals in ihn drang, gab er zur Antwort:

„Fordere jetzt von mir keine Aufklärung, hohe Ge= bieterin; Du wirst sie später einmal bekommen.“

Dann küßte er ihre Hand und entferte sich eilig. —

Ungefähr um dieselbe Stunde nahm Domitian den Vortrag seines obersten Kämmerers Parthenius entgegen, der ihm über die Vorgänge vom gestrigen Abende im Castrum der Prätorianer Bericht erstattete.

Der Höfling fand den Kaiser in einer ungewöhnlich zugänglichen Stimmung. Vor einer Stunde hatte er die beiden Knaben bei sich gehabt, und zumal sein Liebling, der kleine Domitian, hatte ihm von den Kampfspielen der Germanen, sowie von der Erstürmung der Wagenburg mit einer Lebhaftigkeit erzählt, und dabei in seiner kind= lichen Weise die Barbaren so köstlich geschildert, daß Domitian sogar mehr als einmal die Lippen zu einem Lächeln verzog. Dann war Irene gekommen und hatte ihm Blumen gebracht und mit ihm geplaudert, und wenn auch bloß vorübergehend Gram und Groll von seiner finstern Seele verscheucht.

Als Domitian von Parthenius erfuhr, daß auch Fla=
vius Clemens mit seinen Kindern in das Castrum und zu
den Spielen gekommen sei, runzelte er finster die Stirne.

„Er soll sich endlich daran gewöhnen,“ sprach er,
„daß seine Jungen nicht mehr ihm gehören, sondern daß
der göttliche Domitianus sie adoptirt hat, und er soll
den Göttern, — oder seinem Judengotte,“ fügte er höhnisch
hinzu, — „danken, daß ich mich ihrer annehme und
Alles für sie thue. Aber,“ fuhr er fort, und noch dunklere
Schatten zogen über des Kaisers Stirne, „hat er sich den
Soldaten gezeigt? Und haben diese ihm ihre Verehrung
an den Tag gelegt?“

„Die Knaben erschienen immer nur auf Augenblicke;
dann blieben sie ganz fort und erst gegen Schluß schauten
sie etwas länger zu. Der Consul zeigte sich nur einmal,
vielleicht ohne daß er es beabsichtigte, und da haben die
Prätorianer ihn mit lautem Ave begrüßt.“

Also doch! Ohne des Kaisers Wissen erlaubte sich
der Consul in das Castrum meiner Leibwache zu gehen
und sich von meiner Leibwache begrüßen zu lassen! Und
er bleibt die ganze Nacht dort, — wozu anders, als um
zu buhlen um die Gunst meiner Garde!“

Die Arme über die Brust gekreuzt schritt Domitian,
Schlimmes brütend, im Gemache auf und ab.

Eine andere Richtung gaben seinen Gedanken einige
Fliegen, die er am Fenster bemerkte. Domitian hatte
sich ein eigenes Instrumentchen anfertigen lassen, um
Fliegen, welche er ganz besonders verabscheute, zu spießen:
er ruhte auch jetzt nicht, bis er die drei, welche es ge=
wagt, in sein kaiserliches Gemach zu dringen, an seiner
Nadel hatte.

Nachdem er eine Zeitlang den Schmerzen der armen
Wesen zugeschaut, wandte er sich wieder an Parthenius:

„Was hast Du mir noch Weiteres zu berichten?
Wenn Dir Dein Kopf lieb ist, verhehle mir nichts!“

„Es ist weiter nichts Wichtiges bemerkt worden,
als daß . . . —“

„Ob etwas wichtig ist oder nicht,“ unterbrach Domitian den Höfling, „das habe ich zu ermessen. Was
ist sonst noch geschehen?“

„Die beiden paedagogi Nereus und Achilleus ver-
ließen nach der ersten Stunde das Castrum. Ich schickte
ihnen einen Späher nach, der sie in einen Palast in der
Nähe des Colosseums eintreten sah. Nach und nach
kamen auch noch andere Leute dorthin, auch Frauen
und selbst in vornehmen Sänften, — im Ganzen wohl
über hundert Personen.“

„Also eine geheime nächtliche Versammlung,“ schrie
Domitian, „und das nennst Du nichts Wichtiges?“

„Es ist dort eine Synagoge, Herr,“ wagte Parthenius
zu erwiedern, „wo die Juden und Christen ihren Gottesdienst zu feiern pflegen.“

„Aha, nun ist mir Alles klar!“ rief mit grimmigem
Hohnlachen der Kaiser. „Also darum, Domitilla, hast
Du mir Deine „treuen“ Diener als Hüter meiner Söhne
empfohlen! Die beiden Kerle sind Christen!“

Plötzlich blieb Domitian vor Parthenius stehen,
heftete einen Blick auf ihn, als hätte er ihm in die
Seele hineinschauen wollen, und sprach:

„Sage mir, sind gar auch die Knaben in jener
Versammlung der Christen gewesen? Bei allen Göttern,
gestehe mir die Wahrheit!“

„Unmöglich, Herr, unmöglich! Meine Leute haben sie keinen Moment aus dem Auge verloren. Mit meinem Kopfe bürge ich dafür, daß sie jenes Gemach nicht verlassen haben."

In finsterm Sinnen schritt der Kaiser auf und ab.

„Also die beiden Wärter," wandte er sich wieder an Parthenius, indem er zwischen jedem Satze eine Pause machte, „die beiden Wärter haben sich pflichtvergessen, auf mehrere Stunden, von den Cäsaren fortgeschlichen, um, wer weiß welchen wüsten Orgien orientalischer Schwärmerei beizuwohnen. — Lasse sie sofort in Ketten werfen, — nein, das ist zu wenig, sie sollen im untersten Verließ in den Block gelegt werden,²²) und gib den Richtern Befehl, sie zum Tode zu verurtheilen, — weil sie strafbarster Weise ihren Dienst verlassen haben."

„Der Vater war bei den Knaben," wagte Parthenius entschuldigend zu bemerken; allein das Nervenspiel, das über des Kaisers Züge zuckte, der gewöhnliche Vorbote seiner furchtbaren Wuthausbrüche, erstickte das Wort auf den Lippen des Freigelassenen.

„Gehe und sage dem Flavius Clemens," fuhr Domitian fort, während ein unheimliches Feuer in seinen Augen glühte, „daß der Kopf eines Consuls um kein Haar fester auf dem Nacken sitzt, als der eines Sklaven. — — Und bring' ihm den Befehl — meinen gemessenen Befehl, — er selber — und auch sein Weib, sie sollen zugegen sein, wenn die zwei Wärter enthauptet werden. — — Und auch die Knaben schicke hin! Ha," brüllte Domitian und streckte die geballten Fäuste aus, „wenn der Sohn Vespasian's, welcher das Judenthum vernichtete, zwei Judenjungen aufzöge, um Rom und das Reich den Juden und Christen zu unterwerfen, bei allen Göttern, die Sonne hätte keine größere Ungeheuerlichkeit gesehen. Aber ich werde den Knaben schon den Irrwahn austreiben!" —

Stephanus hatte nach der oben erzählten Unterredung mit seiner Herrin kaum das Gemach verlassen, als Flavius Clemens leichenblaß vor seiner Gemahlin erschien: Parthenius hatte ihm eben den Befehl des Kaisers überbracht. — —

In der folgenden Nacht trugen die vespilones oder Todtengräber, von Sigamber geführt, auf einer verdeckten Bahre zwei Leichen zur porta Capena hinaus auf die appische Straße und bogen dann hinüber zur arbeatinischen Straße, zum Landhause der Domitilla.

Am Eingange zum Grabmal der christlichen Flavier warteten der Consul und seine Gemahlin, der Bischof Clemens mit seinen Priestern und eine Anzahl von Gläubigen; brennende Kerzen und Palmzweige in den Händen, geleiteten sie die beiden Todten zu ihrer Ruhestätte. In einer eigenen Grabkammer wurden sie in einem gemeinsamen Nischengrabe beigesetzt, welches in den Tuff ausgehauen und auf der Frontseite durch Blumenkränze in Stuckarbeit verziert war.

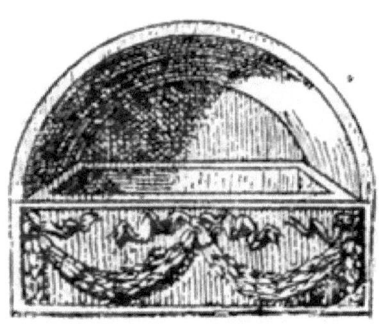

In die Marmorplatte, welche auf den Sarg gelegt wurde, war die einfache Inschrift eingemeißelt:

NEREUS $\overline{M}$ ACHILLEUS

Das $\overline{M}$ in der Mitte war das schlichte Zeichen, daß beide als Martyrer gestorben. [23])

Den Morgen des Osterfestes hatten sie mit der streitenden Kirche gefeiert; am Abende sangen sie mit der triumphierenden das ewige Alleluja. [24]) —

An demselben Abende fanden nach längerer Zeit Parthenius und Petronius Secundus sich wieder zusammen, und natürlich bildeten die Waffenspiele der Germanen und die darauffolgenden Ereignisse den Gegenstand der Unterhaltung.

„Ich überschaue noch immer nicht klar das Terrain," sagte der Präfekt der kaiserlichen Garde. „Daß die Germanen so eindringlich nach dem Besuche der beiden Cäsaren verlangen, daß der Consul ebenfalls kommt und gleich seinen Kindern kaum dann und wann einen Augenblick zuschaut, dabei aber die ganze Nacht mit ihnen anhält, — da ist irgendwo ein Hinterhalt."

„Ich würde das ganze fein gesponnene Gewebe durchschauen," antwortete Parthenius, „wenn meine Spürhunde mich nicht so bestimmt versicherten, daß der Consul mit seinen Kindern das Castrum nicht einen Augenblick verlassen habe. — Das ist jedoch gewiß, wenn der Consul und seine Gemahlin nur noch den geringsten Versuch machen, ihren jüdischen oder christlichen Aberglauben auch den Cäsaren beizubringen, dann kennt der Herr keine Rücksicht mehr."

„Wenn ich nichts Besseres zu thun hätte," bemerkte der Präfekt, „so würde ich mal einen Streifzug in das Gebiet dieser Sekte unternehmen."

„Haſt Du bemerkt,“ ſagte Parthenius, „mit welcher
Ruhe, ja Freudigkeit die beiden paedagogi in den Tod
gingen?“

„Es ſind ja alte Soldaten,“ antwortete Petronius
Secundus.

„Aber anders geht man in die Schlacht, und anders
zum Richtplatze. Der Kaiſer, gewohnt, die Verurtheilten
leichenblaß und an allen Gliedern zitternd zur Richt=
ſtätte wanken zu ſehen, war durch den Todesmuth der
Beiden offenbar überraſcht.“

„Mich wunderte noch mehr der Eifer, mit welchem
gleich nach der Hinrichtung ein Haufen Weiber, ſelbſt aus
den beſſern Ständen, hinzuſtürzte und das Blut in
Tüchern und Schwämmen ſammelte, bis der Kaiſer voll
Ingrimm mir befahl, die Prätorianer d’rein hauen und
das Weibervolk wegtreiben zu laſſen.“

„Ich glaube,“ bemerkte der Freigelaſſene, „die Juden
und Chriſten gebrauchen das Blut der Hingerichteten zu
irgend welchen Zaubereien. Man hört ja allerlei Selt=
ſames und ſelbſt Ungeheuerliches über ihre Myſterien.“

„Ich begreife nur nicht,“ rief der Präfekt aus, „wie
ein Flavius Clemens ſich einer ſo überſpannten Schwär=
merei hingeben kann. Er iſt doch früher ein ſo vernünf=
tiger Menſch geweſen.“

„Aber das war ja immer ſo in der Welt,“ antwortete
Parthenius. „Das Ungewöhnliche, Geheimnißvolle reizt
die Geiſter. Der alte Kram aus Eurem Olymp paßt
längſt nicht mehr für unſere aufgeklärte Zeit, und Mi=
thras und Jehova und Iſis ſind in Eure Himmelsburg
eingezogen und haben den guten Jupiter in die Ecke ge=
drückt. Bisher aber hat doch noch ein Jeder an ſeinem
alten Gott feſthalten können, und im Grunde waren

Jupiter und Beel und Mithras und Apollo nur verschiedene Namen für dieselbe Gottheit. Diese Juden und Christen dagegen erklären alle die alten und neuen Götter für Trug und Wahn, indem sie behaupten, nur ihr Gott sei der einzige und wahre Gott."

„Das ist doch eine Anmaßung, die geradezu unerträglich ist!" rief der Präfekt.

„Nun, solche wüste Schwärmereien haben ihre Zeit; man muß sie nur sich selbst überlassen. Nero hat den Christen den besten Dienst erwiesen, als er anfing, sie zu verfolgen. Da reizte er ihren Fanatismus, und jeder Blutstropfen wurde zum Samenkorn, aus welchen neue Christen hervorsproßten."

„Womit sie die meiste Beute machen, ist ihre angeblich sehr strenge Sittenlehre," bemerkte Petronius Secundus.

„Mit der es aber nicht weit her ist!" rief Parthenius lachend. „Schau Dir nur unseren Stephanus an, den Procurator der Domitilla."

„Schweige mir von diesem Auswurf!" rief der Präfekt. „Bei nächster Gelegenheit werde ich seiner Herrin die Augen öffnen. So ein Kerl ist schlimmer, wie Mäusefraß in einem Kriegsmagazin."

„Lache mich aus, wenn du willst," sagte, plötzlich ernst werdend, Parthenius; „aber ich habe kürzlich einen höchst merkwürdigen Traum gehabt, und wenn das so kommt, wie ich's gesehen, dann — wird uns dieser Stephanus noch einmal einen großen Dienst leisten."

― ―⚫―

Zehntes Kapitel.

Die Entdeckung.

So zufrieden Domitian mit dem alle Erwartung übersteigenden Ergebniß der Judensteuer war, zu welcher bis in den Sommer hinein die emsig suchenden Beamten immer neue Zahlungspflichtige aufspürten, so überraschend war für ihn die Thatsache, daß der Gott der Juden zu Rom in allen Schichten der Bevölkerung Verehrer zählte, in einer Menge, welche für die alten Kulte geradezu besorgnißerregend schien. In den Familien der Ritter und Senatoren waren es zumal die Frauen, welche sich zu dieser Lehre bekannten und ihre Reichthümer zur Unterstützung ihrer armen Glaubensgenossen verwendeten; unter den eigenen Freigelassenen, im eigenen Palaste hatte der Kaiser nicht Wenige, welche zum Judenthume und seinen Sekten zählten; auch die Eltern seines kleinen Lieblings, der Irene, gehörten zu ihnen.

Um so nothwendiger erschien es daher, die beiden Cäsaren mit der größten Sorgfalt überwachen zu lassen und jeglichen Einfluß der Orientalen von ihnen fern zu halten.

Zunächst lag die Vermuthung nahe, daß, wie Nereus und Achilleus, so auch Sigamber Christ sei.

„Sigamber,“ antwortete derselbe auf des Kaisers Frage, „treu bleiben den Göttern seines Volkes. Christus kein Gott nach Sigamber's Geschmack; Odin und Thor und Freia große Götter, starke Götter."

„Aber sind denn nicht Jupiter und Minerva und Mars noch größer und stärker, da sie den Römern den Sieg über die Germanen verliehen haben?"

„Warte, Herr, bis Götter der Germanen aufwachen und mit ihren Speeren an die Erzschilde schlagen und den Donner machen. Dann Germanen über den Rhein und über die Berge, und dann sehen, welche Götter größer und stärker.

War Domitian durch diese Worte über Sigamber beruhigt, so machte ihm sein kleiner Liebling doppelte Schwierigkeit.

„Ich bin Christin, Herr," erklärte ihm Irene offen; „schlage nur auch mir den Kopf ab. Dann komme ich zum lieben Gott in den Himmel, und da ist es viel schöner als in Deinem Palaste."

Dabei schaute die Kleine dem Kaiser so frei in's Auge, mit einem so eigenthümlich leuchtenden Blicke, daß der Gewaltige, vor welchem Millionen zitterten, vor dem Kinde entwaffnet dastand.

„Aber," sprach er, indem er ärgerlich mit dem Fuße auf den Boden stampfte, „Du sollst den beiden Cäsaren nichts mehr von Eurer Lehre sagen, kein Wort mehr, hörst Du? Denn die dürfen keine Juden oder Christen werden; eher schlage ich sie todt."

„Herr," entgegnete Irene, „ich kann doch nicht immer mit ihnen über meine Puppen sprechen. Und was Die in der Schule lernen, das ist so verrücktes Zeug! Denke Dir, Herr, der Gott Chronos hat seine eigenen Kinder aufgefressen. Das thut ja nicht einmal ein Thier."

Domitian wußte nicht gleich, was er antworten sollte.

„Du kleine Schwätzerin," sagte er, „das ist ja bloß sinnbildlich gesagt. Weil die Zeit so mächtig ist, haben die alten Griechen sie zu einem Gott, Chronos, gemacht, und wie Alles in der Zeit entsteht, so vergeht es auch wieder durch sie."

„Haben auch die alten Römer sich selber ihre Götter gemacht? — Wir glauben, daß Gott alle Menschen und alle Dinge gemacht hat."

„Laß' Deine naseweisen Fragen!" rief Domitian ärgerlich. „Du weißt meinen Willen, und wenn Du je wieder mit den Knaben über solche Dinge sprichst, werde ich Dich und sie empfindlich strafen."

Allein trotz dieses strengen Befehles war Domitian seiner kleinen Irene gegenüber nicht sicher, und so kam er denn auf den Gedanken, den Cäsaren aus der Zahl der kaiserlichen Pagen einige ältere, die gewecktesten, aber auch die ausgelassensten, zu Gespielen zu geben. Zugleich erhielten die neuen paedagogi, welche der Kaiser aussuchte, die Weisung, dieser jungen Gesellschaft Alles zu gestatten, was Uebermuth und Zügellosigkeit ihnen eingeben würde. Instinktmäßig kam Domitian auf dasselbe Mittel, welches die Bosheit zu allen Zeiten bei der Jugend angewendet hat, — sie unsittlich zu machen, um sie unchristlich zu machen.

Die Wahl der vier Gespielen hätte nicht schlimmer ausfallen können.

Nur zu bald merkten dieselben, was ihre geheime Aufgabe sei, und im Dienste des Bösen ist leider die Jugend nicht minder erfinderisch und eifrig, als das Alter.

Der kleine Domitianus erwies sich empfänglicher für ihren Einfluß: so war er bald der gemeinsame Liebling.

Wohl warnte ihn der ältere; wohl genügte manchmal ein Blick Irene's, wenn ein guter Engel sie gerade herbeiführte, ihn von einem schlimmen Streiche abzuhalten;

wohl fuhr Sigamber, dessen gerader Sinn die Bosheit
der vier Burschen vom Anfang an durchschaut hatte,
manchmal mit seiner germanischen Derbheit dazwischen.
Allein die Furcht war nur zu begründet, daß den ver-
einten Angriffen, Tag und Tag wiederholt, der Knabe
auf die Dauer nicht widerstehen werde, und dann mußte
dem jüngern auch der ältere Bruder wohl bald folgen.

Seit der Hinrichtung des Nereus und Achilleus
hatte Domitian jeden persönlichen Verkehr der Cäsaren
mit ihren Eltern zu verhindern gewußt. Zumal die
Mutter litt unsäglich unter dieser Trennung. Aber was
Domitilla das Herz zerschnitt, war der Umgang mit den
vier Gespielen. Durch Sigamber erfuhr sie über dieselben Dinge, welche sie mit der höchsten Besorgniß für
Unschuld und Tugend ihrer Söhne erfüllte und sie
immer dringender nach einer Gelegenheit suchen ließ, um
auch nur auf Eine Stunde allein mit ihren Kindern
reden zu können. O ja, dann gelang es gewiß der Mutterliebe, die von dem Sturme bedrängten Bäumchen
wieder aufzurichten und sie wieder fest zu binden an das
Kreuz Jesu Christi. Wenn Stephanus das Gift der Viper
aus der Wunde hatte saugen können, dann sollte der
Mutter Mund nicht das schlimmere Gift der Versuchung
aus dem Herzen ihrer Kinder zu nehmen vermögen?
Nur eine Stunde: dann machte sie gewiß Alles wieder gut,
dann hatte ihr Wort die jungen Seelen wieder gestärkt
gegen alle Angriffe. Wie oft lag Domitilla in einsamen
Nächten, wenn Sorge und Angst um ihre Söhne den
Schlaf von ihren Augen verscheuchten, auf den Knieen
und flehte mit erhobenen Händen zum Himmel, daß Er
helfe, daß Er rette, wo die Mutterhände gebunden, der
Muttermund verschlossen war.

Hatte Domitian den Consul, und in noch roherer
Grausamkeit selbst dessen Gemahlin gezwungen, der Hin=
richtung des Nereus und Achillens beizuwohnen, so war
das nach seiner Ansicht eine sehr gelinde Strafe, für
Domitilla wegen des Betrugs, den sie mit jenen Beiden
dem Kaiser gegenüber gewagt, für ihren Gatten, der sich
erkühnt hatte, hinter seinem Rücken um die Gunst der
Prätorianer zu buhlen.

Allein das genügte dem Kaiser nicht für die Zukunft.

Um sich sicher zu wissen, mußte er über Alles, was
im Hause des Consuls vorging, unterrichtet sein. Die
abgeschlossene Lebensweise, welche Flavius Clemens auch
im Palaste zu wahren verstand, hatte für den Kaiser
auf die Dauer etwas unerträglich Unheimliches, das un=
aufhörlich sein Mißtrauen stachelte. Er mußte einen
Spion im Hause selber, im Herzen der Familie haben:
an wen konnte Domitian da eher denken, als an Ste=
phanus? An jenem Abende beim Spieltische hatte er
den Charakter desselben durchschaut: Der war für ihn
ein brauchbares Werkzeug.

An einem der nächsten Tage ließ der Kaiser ihn zu
sich kommen und sprach:

„Ich hätte Dir längst in meinen Diensten ein ein=
träglicheres Amt gegeben als das, welches Du jetzt hast.
Vorläufig wirst Du jedoch im Hause des Consuls aus=
harren müssen. — Ich bedarf nämlich treuer Diener,
welche, besorgt für das Wohl ihres Herrn, stets und
überallhin die Augen und die Ohren offen halten. Die
Hingebung, mit welcher Du damals dem Cäsar das Le=
ben gerettet, bürgt mir für Deine Treue: des kaiserlichen
Lohnes darfst Du sicher sein.“

Stephanus schaute den Kaiser verwundert an: das Ansinnen war ja nicht mißzuverstehen; — aber er wagte keine Einwendung.

„Ich wünsche," fuhr Domitian fort, „Dich öfter an meiner Tafel zu sehen. Du wirst freilich dort dem Petronius Secundus begegnen, der an jenem Abende, gereizt durch seine Verluste, Dich so schwer beleidigt hat. Ich werde ihm befehlen, daß er Dir Abbitte leiste.

„Du wirst Schulden haben. Nun, dem Lebensretter meines Sohnes muß ich mich dankbar erweisen: nimm diesen Beutel Goldes; er wird hoffentlich ausreichen." —

Judaslohn! sprach eine Stimme in seinem Herzen, und vor dieser Stimme erzitterte Stephanus so, daß er die Hand sinken ließ, die sich schon nach dem Gelde ausstrecken wollte.

Judaslohn — das Eine Wort enthüllte ihm den ganzen tiefen Abgrund, vor dem er stand.

„Nun," sprach der Kaiser mürrisch, „willst Du das Geschenk nicht nehmen? Als ich Dir damals nach der Rettung des Knaben eine Belohnung anbot, hast Du sie ausgeschlagen; jetzt, wo Du in Schulden bist, wirst Du Dich nicht sträuben."

Stephanus gedachte des jüdischen Wucherers, den er in den nächsten Tagen erwartete; — zögernd nahm er den Beutel Goldes an, stotterte einige Worte des Dankes und ging.

„Fluch jedem Stein an diesem Hause!" sprach er, vor Ingrimm mit den Zähnen knirschend, als er draußen allein war; „o, daß ich es nie betreten hätte! Doch dazu, Domitianus, dazu bringst Du mich nie, daß ich auch noch zum Spion und zum Verräther an meiner Herrin werde!" —

Außer den Quinquatrus im März zu Ehren der Mi=
nerva feierte man in Rom am 13. Juni die sogenannten
Quinquatrus minusculae. Es war ein Volksfest, wobei
es höchst ausgelassen zuging. Die Straßen hallten wider
von der Musik der tibicines; man maskirte sich, und den
Männern war es gestattet, Weiberkleider anzulegen.

Am Morgen nach diesem Feste erfuhr der Consul
Clemens, daß sein jüngerer Sohn, von den Gespielen
verführt, in Mädchenkleidern sich bis in die Nacht in den
Straßen umhergetrieben habe. Die Nachricht kam aus
so sicherer Quelle, daß jeder Zweifel ausgeschlossen war.

Hätte man dem Vater gemeldet, seine Söhne seien
mit einander in der Tiber ertrunken, eine solche Mittheil=
ung hätte ihn kaum mehr erschüttert, als diese Nachricht.

Wiederholt hatte Flavius Clemens dem Quintilian,
dem Erzieher der Kinder, die ernstlichsten Vorstellungen
über die schlimme Gesellschaft gemacht, die man den Cäsa=
ren als Gespielen gegeben; Quintilian hatte sich mit der
ausdrücklichen Anordnung des Kaisers entschuldigt, die er
ebenso laut mißbilligte, als der Consul. Jetzt aber, jetzt
war es Gewissenspflicht für den Vater, vor dem Kaiser
selbst gegen eine solche Erziehung Verwahrung einzulegen,
mochte für ihn selber daraus folgen, was da wolle.

Aber zuerst mußte er mit seinen Kindern, vor Allem
mit dem Jüngsten, reden. Ach Gott! am Osterfeste
hatte er den Knaben im weißen Gnadenkleide der Neu=
getauften gesehen, und schon nach einem Vierteljahre
hatte sich dasselbe — in welche Kleider verwandelt!

Nach Domitian's Weisung wollte der Freigelassene,
welcher die den Cäsaren zugewiesenen Gemächer zu be=
wachen hatte, den Vater nicht eintreten lassen.

„Der Kaiser mag dem Vater verbieten, seine Söhne zu sehen," entgegnete mit großer Würde Clemens, „aber Du wirst es nicht wagen, dem Consul den Zutritt zu den Cäsaren zu wehren."

„Ich weiche dem Consul," entgegnete nach einigem Bedenken der Freigelassene; „aber der Consul wird für mich auch die Verantwortung tragen."

„Gehe und melde dem Kaiser, daß ich bei meinen Söhnen bin, und daß ich ihn selber in einer dringlichen Sache sprechen muß." —

Clemens fand die vier Burschen bei seinen Kindern; er wies sie hinaus, und der strenge Blick des Consuls duldete keine Widerrede.

Flavius Clemens war mit seinen Kindern allein, und wie er nun — nach wochenlanger Trennung — sie wieder hatte, da überwältigte ihn die Vaterliebe: schweigend schloß er sie an sein Herz; heiße Thränen rannen über seine Wangen.

Es bedurfte keines Wortes, um den kleinen Domitianus über die Schwere seines Fehltrittes zu belehren. Er hatte Anfangs die Verkleidung als einen Scherz im Innern des Hauses angesehen, der ja nicht so schlimm sein könne; dann aber war er von den Kameraden fortgezogen worden trotz seines Sträubens; — nie in seinem Leben hatte er so bittere Gewissensbisse empfunden, als bei der Heimkehr. Und nun kam auch noch der Vater!

Der Knabe hätte vor Scham in den Boden sinken mögen, als er die Kleider bringen mußte, in die er sich gestern Abend maskirt hatte.

Ohne ein Wort zu sagen, nahm Clemens unter seinem Mantel das weiße Kleid hervor, das sein Sohn bei der Taufe getragen, und legte es neben jene Narrenkleider.

„Ich will diese bunten Kleider Deiner Mutter bringen," sprach er, während Thränen über seine Wangen liefen, „und die soll sie zu dem heiligen Bischofe tragen, der Dich getauft hat, — und soll an ihn jene Frage richten, mit welcher dem alten Jakob das Gewand seines Sohnes Joseph gezeigt wurde: Siehe, ob dies das Kleid Deines Sohnes ist. — Und dann wird der heilige Greis klagend ausrufen: Ein wildes Thier, — die Sünde, hat meinen Sohn zerrissen."

Schluchzend lag der kleine Domitianus vor seinem Vater auf den Knieen; neben ihm kniete der ältere Bruder; jedes Wort, das sie vernahmen, brannte sich gleich glühenden Kohlen in ihr Herz hinein.

Unter heißen Thränen gelobten Beide Besserung, klagten aber auch zugleich, wie die vier Gefährten ihnen unaufhörlich zusetzten, schlüpfrige Reden führten, die christliche Religion verspotteten, sie durch Wort und Beispiel zum Bösen verlockten.

Konnte Daniel in der Löwengrube verweilen," antwortete der Vater, „ohne von den Bestien zerrissen zu werden, so steht derselbe Gott, der ihn beschützte, auch Euch zur Seite. Wenn die Henker mit den furchtbarsten Foltern die Martyrer nicht bewegen können, Christum zu verleugnen, solltet Ihr weniger stark sein, wo Ihr weder Folter noch Feuer zu erdulden habt? Könntet Ihr vergessen, was Ihr bei der Taufe, bei der Salbung, beim heiligen Mahle gelobt habt?"

Clemens schwieg einige Augenblicke; dann fuhr er auf das tiefste bewegt, mit zitternder Stimme fort:

„Es wird wohl das letzte Mal sein, meine Kinder, daß Euer Vater zu Euch sprechen darf. Ich gehe, wohin Gott mich führt; aber scheidend schaue ich mit banger Besorgniß zurück nach Euch: — Kinder, was wird aus Euch werden? Am liebsten nähme ich Euch mit mir, dorthin, wo keine Verführung die Unschuld bedroht. Aber vielleicht führt Euer Lebenspfad über steile Höhen, an jähen Abgründen hin. Wenn er dann nur an das rechte Ziel führt, auf daß ich Euch dereinst wiedersehe! Des Vaters Segen und das Gebet der Mutter geleiten Euch. Unauslöschlich aber grabet dieses Scheidewort in Euere Herzen: Was Ihr Eurem Gott geschworen in jener heiligen Stunde, wo Ihr Christen wurdet, bewahrt es treu um jeden Preis! Unser Leben mag man uns nehmen, unsern Gott, den einzig wahren, unsern Glauben an Jesum Christum, den soll uns keine Macht entreißen!"

In diesem Augenblicke trat — — Domitianus vor.

Der Freigelassene, von welchem Clemens sich den Zutritt zu seinen Kindern erzwungen, war sofort zum Kaiser geeilt. Auf's höchste empört über des Consuls Vermessenheit hatte Domitian sich persönlich aufgemacht, indem er wüthend vor sich hin die Drohung aussprach:

„Ich werde den Vater und den Consul lehren, daß im kaiserlichen Palaste der Kaiser Herr ist!"

Ueber den Unfug der Knaben war ihm berichtet worden, und er fand allerdings eine Rüge nothwendig; allein was hatte sich Flavius Clemens darein zu mischen? Wollte er etwa als Consul dem Imperator, als Vater dem kaiserlichen Herrn vorgreifen? vielleicht gar Vorwürfe machen?

Der Weg durch die verschiedenen Säle und Gänge war weit genug, um zu überlegen, wie er eine solche An=

maßung zurückweise. Zur Strafe für den Unfug wollte
Domitian vor den Augen des Vaters die Knaben durch
zwei Lictoren auskleiden, über einen Tisch spannen und
sie einen nach dem andern bis auf's Blut geißeln lassen.

Der Kaiser fand die Thüre des Gemaches offen;
weder Clemens noch die Knaben bemerkten ihn.

Mit verhaltenem Athem horchte er zu.

Wie? — Hörte er recht? „In jener Stunde,
wo ihr Christen wurdet" — — Ha! — Also doch!

Raschen Schrittes trat er auf den Consul zu, — die
Knaben wichen unter dem Schreckensruf: „der Herr!"
entsetzt zurück.

Und nun heftete Domitianus sein Auge auf Clemens
mit einem Blicke finstersten Hasses, und das Gesicht von
Grimm und Wuth verzerrt, sprach er mit bebender
Stimme:

„Flavius Clemens! Ich will Dir helfen, Deiner
Mahnung — das Beispiel beizufügen!"

Elftes Kapitel.
Zum Castrum der Prätorianer.

Der Traum, dessen Parthenius in seinem Ge=
spräche mit dem Befehlshaber der Prätori=
aner gedachte, war nach seiner Ansicht kein leeres
Gebilde der Phantasie gewesen, und er faßte die
Sache um so ernster auf, als die Orientalen
überhaupt viel auf Träume gaben und die Deutung der=
selben zu einer eigenen Wissenschaft entwickelt hatten.
Sollte aber der Traum verwirklicht werden, dann war
vorher eine Aussöhnung zwischen Petronius Secundus
und Stephanus nothwendig. So sehr seine Bemühungen
anfangs beiderseits auf Widerstand stießen, so wußte der
Freigelassene doch allmählich eine Annäherung anzubah=
nen; der Kaiser selber kam ihm dabei zu Hilfe, da er
nach jener Unterredung mit Stephanus dem Parthenius
den Befehl gegeben hatte, den Präfekten zur Abbitte zu
veranlassen. Zu einer solchen, seine militärische Ehre be=
fleckenden Demüthigung war dieser freilich nun in keiner
Weise zu bewegen; allein Parthenius, gedrängt durch seinen
Traum, ließ in seinen Bemühungen nicht nach, und so
gelang es ihm endlich, daß Beide der Einladung zu einem
abendlichen Trunke bei ihm folgten; in einen Becher
köstlichsten Setiners wurde, was geschehen war, versenkt:
die Verachtung des Stephanus im Herzen des Petronius
Secundus konnte kein Wein wegwaschen.

Das kleine Gelage fand an demselben Tage statt,
an welchem Domitian Morgens den Consul bei seinen

Söhnen überrascht hatte. Gleich nachher war Stephanus
zum Kaiser befohlen worden; die Unterredung hatte lange
gewährt. Beim Abschiede hatte Domitianus dem Procurator abermals einen Beutel Geldes eingehändigt, und
diesmal wurde derselbe ohne Widerstreben angenommen.

Stephanus hatte mit dem Gelde des Kaisers einen der
unverschämtesten Wucherer befriedigen können; so war er jetzt
um eine schwere Sorge leichter und daher auch diesen Abend
aufgeräumt und heiter, wie er es lange nicht gewesen.

Die Unterhaltung lenkte sich bald von selber auf den
Consul. Hinter Domitianus hatten auch noch Andere der
Unterredung des Vaters mit seinen beiden Söhnen ge-
lauscht und waren Zeugen des Auftrittes zwischen Kaiser
und Consul gewesen. Wie ein Lauffeuer hatte sich bald
die Kunde durch ganz Rom verbreitet, daß Flavius Clemens in Ungnade gefallen.

„In wenigen Tagen,“ bemerkte Parthenius, „ist das
consularische Halbjahr zu Ende, und damit hört Flavius
Clemens auf, eine unverletzliche Person zu sein. Die
Anklage wird auf Hochverrath und Umwälzung der be-
stehenden Staatsordnung lauten, und der Herr wird den
Gerichtshof so zusammensetzen, daß eine einstimmige Verurtheilung erfolgt.“

„Nun,“ wandte Petronius Secundus ein, „man macht
eine feindliche Stadt nicht immer sofort dem Erdboden gleich.
Wenn des Kaisers Zorn verraucht ist, wird er sich doch
bedenken, seinen leiblichen Vetter hinrichten zu lassen.“

„Meinst Du?“ fragte ungläubig Parthenius. „Vielleicht schont er des Consuls Gemahlin; allein über ihn ist
das Urtheil gesprochen.“

„Es gibt unter den senatorischen Frauen,“ fuhr der
Präfekt fort, „keine, die an Tugend und edler Gesinnung

der Domitilla gleich käme. Die Trennung von ihren Kindern, wie das Schicksal ihres Mannes, das sie ja voraussehen
mußte, hat die ehemals blühende Frau in einen Schatten
verwandelt; es wäre eine Gnade für sie, wenn sie mit ihrem
Gatten sterben dürfte. — Also der Kaiser hat Dich zu sich
kommen lassen?" fuhr er, zu Stephanus gewendet, fort, offenbar um seinen Gedanken eine andere Richtung zu geben.

„Ich mußte ihm auseinander setzen, unter welchen
Ceremonien die Einweihung und Aufnahme in die Gemeinschaft der Christen stattfindet."

„Das wird wohl ein Geheimniß sein," bemerkte der
Freigelassene spöttisch, „dessen Verrath Euere Priester mit
Gift und Dolch, oder mit Verzauberung in einen Wehr-
wolf oder dergleichen bestrafen."

„Es ist so wenig ein Geheimniß, daß ich es Euch verrathen darf, ohne jene schrecklichen Folgen fürchten zu müssen,
von denen Du redest. Nach langer Vorbereitung durch Unterricht und Gebet versammeln sich in der Nacht vor dem
höchsten Feste, welches die Christen feiern, die Candidaten
vor dem Bischof oder Oberpriester, um dem Dienste der
Dämonen und aller falschen Götter abzuschwören. Dann
werden sie zu einem Wasser geführt, einem Flusse oder
einem See oder einem hinlänglich tiefen Bassin, und dort
dreimal mit dem ganzen Körper untergetaucht, gleichsam im
Wasser begraben. Wir nennen das die Taufe und glauben,
daß dadurch alle Sünden des vergangenen Lebens abgewaschen werden. Darum werden nun auch die Getauften
mit einem weißen Gewande bekleidet, und dann führt man
sie vor den Bischof, der ihnen ein Zeichen auf die Stirne
macht und ihren Körper mit Salböl salbt, um als geistige
Gladiatoren tauglich zu werden zum steten Kampfe gegen
die Laster. Nunmehr treten sie in die Versammlung der

übrigen Christen ein und nehmen zum ersten Male Theil an unseren Mysterien, indem sie eine Speise empfangen, welche den Christen als das Heiligste gilt, und durch welche sie mit der Gottheit in die innigste Verbindung treten."

„Beim Jupiter," meinte nach einigem Bedenken Petronius Secundus, „das hört sich ja sehr vernünftig an. Und wie Vieles erinnert an die Aufnahme des tiro (Rekruten) in den Kriegsdienst: Der Eid, das signum auf der Stirne, das neue Gewand, die feierliche Einreihung in die Legion, das ist ja Alles von uns übernommen!"[25])

„Aber sage mir," sagte Parthenius, dessen Gedanken eine sehr ernste Richtung genommen hatten, „eine solche Feierlichkeit nimmt doch mehrere Stunden in Anspruch."

„Sie dauert vom Abend bis zum Anbruch des Morgens."

„Und in welche Zeit fällt denn das höchste Fest, an welchem die Einweihung in Euere Mysterien statt findet?"

„Es fällt in die Zeit des Frühlings-Vollmonds. Erinnerst Du Dich, edler Petronius," — wandte Stephanus sich an den Präfekten, — „der nächtlichen Waffenspiele, welche die Germanen in Deiner prätorianischen Cohorte aufführten? Gerade in derselben Nacht begingen wir jenes Fest."

„Hast Du das auch dem Kaiser gesagt?" fragte in banger Spannung Parthenius.

„Als ich ihm die Ceremonien der Aufnahme geschildert, fragte er mich unter den fürchterlichsten Drohungen, wofern ich ihm nicht die ganze Wahrheit sage, ob denn die beiden Cäsaren auch unter solcher Feierlichkeit aufgenommen worden; als ich es bejahte, bemerkte er, dann hätten sie ja eine ganze Nacht außer dem Palaste sein müssen. Und nun forschte er ganz genau nach dem Tage, und da fand er, daß die beiden Ereignisse in dieselbe Nacht gefallen seien."

„Und was sagte er darauf?" fragte in steigender Aufregung der Freigelassene.

„Nachdem der Herr einige Male auf und ab gegangen, trat er vor mich hin und fragte: Warst auch Du bei jener Feier? Als ich ihm antwortete, ich sei durch Unwohlsein verhindert gewesen, forschte er weiter, ob die Einweihung auch bei andern Gelegenheiten statt finde, und auf meine verneinende Antwort rief er in großem Zorne aus, dann müßten also die Cäsaren aus dem Castrum der Prätorianer sich heimlich entfernt haben und ebenso heimlich wieder dorthin zurückgekehrt sein."

„Nun bin ich verloren!" rief Parthenius, indem er auf seinen Stuhl zurücksank.

Auch Petronius Secundus, der Präfekt der kaiserlichen Leibwache, erblaßte. Domitianus mußte annehmen, daß Alles mit seinem Einverständniß geschehen sei.

„Aber weißt Du ganz gewiß," sagte der Freigelassene, „daß gerade in jener Nacht die Cäsaren aufgenommen worden?"

„Es ist außer Zweifel."

„Und ich," rief Parthenius, „ich habe dem Kaiser meinen Kopf verpfändet, daß die Knaben das Castrum keinen Augenblick verlassen hätten! — Allein, wie hat denn der Consul mit ihnen, trotz aller Spione, die ich ausgestellt, ungesehen verschwinden, ungesehen zurückkommen können? Bei allen Göttern, Ihr Christen müßt geheime Zaubermittel haben, die Euch unsichtbar machen."

„Keineswegs. Doch wenn Du erwägst, daß es auch in der kaiserlichen Leibwache Christen gibt, und daß das Castrum ein geheimes Hinterpförtchen hat, und wenn Du

Dir dann den Consul in Helm und Kriegsmantel eines Prätorianers denkst, und statt der kaiserlichen lectica eine gewöhnliche bürgerliche, so wirst Du das Verschwinden und Wiederkehren zwar als sehr klug angelegt, aber doch durchaus natürlich finden."

Parthenius war in tiefes Schweigen versunken. — Wenn er keine Ausflucht fand, welche den Kaiser befriedigte, dann war sein Tod gewiß.

Auch der Präfekt saß, das Kinn auf den Knauf seines Schwertes gestützt, in ernstem Sinnen.

„Wir sind," sagte er endlich aufstehend, „in einen Hinterhalt gerathen, schlimmer wie Varus in den germanischen Wäldern." —

Mit der Entdeckung des christlichen Bekenntnisses der beiden Cäsaren sah Domitian seinen Lieblingsplan zerstört. Welche List und Ränke waren angewendet worden, um all seinen Vorkehrungen zum Trotz die Knaben heimlich in die Mysterien der Sekte einzuweihen!

War über den Consul das Urtheil unwiderruflich gesprochen, so mußte die Strafe aber auch alle Jene treffen, die seine Mithelfer gewesen, an erster Stelle den Bischof der Christen; seine Schuld wurde in gleicher Weise, wie bei dem Consul, noch dadurch erschwert, daß auch er zur Familie der Flavier zählte.

Mit besonderem Grimme gedachte Domitianus seines Freigelassenen Parthenius. Der gehörte entweder auch zu den Christen, oder er war von ihnen mit schweren Summen bestochen worden. Ueberhaupt schien dem Kaiser, je länger er Alles überdachte, in jener Nacht eine förmliche Verschwörung in Thätigkeit gewesen zu sein, und dabei war dann auch Petronius Secundus betheiligt. Ja, dieser trug eigentlich die Hauptschuld: hatte nicht er unter dem Vorwande, die Soldaten verlangten die Anwesenheit der Cäsaren bei ihrem Waffenspiel, dem Kaiser jene Erlaubniß für die Knaben entlockt? Allerdings war jetzt nicht der Augenblick, gegen den Befehlshaber der Prätorianer vorzugehen; zu allen Zeiten sind ja die Tyrannen die Sklaven ihrer Leibgarde gewesen; aber gesprochen war auch heute schon über Petronius das Todesurtheil. —

Am 30. Juni ging das consularische Halbjahr zu Ende. In den Senats-Comitien, welche der Kaiser für diesen Tag angeordnet hatte, um für sich und Flavius Clemens die consules suffecti, die für die zweite Jahreshälfte das consularische Amt übernehmen sollten, durch den Senat bestätigen zu lassen, erschien Clemens noch einmal in dem vollen Glanze seiner höchsten Amtswürde, unter Vorantritt der zwölf Lictoren.

Ganz Rom wußte, daß Domitian nur diesen Tag erwartet hatte, wo Flavius Clemens aufhörte, eine unverletzliche Amtsperson zu sein, um am folgenden Tage ihn des Hochverraths anklagen zu lassen; nicht weil man etwas Außerordentliches erwartete, sondern um dem Clemens seine Hochschätzung auszudrücken, waren die patres conscripti beinahe vollzählig erschienen, während außerhalb der Schranken dichtgedrängt eine Masse neugierigen Volkes stand.

Nachdem der Kaiser, neben ihm der Consul, auf seinem Elfenbeinsitze Platz genommen, richtete er eine kurze Ansprache an die versammelten Väter, in welcher er die Verdienste seines Amtsgenossen während des verflossenen Halbjahres hervorhob und ihn seinem Nachfolger als Muster und Vorbild hinstellte. Gegen Clemens selber war er freundlich, als ob nichts vorgefallen.

Noch auf dem Heimwege aus der Curie zum Palatin gab Domitianus heimlich dem Petronius Secundus den Befehl:

„Sorge, daß ohne Aufsehen bis heute Abend Flavius Clemens in Deiner Gewalt ist. Schließe ihn in jenem Gemache ein, von wo er mit den Cäsaren dem Waffenspiel zugeschaut. — Du wirst Dich ja dessen entsinnen," fügte er mit einem bedeutungsvollen Seitenblicke hinzu.

Angeklagte, denen man wegen Geburt oder Amt Rücksicht schuldete, wurden nicht in's Gefängnis geworfen, sondern dem praefectus praetorio bis zum Tage der Ge= richtsverhandlung zur Bewachung überwiesen. So war es ja selbst dem Apostel Paulus geschehen, als er auf Grund seiner Appellation an den Kaiser nach Rom ge= bracht wurde.

Als es schon dunkel geworden, erschien Petronius Secundus im Palaste des Tiberius und verlangte den Consul zu sprechen.

„Ich weiß, was Dich hierher führt," sprach Clemens „und ich bin bereit, Dir zu folgen. Gewähre mir nur einige Augenblicke, von meiner Gattin Abschied zu nehmen."

„Wie viel lieber," antwortete der Präfekt, „läge ich in dieser Stunde im Feldlager an den Ufern des Rheins oder der Donau, als daß ich hier Schergendienste verrichte an einem Manne, den ich zu den edelsten des römischen Adels zähle. Aber willst Du nicht Dir und Deiner Ge= mahlin den Schmerz des Abschiedes ersparen?"

„Es wird für uns Beide ein Trost sein; wir sind auf diese Stunde vorbereitet."

In demselben Augenblicke erschien Domitilla, von dem Besuche des Präfekten benachrichtigt; schweigend drückte Petronius Secundus seine Lippen auf die Hand der edlen Frau.

„Die Kunde, welche Du uns bringst," sprach sie ruhig, „trifft uns nicht so schwer, wie Du fürchten magst.

Wir wissen, wofür wir sterben, und das macht uns das
Sterben leicht."

Dann wandte sie sich an ihren Gatten, und indem
sie seine Hand ergriff, sprach sie ruhig und gefaßt:

„Mein Gemahl, zwanzig Jahre sind wir mit einander
des Lebens Pfad gewandelt, in Freud und Leid verbunden;
je steiler und mühseliger die letzte Strecke gewesen, um so
näher sind wir dem glücklichen Ziele; noch einige Schritte,
und wir stehen am Thore des himmlischen Jerusalem."

„Wie soll ich Dir danken, theueres Weib," antwortete
in tiefster Rührung Flavius Clemens, „für Alles, was Du
mir gewesen? Mehr als Gattin: ein Engel warst Du mir,
der meine Freuden verdoppelte, meine Kämpfe theilte, meine
Schmerzen versüßte, der meine Hand faßte und mich empor
zog, wenn ich niedersinken wollte. Daß ich von Dir
scheide, ungewiß über Dein Schicksal und das unserer Kinder, das ist es, das Einzige, was mir den Tod schwer macht."

„Das Schwert des Henkers," antwortete Domitilla,
„zerschneidet nicht die Bande heiliger Liebe, welche Gott
um die Seelen geschlungen. Der Martyrer am Throne
Gottes wird den Seinen nahe sein in der Stunde des
Kampfes; würdig des Gatten und des Vaters ringen
wir um dieselbe Siegespalme."

„Ja, auf Wiedersehen droben!" sprach Clemens; „lebe
wohl, süße Domitilla! O, wie will ich für Euch beten!" [26])

Gatte und Gattin hielten sich einen Augenblick in
stummer Umarmung umschlungen; dann drückte Clemens
einen Kuß auf die Stirne seines theuren Weibes und
schritt, dem Präfekten voraus, der Thüre zu.

Petronius hatte mit Thränen in den Augen der Ab-
schiedsscene zugeschaut. Schon manchmal war er durch
sein Amt gezwungen gewesen, Herzen auseinander zu

reißen, die auf's innigste verwachsen waren; es waren im=
mer Scenen voll Verzweiflung und rasendem Weh. So groß,
so edel, in so seliger Hoffnung, wie hier, hatte er ange=
sichts des blutigen Todes noch keinen Abschied gesehen.

Als Domitilla allein war, machte die Natur ihre
Rechte geltend. Indem sie auf die Kniee niedersank, brach
sie schluchzend in einen Strom von Thränen aus. Sie
hatte ihren Gemahl mit jener verklärten Liebe geliebt, die
Abbild und Vorbild der vollkommenen und lautersten
Liebe ist, welche in der ewigen Glorie die Seelen verbin=
det. Aber wenn auch das Scheiden von ihm versüßt
wurde durch den Hinblick auf die Strahlenkrone des
Martyriums, — ach, ihre Kinder, wie blutete ihr das
Herz in Sorge und Angst um deren Schicksal!

„O Herr,“ rief sie, die gefalteten Hände im Flehen
glühendster Mutterliebe an die Brust gepreßt, gib mir,
wenn ich sterbe, daß ich sie, den einen zu meiner Rechten,
den andern zur Linken, im Kleide der Unschuld ihrem
Vater droben zuführe, — oder aber daß er, die Knaben
neben sich, an der Himmelspforte mich erwarte!“

Domitilla ahnte, was ihr eigenes Schicksal sein werde:
sie wagte es nicht einmal vor sich selber auszusprechen.
Es gibt ein Martyrium, schwerer als das blutige unter
dem Schwerte des Henkers, und auf diesem Dornenpfade
war ihr, sie ahnte es, der Weg vorgezeichnet, auf dem spät,
nach langer Wanderung auch sie das Ziel erreichen sollte.

Zwölftes Kapitel.

Der Abend.

Statt mit dem höchsten Gerichtshofe, dem consilium principis, zu welchem außer den beiden Consuln eine Auswahl von Vertrauensmännern aus dem Senate gehörte, über Clemens zu Gericht zu sitzen und selber das Urtheil zu fällen, ließ Domitianus in der nächsten Senatsversammlung durch eine seiner Kreaturen gegen Titus Flavius Clemens Anklage erheben. So suchte der Kaiser den Schein eines regelrechten Gerichtsverfahrens zu wahren; er wußte, daß der Senat schwach und feige genug war, über Den das Urtheil zu sprechen, dessen Untergang der Herrscher beschlossen hatte. Die Anklage lautete auf Verachtung der römischen Staatsreligion, auf Beleidigung der kaiserlichen Majestät, auf Umtriebe gegen die bestehende Reichsverfassung.

Der Leser weiß, auf welchen Thatsachen sich diese Anklagen aufbauten. Gerade das, was in Domitian's Augen das todesschuldigste Verbrechen war, die vermeintlichen Umtriebe, um das Judenthum mit seinen Sekten auf den Thron der römischen Imperatoren zu erheben, mußte in den Augen der Römer als die schwächste Anklage erscheinen. Vergebens deklamirte der Ankläger, das Judenthum habe mit Hilfe des Flavius Clemens nach der Herrschaft über Rom getrachtet, um Jerusalem und

17*

seinen Tempel wieder aufzubauen und den Triumphbogen,
den Titus über ihre Unterwerfung errichtet, zu einem
Denkmal des Sieges ihres Gottes über die römischen
Götter zu machen. Welchem verständigen Menschen konnte
in den Augen der Römer es je in den Sinn kommen,
über solche Pläne auch nur im Ernste zu reden? Daher
sagt auch der Geschichtschreiber Sueton, Domitianus habe
den Consul ex tenuissima suspicione, auf einen jeder
Begründung entbehrenden Verdacht hin getödtet.

Nach der Darlegung des Anklägers waren die Schuld-
beweise so vernichtend, daß jede Vertheidigung und Recht-
fertigung ausgeschlossen erscheinen müsse; sofort ward auf
den Antrag eines andern, gleich würdigen Senators von
einem Verhöre des Angeklagten abgesehen. Einstimmig
sprach der Senat das Todesurtheil über Flavius Clemens
aus; seine Gattin wurde der Gnade des Herrschers
empfohlen. Der Einzige unter Allen, welcher den Muth
gehabt, ein Wort zu Gunsten des ungerecht Beschuldigten
zu sprechen, war Petronius Secundus: er allein freilich,
als oberster Befehlshaber der Leibwache, durfte freier reden.

Domitianus hatte zu gleicher Zeit mit dem Consul
auch den Bischof Clemens, sowie eine große Anzahl Christen als Mitschuldige ergreifen und in's Gefängniß werfen lassen. Er selber präsidirte der Gerichtsverhandlung,
in welcher die Anklage auf Atheismus, d. h. auf Leugnung der vom römischen Staate anerkannten Götter erhoben und Alle zum Tode verurtheilt wurden, welche sich
weigerten, der Minerva zu opfern. Viele ließ Domitian
sofort enthaupten; andere wurden für die nächsten Festspiele in die Kerker und in die Gladiatorenschule geliefert.
Nur für den Bischof verwandelte der Kaiser die Todes-

strafe in Verbannung zu lebenslänglicher Zwangsarbeit in den Bergwerken des Chersones (der heutigen Krimm). Es geschah nicht aus Schonung wegen seiner Verwandtschaft mit der kaiserlichen Familie, sondern weil Domitianus das Haupt der Christen härter züchtigen wollte. Denn die Verurtheilung ad metalla war eine ebenso schwere und hoffnungslose als entehrende; nicht einmal die Leichen durften ohne besondern Gnadenakt des Kaisers nach Rom gebracht und in ihren Erbbegräbnissen beigesetzt werden.

Mit diesen Opfern nicht zufrieden, gab Domitian Befehl, im ganzen Reiche, zumal aber im Orient, von woher die neue Lehre stammte, die Christen aufzusuchen und sie hinzurichten, wenn sie sich weigerten zu opfern. [27] —

Es war am Nachmittage vor der Hinrichtung des Consuls, als die Kaiserin Domitia unangemeldet in das Zimmer ihres Gemahls trat.

Bei ihrem Anblicke zog sich Domitian's Stirne in finstere Falten, und indem er sich langsam erhob, fragte er mit kalter Höflichkeit:

„Was begehrst Du von mir, Herrin?"

„Ich belästige Dich nicht unnöthiger Weise," antwortete sie, „und der Gang hierher hat mich nicht geringe Ueberwindung gekostet. Ich hoffe, daß Du um so eher meine Bitte gewähren wirst."

„Eine Bitte?" fragte Domitianus in gedehntem Tone.

„Du hast den Flavius Clemens zum Tode verurtheilt," fuhr die Kaiserin fort. „Hast Du vergessen, daß er Dein leiblicher Vetter ist? Soll das ruhmreiche Geschlecht der Flavier durch Deine eigene Hand zu Grunde gehen? Rotte andere Senatoren=Familien aus, was küm=

mert's mich? Aber hier, hier wage ich zu bitten; schone
Deines eigenen Blutes und haue nicht selber den Stamm
um, aus welchem drei Kaiser entsprossen sind."

„Der Mann scheint Dir ganz besonders am Herzen
zu liegen," entgegnete Domitianus und fügte dann mit
beißender Bitterkeit hinzu: „Zur Erhaltung des Stammes
der Flavier hast allerdings Du nichts beigetragen."

„Die Götter," rief die Kaiserin, empört über diese
verletzende Anspielung auf ihre Kinderlosigkeit, „die Götter
haben mir meine Kinder in der Wiege entrissen, um
mich vor dem Unglücke einer Mutterschaft zu bewahren,
welche meinen Kindern einen solchen Vater gegeben hätte."

„Flavius Clemens wäre Dir als Vater Deiner
Kinder wohl lieber gewesen," entgegnete mit schneidendem
Hohne der Kaiser. „Bemühe Dich nicht um ihn, Herrin;
sein Urtheil ist gesprochen."

„So mögen denn die Götter geben, daß es
das letzte sei, das Du gesprochen!" rief Domitia,
indem sie ihrem Gemahl einen Blick grimmigsten Hasses
zuwarf; dann verließ sie das Gemach. —

Die Sonne neigte sich ihrem Untergange zu; von
Westen her kühlte ein frischer Wind die Schwüle, welche
den Tag über auf Rom gelastet.

In schweigender Erwartung standen hier und da in
der Nähe der großen Freitreppe, die vom Palatin auf
das Forum herunterführte, kleine Gruppen, meistens von
Frauen, ungewöhnlichen Ernst auf allen Gesichtern. Nur
leise wagte die Eine oder die Andere ihrer Nachbarin
ein Wort zuzuflüstern, und diese antwortete lieber nur
mit einer stummen Geberde, aus Furcht vor den Spionen,
welche allenthalben umherschlichen.

Plötzlich richteten sich Aller Augen der Freitreppe
zu: „Da kommt sie, da kommt sie", ging's von Mund
zu Mund.

In schwarze Trauergewänder gekleidet, das gesenkte
Haupt tief verschleiert erschien Domitilla. Ihr voraus ging
Sigamber, der nie in seinem Leben so finster und verdrossen
dreingeschaut; ihr nach folgten einige Dienerinnen, gleichfalls
in Trauerkleidern. Ein Windstoß schlug für einen Augenblick die Hülle von den Gegenständen fort, welche die Dienerinnen trugen; es waren Purpurstoffe, Leinentücher mit
reicher Stickerei besetzt, und eine kostbare goldene Schale.

In stummem Mitleid hefteten die Frauen, die am
Wege standen, ihren Blick auf Domitilla; in vielen
Augen perlten Thränen.

Durch den Triumphbogen des Titus, am Colosseum
vorüber, schlug der Trauerzug den Weg nach dem Castrum
der Prätorianer ein, an dessen Portal größere Gruppen,
Alle in gleich stiller Theilnahme, die hohe Frau an sich
vorbeigehen ließen und ihr nachschauten, als sie in den
Thorbogen eintrat.

Außer dem größern Hofe, in welchem die germanischen
Soldaten ihr Frühlingsfest gefeiert, hatte das Castrum noch
einen kleineren, der mit Blumenanlagen geschmückt war;
Palmbäume neigten dort ihre langen Zweige im Abend-
winde; rauschend warf ein Springbrunnen seine plätschern-
den Wasser in die Höhe; auf den von Buxbaum eingefaß-
ten Beeten dufteten Rosen, Lilien und andere Blumen.

In der Halle, welche auf allen vier Seiten den Hof
einfaßte, standen Decurionen oder kleinere Abtheilungen
von Prätorianern in voller Waffenrüstung, aber auch
Männer und Frauen, denen Petronius Secundus den
Eintritt gestattet hatte. Es waren Christen, zum Theil

vornehmen Standes, welche unbekümmert um den Zorn des Kaisers hierher gekommen waren.

Als Domitilla erschien, ging eine Bewegung lebhafter Theilnahme durch die Versammelten; einige vornehme Frauen traten auf sie zu, um ihr stillschweigend und unter Thränen die Hand zu drücken und sie zu einer Gruppe von Christen in der einen Seitenhalle zu führen.

Es währte nicht lange, als man den schweren, gleichmäßigen Schritt der nahenden Soldaten hörte. An ihrer Spitze den Scharfrichter in blutrother Tunica ohne Aermel, eine rothe Binde um die Stirne, das lange Richtschwert im Arme, rückte die Mannschaft in die Mitte des Hofes und stellte sich hier in einem Kreise in der Nähe des Springbrunnens auf.

Bald darauf kam, von zwei Centurionen oder Hauptleuten geführt, Titus Flavius Clemens, — und was rings in dem ganzen Hofe versammelt war, das hatte fortan einzig nur Augen für ihn.

Aufrecht und festen Schrittes, bloß mit der Tunica bekleidet, das edle Antlitz bleich, aber voll ruhiger Fassung, trat der Consul in den Kreis der Prätorianer; dann schlug er sein Auge auf und schaute umher. Domitilla wußte, wen sein Blick suchte.

„Gönnet mir,“ sprach er zu den beiden Centurionen, „einen Augenblick, daß ich von meinem Weibe Abschied nehme.“

Domitilla sank an die Brust ihres Gatten; ohne ein Wort zu reden, lagen sie einander in den Armen; nur das Schluchzen der Menge umher unterbrach die erhabene Stille dieses Augenblickes.

„Anima dulcissima, süßeste Seele," sprach endlich Clemens, ich werde immer bei Gott leben; dort bete ich für Dich, für unsere Kinder; dort erwarte ich Euch. Lebe wohl, süßestes Herz! Auf Wiedersehen an Gottes Thron."

Sanft löste er sich aus den Armen seiner Gattin und sprach:

„Den letzten Dienst will ich von Deiner lieben Hand annehmen: verbinde Du mir die Augen; das Tuch dafür habe ich schon selber mitgebracht."

Mit diesen Worten zog Clemens ein zu einer Binde zusammen gefaltetes Tuch aus dem Busen und reichte es seiner Gattin mit den Worten:

„Wäre ich eines gewöhnlichen Todes gestorben, Du hättest meiner Leiche die Augen zugedrückt; jetzt schließest Du sie dem Lebenden; aber er wird sie in wenigen Augenblicken wieder öffnen zu unermeßlich seligem Schauen."

Stumm vor unermeßlichem Schmerz folgte Domitilla ihrem Gemahl in den Kreis der Krieger; dort kniete er nieder; Domitilla nahm die Tuchbinde auf ihre Hände, — noch einmal schaute Auge in Auge, Herz in Herz — dann schlang sie die Binde um ihres Mannes Augen, drückte einen Kuß, den letzten Kuß zärtlichster Liebe auf seine Stirne und trat zurück in den Kreis der Freunde, wo sie schluchzend an die Brust einer Verwandten sank. — —

So unsäglich schwer für Domitilla der Abschied von ihrem Gemahl gewesen, mit dem Augenblicke seines Todes leuchtete ein heller Strahl süßesten Trostes in ihre Seele, wie wenn die Sonne, das dunkle Gewölk zerreißend, plötzlich mit all ihrem beseligenden Glanze auf die Erde niederschaut. Fühlte sie die Nähe der Engel, welche

mit Kränzen und Palmzweigen niederschwebten und den
heiligen Martyrer in die ewige Glorie einführten? Und
leuchtete von seiner himmlischen Wonne ein Strahl auch
in ihr Gemüth, um ihren Schmerz zu lindern und eine
wunderbare Kraft und Stärke in ihre Seele zu gießen? —

Domitilla hob selber, hinzutretend, das Haupt ihres
Gatten vom Boden auf, hüllte es in ein kostbares Tuch
und barg es an ihrem Herzen. So saß sie da auf dem
Rande des Bassins, in welches der Springbrunnen in
sanftem Rauschen sein Wasser ergoß, über sich die Palm=
bäume, die im Abendhauche ihre Blätter wiegten. Un=
verwandten Blickes schaute sie zu, wie ihre Dienerinnen
das Blut des Martyrers mit Schwämmen und Tüchern

in die goldene Schale sammelten, während einige Männer die Leiche in kostbare Leinwand einhüllten.

Wie ein Kind weinend und schluchzend, hatte Sigamber dem ganzen Vorgange der Hinrichtung zugeschaut; gern gönnte man ihm den Trost, daß er allein die Leiche auf die Bahre tragen durfte. Als er sie hingebettet, konnte er nicht aufhören, die Hände seines Herrn zu küssen, und wenn auch Niemand von den Umstehenden die Worte verstand, in welcher er in seiner Muttersprache seinem Schmerze und seiner Liebe Ausdruck gab, Alle waren doch zu Thränen gerührt über die zärtliche Anhänglichkeit, die der Riese an seinen verstorbenen Herrn an den Tag legte.

Domitilla fügte das theure Haupt zu der Leiche, breitete über den Todten einen Purpurstoff mit reichster Goldstickerei und legte kreuzweise darüber zwei Palmzweige. Die Frauen brachen aus den Anlagen Rosen und Lilien und fügten sie rings um den Todten zu einer duftigen Einfassung; Andere gossen aus Alabasterfläschlein köstliche Oele und wohlriechende Essenzen über ihn aus. —

Der Kaiser hatte selber die Stunde der Hinrichtung bestimmt; hinter den Vorhängen verborgen hatte er Domitilla in Trauerkleidern durch die Gruppen des theilnehmenden Volkes zur Richtstätte ihres Gatten gehen sehen, — — wäre sie, statt dorthin, zu ihm gegangen, und hätte sie sich ihm zu Füßen geworfen, er würde das Todesurtheil widerrufen haben.

Sonst hatte nie der Tod seiner Opfer ihm Unruhe gemacht; jetzt zum ersten Male fühlte er Gewissensbisse.

Domitianus gedachte jener Stunde, wo der Consul ihm so kühn entgegen getreten; deutlich, als ob die

Worte erst jetzt an ihn gerichtet würden, hörte er wieder die Frage, die ihn damals so ergriffen hatte: Hast Du Viele, auf die Du rechnen kannst in der Stunde der Gefahr?

Die vorhergehenden Tage hatte er selber seine Wuth und seinen Ingrimm noch gestachelt durch den Gedanken, es sei nichts als ein leeres Trugbild seiner Phantasie gewesen, als er in jener einsamen Mondnacht an eine Eingebung seiner Schutzgöttin Minerva glaubte, die seine Aufmerksamkeit auf Flavius Clemens lenkte. — Sollte es doch kein Trugbild gewesen sein?

Je näher der Augenblick heranrückte, wo das Haupt unter dem Schwert des Henkers fallen mußte, um so unruhiger und aufgeregter wurde der Kaiser.

Wenn er in Eile einen Sklaven nach dem Castrum schickte, gewiß, der kam noch zeitig genug, die Vollstreck= ung des Urtheils zu widerrufen.

Schon wollte er den Befehl dazu geben, — da ge= dachte er seines Weibes und der Worte, die es zu ihm gesprochen: — —

„Nein," rief Domitianus, „er soll sterben!"

Dreizehntes Kapitel.

Die Nacht.

Als es Nacht geworden, bewegte sich vom Castrum der Prätorianer unter Fackelbeleuchtung ein Leichenzug hinaus nach der Porta Capena. Wohl hätte dem Senator und Consul ein Begräbniß gebührt, wie es bei Personen von Stand gebräuchlich war. Aber statt am hellen Tage wurde die Leiche, gleich der eines Bettlers oder Sklaven, bei Nacht hinausgetragen; die Musikanten und Klageweiber und Schauspieler, welche sonst den Zug eröffneten, fehlten; keine Freigelassenen trugen die Ahnenbilder aus Wachs und die ehernen Denktafeln, welche den Ruhm des Todten und seines Hauses verkündigten; auf dem Forum bestieg Keiner der Freunde die Rednerbühne, um die Tugenden und Verdienste des Verstorbenen zu preisen. Auch war vor dem Thore nirgends ein mit Blumenkränzen und kostbaren Teppichen geschmückter Scheiterhaufen errichtet, wo unter dem dumpfen Schalle der Trompeten die nächsten Verwandten abgewendeten Blickes die Fackeln an die trockenen Binsen und das Kiefernholz zu legen hatten, um dann nachher die mit Wein und frischer Milch benetzte Asche in einer Urne zu sammeln und in die Familiengruft hinabzutragen. Das Alles waren heidnische Gebräuche. Es war ein Trost für Domitilla, diesen dem Geiste des Christenthums widersprechenden Ceremonien ausweichen zu können.

Aber gerade die ungemeine Einfachheit dieses Begräbnisses vertiefte noch bei den Römern den Eindruck,

den die Hinrichtung eines so edlen und hochstehenden
Mannes in allen Kreisen gemacht hatte. Die Aufregung,
welche darüber in der ganzen Stadt herrschte, wie die
Theilnahme an der unglücklichen Wittwe überwog selbst
bei Vielen die Furcht vor dem Tyrannen, so daß sie,
auch ohne durch den Herold eingeladen worden zu sein,

in Trauerkleidern dem Todten eine Strecke weit das
Geleit gaben.

Es war eine wunderbar milde Sommernacht. Hell
und freundlich schauten die Tausende von Sternen aus
ihrem ewigen Frieden nieder auf die Erde mit ihrem
Streit und Leid; zwischen dem feuchten Gesträuch zu
beiden Seiten der Landstraße schwebten die Leuchtkäfer=
chen auf und nieder; zum dunklen Himmel streckten die
noch dunkleren Cypressen, von keinem Lufthauch bewegt,
in ernster Trauer und heiliger Hoffnung ihre schlanken
Spitzen empor. Oede und geisterhaft standen, matt von
der Mondsichel beleuchtet, die heidnischen Grabmäler und
Monumente aus weißem Marmor rechts und links an
der appischen wie an der ardeatinischen Straße, welche
der Zug verfolgte, um zu dem Landgute der Domitilla
zu gelangen. Dort sollte Flavius Clemens als der erste
in der erst kürzlich fertig gestellten Familiengruft der
Flavier beigesetzt werden.

Während die Dienerschaft und eine Anzahl von
Christen zu Fuße dem Todten das Geleite gaben, folgten
Domitilla und andere Frauen in geschlossenen Sänften,
da für sie der Weg zu weit und auf der staubigen Land=
straße zu anstrengend gewesen wäre.

Statt des Bischofs Clemens, der im Gefängniß seiner
Abführung in die Verbannung harrte, wartete der Priester
Anencletus mit den Diakonen und Klerikern am Ein=
gange des Grabmals, dessen langsam in die Tiefe sich
senkende Halle mit reichem Lichterschmuck erleuchtet war.
In einer der großen Nischen, welche zu beiden Seiten
des gewölbten Ganges sich vertieften, stand der offene
Marmorsarg, welcher die Leiche aufnehmen sollte.

Damals gab es noch keine christliche Skulptur, welche auf die Steinsärge biblische Scenen, Sinnbilder der Auferstehung und des ewigen Lebens, eingemeißelt hätte. Domitilla hatte den Sarkophag für ihren Gemahl in einer heidnischen Werkstatt kaufen müssen: sie hatte einen solchen ausgewählt, der keinerlei Anspielung auf Abgötterei enthielt, sondern in der Mitte mit einfachen Wellenlinien, an beiden Seiten mit Löwen verziert war.[28]) In den Rand der Platte, welche den Sarg schließen sollte, hatte sie den Namen ihres Gatten mit dem Zurufe eingraben lassen: PAX · TECUM, Friede sei mit dir!

Unter dem Gesange von Psalmen trat der Leichenzug in das erleuchtete Grabmal ein; der Todte wurde von der Bahre gehoben und in den Sarkophag gelegt. Domitilla drückte einen letzten Kuß auf die kalte Stirne, indem sie leise betete: „Vivas in Christo!“ Dann goß sie als letzte Liebesgabe ein Gefäß köstlich duftenden Nardenöls über die Leiche, und unter den Gebeten und dem Segen der Kirche wurde der Marmordeckel auf den Sarg gelegt.

Mitternacht war vorüber, als die Trauernden wieder durch die Porta Capena in die Stadt zurückkehrten. —

Stephanus hatte der Hinrichtung, wie der Bestattung beigewohnt. Gewiß, er hätte es aus freien Stücken gethan; aber in Wirklichkeit hatte doch der Befehl des Kaisers ihn hingesandt, da Domitian von ihm am nächsten Morgen genauen Bericht über alle einzelnen Vorgänge erwartete.

Die Ruhe und heilige Zuversicht, mit welcher Flavius Clemens in den Tod gegangen, die ergreifende Scene des Abschiedes von der Gemahlin, die Procession durch die Stille der Nacht, die ganze Feier der Beisetzung, das Alles hatte auf Stephanus einen erschütternden Eindruck gemacht. Die Trauerfackeln hatten den unermeßlich tiefen

Abgrund beleuchtet, in den er gestürzt war. Aus den Fäden, mit welchen die Sünde ihn umgarnt, waren Stricke und Ketten geworden, und ach, er fühlte jetzt nicht mehr die Kraft, sie zu zerreißen.

Von Gewissensbissen gefoltert, hatte er den Weg durch die Nacht an den gespensterhaften Grabmälern vorüber in Angst und Grausen zurückgelegt; einmal hatte er laut aufgeschrieen, als über ihm aus einem Strauchwerk ein Nachtvogel kreischend aufflog.

Vor einem halben Jahre da wäre auch er im hl. Bekenntnißmuthe freudig für seinen Gott und seinen Glauben in den Tod gegangen; jetzt erzitterte er vor dem Gedanken an das Sterben, — und doch fühlte er sich in der Gewalt eines Mannes, dessen Gnade an einem Haare hing.

Allerdings, Eine Hoffnung auf Rettung hatte er noch. Es war unzweifelhaft, daß Domitilla nunmehr vom Palatin in ihre frühere Wohnung zurückkehren und dort sicherlich noch viel zurückgezogener leben werde, als früher. Damit konnte auch er sich aus all den unseligen Netzen loswinden, und gewiß, wenn er sich dann seiner Herrin zu Füßen warf und seine Schuld bekannte, o ja, dann verzieh sie ihm wohl, und diese unseligen Monate im Palaste waren nur wie ein schwerer, gräßlicher Traum gewesen.

Ja, das war der Weg zu seiner Rettung, — wenn nicht noch andere Netze ihn umgarnt gehalten hätten.

Seitdem Stephanus seinen religiösen Halt verloren, war ihm auch die Kraft entschwunden, den Lockungen Widerstand zu leisten, die am kaiserlichen Hofe allenthalben ihre Angeln auswarfen. Eine schöne Griechin, Lycoris, hatte ihn seit einigen Wochen gefangen und hielt ihn mit den unwiderstehlichen Reizen ihrer Anmuth umstrickt. Selbst jetzt, nach all den erschütternden Eindrücken, war die Leidenschaft, die sie in seinem Herzen entzündet hatte, so mächtig, daß er seinem Gewissen Schweigen gebot und in der Nähe des Colosseums sich unbemerkt von den Uebrigen entfernte, um den Weg in eine Gasse der Subura einzuschlagen, wo ihn seine Lycoris erwartete. — —

Als Domitilla mit ihrem Gefolge wieder auf dem Palatin anlangte, harrten dort ihrer schon längst drei Lictoren am Portal des Palastes; andere standen in einiger Entfernung im Hinterhalt.

Eben als sie aus der Sänfte aussteigen wollte, trat der Anführer der Häscher hinzu und sprach mit gedämpfter Stimme:

„Edle Frau, der göttliche Domitianus gebietet Dir, mir zu folgen. Gib Deiner Dienerschaft den Befehl, in das Haus einzutreten, damit wir erregte Auftritte vermeiden.“

Allein ehe noch Domitilla antworten konnte, hatte Sigamber, der beim Anblick der Bewaffneten mitten in der Nacht sofort die seiner Herrin drohende Gefahr erkannte, den Lictor ergriffen und ihn wie einen Sack an die Wand geschleudert.

Jetzt konnte die verhaltene Wuth, die in seinem Innern kochte, austoben: als die beiden Andern ihrem Genossen zu Hilfe eilen wollten, faßte er den Einen mit der Rechten, den Andern mit der Linken an der Brust und schleuderte sie hinweg auf das Pflaster, daß sie laut jammernd um Hilfe riefen.

„Ha,“ rief der Germane, „wer wagen, Hand an meine Herrin legen? Wie alte Lappen in Fetzen reißen! Ha, die Galle bis in den Hals hinauf! Kommt, ihr Hunde; Sigamber Euch abfüttern!“

Unterdessen hatte sich die Dienerschaft um die Sänfte der Herrin, wie ein Bienenschwarm um die Königin versammelt, die Männer in banger Erwartung, die Frauen klagend und weinend, alle Augen auf den Hünen gerichtet, der wie ein aus dem Käfig ausgebrochener Königslöwe mit dröhnender Stimme durch die Nacht hinausbrüllte:

„Ah, Domitianus, jetzt auch noch meine Herrin tödten? — Ist Christ sein, Verbrechen, dann Sigamber auch Christ. Aber, bei Odin und allen Göttern, Sigamber kein Petrus im Oelgarten!“

In diesem Augenblicke schwirrten, von geübten Händen geschleudert, mehrere Beile durch die Luft; zwei trafen den Kopf des Germanen und zerschmetterten seinen Schädel: — lautlos brach er zusammen.

Die Lictoren im Hinterhalt waren auf das Geschrei ihrer Kameraden herbeigestürzt; sie kannten den Germanen, der in seiner Wuth unnahbar war; statt es auf einen blutigen Zweikampf ankommen zu lassen, hatten sie aus ihren Ruthenbündeln die Beile als Wurfgeschosse verwendet.

Das brave Herz hatte die Treue gegen die Herrin mit dem Opfer des Lebens besiegelt.

Domitilla stieß einen Schrei aus, als sie den Sigamber stürzen sah. Sie war sofort, als derselbe die Lictoren zu Boden geworfen, aus der Sänfte gestiegen, um den wilden Mann zu besänftigen; ihre Umgebung hatte sie zurückgehalten, und zudem folgte Alles so schnell auf einander, daß jede Vermittlung unmöglich war. —

Nunmehr von den Häschern umringt, erklärte Domitilla sich bereit, ihnen zu folgen. Aber nun brach ihre ganze Dienerschaft in lautes Jammern und Weinen aus; die Einen warfen sich ihr zu Füßen, Andere hielten sie an den Händen fest, damit man ihnen die Herrin nicht entreiße; endlich gebrauchten die Lictoren Gewalt, schleuderten die Männer und Frauen auf die Seite und nahmen dann Domitilla in ihre Mitte, um sie fortzuführen.

Kaum eine Stunde später, beim ersten Dämmern des Morgens, lichtete ein unterhalb der Stadt an der Tiberwerft liegender Dreirnderer die Anker. Außer den für den Orient bestimmten Waaren barg das Schiff auch eine Anzahl von Gefangenen, welche auf Befehl des Kaisers in die Verbannung abgeführt wurden, unter ihnen auch den Bischof Clemens und — Domitilla.

Als das Schiff unter dem gleichmäßigen Schlag der Ruder stromabwärts flog, stand sie, an den Mastbaum gelehnt, die Augen in Thränen, das Herz voll unsäglichen

Weh's; unverwandten Blickes starrte sie hinüber nach
dem Palatin, wo das Mutterherz die Kinder suchte.

Tröste dich, armes Weib: — deine Kinder sind
nicht mehr!

Als Domitian die Gewißheit gewonnen, daß die beiden
Cäsaren Christen seien, war für ihn der Gedanke an die
dereinstige Thronfolge ausgeschlossen. So freudig er es
als eine unmittelbare Eingebung seiner Schutzgöttin Minerva betrachtet hatte, die Beiden an Kindesstatt angenommen zu haben, so sehr erfüllte die bittere Enttäuschung
sein Herz mit Widerwillen und Haß gegen seine Adoptivsöhne.

Nach dem Abendessen fühlten die beiden Knaben sich
plötzlich unwohl; — in derselben Stunde, wo ihre Mutter
von den Lictoren ergriffen wurde, rangen sie mit dem Tode.

Vor dem Morgendämmern des nächsten Tages sah man
zwei vespilones oder Todtengräber aus dem Palaste kommen,
ohne daß eine Seele der verhüllten Bahre gefolgt wäre.

Man mochte glauben, daß sie einen Sklaven bestatteten, zumal sie den Weg nach dem Esquilin einschlugen,
wo in großen Grabgewölben die Leichen von Verbrechern,
Sklaven und Leuten aus dem niedrigsten Volke ohne
Unterschied zusammen geworfen wurden.

Als die Träger das schauerliche Todtenfeld erreicht
hatten und ihre Bahre neben der viereckigen Oeffnung
des Grabgewölbes niederstellten, waren auch schon aus
andern Theilen der Stadt Leichen hergetragen worden,
und Arbeiter waren beschäftigt, dieselben eine nach der
andern in das Loch hinabzuwerfen.

Es war ein unendlich herzloses Begräbniß.

Wenn das Gewölbe voll von Todten war, wurden
einige Säcke ungelöschten Kalkes hineingeschüttet, und
dann schloß ein mächtiger Stein die viereckige Oeffnung.

Ueber der Bahre, die aus dem Palast gekommen, lag ein kostbares Tuch, wie man es sonst auf dem esquilinischen Todtenfelde nicht zu sehen gewohnt war.

Das weckte die Neugierde der übrigen vespilones. Sie schlugen das Tuch zurück; aber entsetzt starrten sie Alle sprachlos einander an: — sie hatten die Leichen der beiden Cäsaren erkannt.

„Lassen wir ihnen," sprach nach einer Pause der Eine von den beiden Todtengräbern, welche die Kinder herausgetragen hatten, zu seinem Kameraden, „lassen wir ihnen wenigstens als einzige Auszeichnung das gestickte Bahrtuch!"

Schweigend schlug der Andere die Hülle wieder um die Todten; schweigend hoben sie dieselben von der Bahre und senkten sie behutsam in die Tiefe, — mit ihnen die Hoffnungen, welche Rom auf die letzten Sprossen der Flavier gesetzt hatte.

Vierzehntes Kapitel.

Der Morgen.

Domitianus hatte eine schreckliche Nacht gehabt. So Viele er schon kalten Blutes den Henkern überliefert, nie hatten die Todten seine Nachtruhe gestört. Flavius Clemens war der erste, der ihn nicht schlafen ließ, den er mit leiblichen Augen zu sehen wähnte, das weiße Gewand mit Blut überströmt, in drohendem Schweigen den eisig kalten Blick des Todes unverwandt auf ihn geheftet. Domitianus wälzte sich auf seinem Lager hin und her, er hielt die Augen mit beiden Händen zu: der Todte starrte ihn immer und immer an und bohrte seinen Blick in seine Seele. Und bald war es Flavius Clemens nicht mehr allein, der ihn quälte. Neben ihm erschienen seine beiden Kinder, das Gesicht von Schmerz entstellt, Schalen in der Hand, aus denen ein matt leuchtender Qualm aufstieg. Und auch sie sprachen nicht, aber auch sie starrten ihn an mit den gläsernen, kalten Blicken, wie wenn man einem Todten die Augenlider aufschlägt; — so standen sie vor ihm, die drei, wie Geister der Rache, wie Boten des Gerichtes!

Plötzlich sprang der Kaiser von seinem Lager auf und rief mit dem tintinnabulum den Freigelassenen, der im Vorzimmer die Wache hatte.

„Eile," sprach er, „und besiehl, daß das Schiff mit den Verbannten nicht abfahren soll!"

Dann riß er die schweren Vorhänge auseinander, welche die Fenster verschlossen. Das erste Dämmern des Tages schimmerte in das Gemach; aber statt der erquickenden Morgenkühle wehte dem Kaiser ein feucht=warmer Wind entgegen; die Luft war drückend schwül, der Himmel mit Gewitterwolken überzogen, — eine im Hochsommer zu Rom ungewöhnliche Erscheinung.

In finsterem Sinnen schaute Domitian von der Höhe seines Palastes auf das noch menschenleere Forum nieder; die öde Todesstille zu seinen Füßen, wo sonst regstes Leben herrschte, steigerte noch seinen tiefen Trübsinn.

Nach einer halben Stunde kehrte der Freigelassene zurück: — das Schiff war eben abgefahren, als er zur Tiber gekommen.

Schweigend hörte der Kaiser die Meldung an; aber die Falten auf seiner Stirne zogen sich noch finsterer zusammen.

Das am Himmel lagernde Gewölk entsandte seine ersten Blitze; lang hinhallend rollte in der Ferne der Donner.

Auf dem Forum fing es an, lebendig zu werden. Die Bäckerjungen, Körbe mit frischgebackenem Brod auf dem Kopfe, riefen ihre Waare aus, die Obsthändler und Krämer spannten ihre Zelttücher über ihre Verkaufstische, Sklaven und Handwerker gingen an ihre Arbeit. Unter heiligen Gesängen zogen die vestalischen Jungfrauen in das Heiligthum ihrer Göttin zum Morgenopfer; hinter dem Tempel des Castor und Pollux hatte ein liebendes Pärchen sich ein Stelldichein gegeben, sicher, jetzt von den noch schlafenden Eltern nicht gestört zu werden.

— Domitianus ließ das bunte Gewimmel des immer geschäftiger werdenden Lebens und Treibens drunten vor seinen Augen gaukeln: Die alle freuten sich ihres Lebens und ahnten nicht, daß von oben hinter den Vorhängen seines Fensters der Herr und Gebieter auf sie hinabschaue, dessen Seele von tiefster Finsterniß umwölkt war.

Die Gewitterwolken hatten sich unterdessen über Rom zusammengeballt; der Sturmwind heulte, die Blitze zuckten, krachend folgten die Donnerschläge auf einander. Ha, jetzt mußte es eingeschlagen, im Palaste selber eingeschlagen haben.

Domitianus gab wieder mit dem tintinnabulum ein Zeichen und befahl dem Freigelassenen, nachzusehen, ob der Blitz etwa Schaden angerichtet.

Schon nach wenigen Minuten kam der Diener zurück, Schrecken in den verstörten Zügen, und auf des Kaisers Frage gab er in scheuer Angst die Antwort, der Blitz habe Domitian's Statue zerschmettert und zu Boden geworfen.

Voll Entsetzen fuhr der Kaiser bei dieser Nachricht zusammen: das war von allen schlimmen Vorzeichen der vorhergehenden Monate das böseste.

Indem er in finsterem Brüten vor sich hinstierte, kam ihm der Gedanke, wer sich wohl am meisten über seinen Untergang freuen würde.

Domitianus nahm ein Blatt Papier und fing an zu schreiben.

„An der Spitze von allen steht sie," sprach er bitter, indem er den Namen der Kaiserin schrieb.

Nachdem er noch mehrere andere Namen, meistens von Senatoren, aufgezeichnet, fuhr er, mit sich selbst redend, unter bitterem Hohnlachen fort:

„Nun, Ihr sollt Euch nicht mehr über meine Leiche freuen; dafür wird der Henker sorgen.

„Petronius Secundus muß auch auf die Liste! Er hat in jener Nacht die Cäsaren den Christen in die Hände gespielt.

„Und dieser Parthenius! Ha, er hatte sich ja mit seinem Kopfe verbürgt, daß die Knaben das Castrum der Prätorianer nicht verlassen hätten: ich will die Zahlung einfordern."

Domitianus fügte noch einige Namen hinzu, dann warf er das Blatt auf den Tisch und versank wieder in sein finsteres Sinnen.

„Wen möchten sie mir wohl zum Nachfolger geben?" fragte sich der Kaiser weiter, und indem er die Sena-

toren der Reihe nach durchging, schien ihm Coccejus
Nerva die meiste Aussicht zu haben.

Der war es gerade, vor welchem ein Sterndeuter
ihn kürzlich gewarnt hatte; nachher hatte der Astrologe
ihn durch die Versicherung beruhigt, derselbe habe nur
mehr wenige Tage zu leben.

„Ich will den Parzen helfen, den Faden seines
Lebens schneller zu Ende zu spinnen," sprach Domitian und
fügte auch noch Nerva's Namen auf die Liste hinzu. —

Um die dritte Stunde kam die kleine Irene, um wie
gewöhnlich ein Körbchen mit frischen Rosen auf den Tisch
zu stellen. Aber während sie sonst jedesmal zum Morgen-
gruß die Hände des Herrschers küßte, stand sie jetzt, das
Köpfchen gesenkt, da, und als Domitian sie anschaute; da
hingen Thränen an ihren Wimpern, und indem sie ihn
mit ihren kleinen, unschuldigen Augen anblickte, fragte sie:

„Weißt Du, Herr, daß die beiden Cäsaren . . ."

Schluchzend barg die Kleine ihr Gesicht in ihre
Händchen; aber bald faßte sie sich wieder und sprach:

„Wer soll jetzt Irene helfen, für den Herrn beten?
Ach, ich habe diese Nacht so böse, schwarze Hunde gesehen,
welche Dich beißen wollten; da rief ich die Beiden, daß
sie mit mir die Bestien von Dir wegjagten. Aber sie
schliefen, und ich konnte sie gar nicht mehr erwecken. Ach
ja," schluchzte das Kind, „ich kann sie gar nicht wach
machen; ich weiß nicht einmal, wo sie sind."

Jedes Wort seines Lieblings war für den Kaiser
ein Stich in's Herz; der thränennasse Blick, mit welchem
ihr seelenvolles Auge ihn anschaute, verwirrte ihn in dem
Bewußtsein der Blutschuld.

Mit barschen Worten wies er das Kind zur Thüre
hinaus, indem er hinzufügte:

„Nimm auch Deine Blumen wieder mit; ich mag diese rothen Rosen nicht sehen." —

Bald nachher ließ sich Stephanus anmelden, da der Kaiser ihn auf diese Stunde zum Berichte befohlen. Von dem, was in der Nacht mit Domitilla geschehen, hatte der Procurator noch nichts erfahren, da er unmittelbar von seiner Lycoris in den Palast kam.

„Ich bin jetzt nicht in der Stimmung," sprach Domitianus, „Deine Mittheilungen anzuhören; komme morgen früh wieder. Nachdem Deine Herrin nicht mehr da ist," fuhr er fort, wirst Du nun ganz in meine Dienste treten."

„Meine Herrin nicht mehr da ist?" stammelte erbleichend Stephanus; — „hatte der Kaiser auch sie tödten lassen?"

„Ihre Güter," sprach Domitian weiter, ohne auf den Eindruck zu achten, den seine Worte gemacht, „sind dem Fiscus verfallen; heute noch werden meine Beamten Beschlag auf das Vermögen legen. Ich erwarte, daß Du ihnen die Arbeit leicht machen wirst."

Damit gab er dem Stephanus ein Zeichen, daß er entlassen sei.

Der Unglückliche war wie zerschmettert. Wenn die Beamten seine Bücher revidirten, mußten seine Unterschlagungen, wie die ganze Unordnung in der Verwaltung an's Licht kommen; — dann war er verloren.

Kaum seiner selbst mehr Herr, taumelte er die Treppe hinunter, welche aus dem obern Theile des Palastes auf den innern Hof hinabführte.

Nein, es gab für ihn keine Hilfe, keine Rettung, und nur die einzige Wahl zwischen freiwilligem Tod und dem Tode durch Henkershand. Stephanus schauderte vor beidem mit Entsetzen zurück.

Halb von Sinnen beachtete er gar nicht die kleine Jrene, die auf einer der Treppenstufen saß, trauernd das Köpfchen in die Hand gestützt, neben sich das verschmähte Blumenkörbchen.

Als er an ihr vorbeiging, schaute sie auf.

„Herr," sprach sie, „kannst vielleicht Du mir sagen, wo die beiden Cäsaren sind? Jhr Zimmer ist leer, und auf all mein Rufen gaben sie keine Antwort. O, ich habe so große Angst um sie."

Stephanus stand wie versteinert; also auch die Cäsaren ermordet!

„Sieh einmal," fuhr die Kleine fort, „was auf diesem Blatte geschrieben steht; ich kann ja nicht lesen."

Stephanus las, und seine blassen Wangen wurden noch bleicher.

„Woher hast Du das Blatt bekommen?" fragte er hastig.

„Es muß sich wohl an das Blumenkörbchen angeklebt haben, das ich auf den Tisch des Herrn gestellt hatte, und das ich wieder forttragen mußte, weil er die schönen rothen Rosen heute nicht mochte. Vor dem Zimmer fiel das Blatt unter dem Körbchen herunter."

„Jch will es gelegentlich, ohne daß der Herr es merkt, wieder auf seinen Tisch legen," sagte Stephanus, der mit Mühe seine Aufregung bezwang. Dann steckte er das Blatt in seinen Busen und eilte, zunächst den Parthenius aufzusuchen. —

Die Nachricht, daß der Blitz die Statue des Kaisers zerschmettert habe, war wie ein Lauffeuer durch die Stadt gegangen und hatte überall um so tieferen Eindruck gemacht, als unterdessen sowohl die Verbannung Domitilla's, als der Tod der Cäsaren bekannt geworden. Mochten

die Römer unter Domitian auch gegen blutige Scenen
abgestumpft worden sein, die Hinrichtung des Consuls
Flavius Clemens, der Mord seiner Kinder, die nicht einmal
in der Familiengruft beigesetzt, sondern zwischen Sklaven
und Verbrechern in die schaurigen Gräber des Esquilin
geworfen waren, endlich die Verbannung Domitilla's,
die Ausrottung des eigenen Geschlechtes, ohne daß sich
irgend eine Schuld entdecken ließ, — das Alles waren
Verbrechen, wie sie der an Gräßliches gewohnte Palatin
noch nicht geschaut hatte. Wer war noch seines Lebens
sicher? Was konnte von den alten patrizischen Geschlechtern
übrig bleiben, wenn Domitianus, der kaum dreiundvierzig
Jahre zählte, in wachsendem Wahnsinne schonungsloser
Grausamkeit Mord auf Mord häufte? Sollte das römische
Reich nicht zu Grunde gehen, dann mußten die Götter
Hilfe bringen: — war die Zertrümmerung der Kaiser=
statue durch himmlischen Blitz das Vorzeichen der erretten=
den Katastrophe? —

Unterdessen trieb das Schiff, welches die Verbannten
an den Ort ihrer Leiden zu überführen hatte, bereits
auf offener See nach Süden. Die Meisten waren mit
dem Bischofe Clemens nach dem Chersones in die Berg=
werke verbannt worden; nur für Domitilla hatte der
Kaiser einen nähern Ort, die Insel Pandataria unweit
Neapel bestimmt.

Wie schmerzlich war für sie die Stunde, als das
Schiff an der Insel landete und sie nun von dem Bischofe
Clemens und den übrigen Christen Abschied nehmen mußte!
Im Umgange mit ihnen, in den Worten wie in dem
Beispiele des greisen Priesters hatte sie während der
Fahrt Trost und Stärkung gefunden: jetzt wurde ihr
auch dies genommen.

Am Strande der einsamen Felseninsel stehend, schaute Domitilla lange, lange dem Schiffe nach, bis es ihren Augen entschwand; dann wandte sie — wohin? wußte sie nicht — ihre Schritte dem Innern der Insel zu.

Schon nach Kurzem entdeckte sie eine Quelle und in der Nähe eine Höhle; — hier beschloß sie zu bleiben.

Ob sie jemals wieder ein menschliches Antlitz erblicken, jemals wieder eines Menschen Stimme in dieser Einöde hören wird? —

Nein! Sie wird hier sterben, einsam und verlassen. Aber es wird der Tag kommen, wo fromme Pilger nach der Insel Pandataria wallfahren und von Geschlecht zu Geschlecht die Stätte verehren, wo die Bekennerin Christi aus der Verbannung der Erde in die ewige Heimath hinübergegangen.²°)

Fünfzehntes Kapitel.

Die Entscheidung.

Am Nachmittage jenes Tages hatte sich in einem abgelegenen, vor jedem Späher sicheren Gemache der Kaiserin eine sehr eigenthümliche Gesellschaft zusammengefunden: es waren alle Diejenigen, deren Namen auf dem Zettel standen, welchen Stephanus von der kleinen Irene erhalten hatte. Keiner von den Anwesenden zweifelte, daß man in dem Blatte eine Proscriptionsliste vor sich habe, und daß für Jeden aus ihnen der Tod eine beim Kaiser beschlossene Sache sei. Wenn Stephanus nicht auf der Liste stand, so drohte vielleicht Keinem von Allen die gleiche Gefahr so nahe, als ihm.

„Wir haben nur Eine Wahl," begann Domitia, „zu sterben, Dieser durch das Schwert, Jener durch Gift, oder aber einander die Hand zu reichen, um dem Mörder zuvorzukommen."

Der Gedanke, den Imperator zu ermorden, hatte doch etwas so Schreckliches, daß Keiner der Anwesenden auf die Worte der Kaiserin Etwas zu antworten wagte.

„Haben nicht die Götter," fuhr sie fort, „durch die deutlichsten Vorzeichen den Untergang des Tyrannen angekündigt? Sie haben seinen Sturz beschlossen; sie werden daher die Hand führen, welche ihren Willen vollstrecken soll."

„Du weißt, hohe Herrin," bemerkte der Senator Coccejus Nerva, „wie stark der Kaiser ist. Die Todesangst wird seine Kraft noch verdoppeln, und wenn es nicht gelingt, ihn sofort niederzustoßen, werden ihm keine zehn Mann gewachsen sein."

„Schwieriger noch," fügte Parthenius hinzu, „ist die Frage, wie und wo ihm beikommen. Nicht genug, daß jeder seiner Schritte von seinen getreuen Prätorianern behütet und bewacht wird, daß überall seine Späher lauern, und das Geringste, was verdächtig erscheint, ihm anzeigen: er sieht in den zu Spiegeln geschliffenen Marmorplatten der Wände ja jede Fliege, die sich ihm naht."

„Die Wachtposten vermag ich unmittelbar vor dem entscheidenden Augenblicke zu entfernen," beruhigte Petronius Secundus, der Präfekt der kaiserlichen Leibgarde, „und die Spiegel mögen uns wenig kümmern, da wir ihn ja nicht im Rücken überfallen, sondern unter irgend einem Vorwande offen vor ihn hintreten müssen, um ihm seinen Theil zu geben."

„Den Vorwand hoffe ich schon zu ersinnen," sagte kaltblütig die Kaiserin. „Wenn erst nur Derjenige gefunden ist, der sich entschließt, die Welt von einem Ungeheuer zu befreien, dann lösen sich die übrigen Fragen von selber."

Dabei ließ sie ihr Auge im Kreise umherschweifen und heftete es endlich fragend, ohne ein Wort zu sagen, auf Stephanus, der unter allen Anwesenden weitaus der größte und stärkste war.

„Ich habe mich," sagte sie, zu Stephanus gewendet, „in meiner Jugend auch mit Euern jüdischen Schriften beschäftigt und da von einem Weibe, Namens Judith, gelesen. Um ihre Vaterstadt zu retten, schlich sie sich in das Lager der Feinde und schlug dem Feldherrn derselben das Haupt ab. Was Ihr Juden und Christen von Domitianus zu erwarten habt, das lehren die jüngsten Ereignisse. Wäre ich eine der Euren, bei allen Göttern, es würde mir nicht an Muth gebrechen, eine zweite Judith zu sein."

"Wenn ich mich auch," antwortete nach einigem Bedenken Stephanus, "für mein Volk opfern wollte, so weiß Parthenius, daß ich nicht über den heutigen Tag hinaus meiner Freiheit und meines Lebens sicher bin."

Stephanus ahnte nicht, daß der kaiserliche Freigelassene schon vorher eine geheime Besprechung mit der Kaiserin gehabt und mit ihr von seinen Unterschlagungen und der drohenden Gefahr der Entdeckung gesprochen hatte; gerade darauf hin war ja er zur Ausführung des Mordes in's Auge gefaßt worden.

"Ich weiß," antwortete lächelnd Domitia auf jene Einwendung, "daß Du in einer kleinen Geldverlegenheit bist. Wer anders ist Schuld daran, als der Kaiser? Nun, was fehlt, decke ich nicht nur gerne, sondern ich ernenne Dich noch heute zu meinem Procurator und Verwalter aller meiner Güter."

Auf der einen Seite die Gewißheit seines Todes durch Henkershand in den allernächsten Tagen, auf der anderen das jetzige Anerbieten der Kaiserin, welches ihn auf einmal aus aller Noth rettete und ihm eine neue, glänzende Zukunft eröffnete, dazu der Vergleich mit der Judith, welcher sein Gewissen über den Frevel des Fürstenmordes beschwichtigte, — für den schon so tief Gesunkenen war da die Entscheidung nicht mehr schwer.

"Herrin," sprach er nach einer Pause, "willst Du die Summe zahlen, von welcher mein Leben abhängt, und wirst Du auch Dein weiteres Versprechen halten, — so sei's."

„Das ist ein heldenmüthiger Entschluß!" riefen Alle wie aus Einem Munde und beeilten sich, dem Stephanus die Hand zu drücken.

Die nächstwichtigste Frage war die nach dem Nachfolger.

„Der Senat," bemerkte Petronius Secundus, „hat den neuen Kaiser zu wählen; allein wir müssen schon den Pfeil bereit im Köcher haben, wenn wir dem Senat den Bogen in die Hand geben."

„Der zu Wählende," fügte die Kaiserin hinzu, „muß ein Mann sein, für den man nicht nur der Zustimmung der über- wiegenden Mehrzahl der Senatoren sicher sein kann, sondern der auch dem Heere, wie dem römischen Volke genehm ist."

„Was brauchen wir da lange zu kundschaften?" rief der Präfekt der Garde; „was die Prätorianer unter den Soldaten, das ist unser Freund Coccejus Nerva unter den Senatoren!"

Petronius hatte nur ausgesprochen, was Alle schon gedacht hatten, zumal da gewisse Vorzeichen den Nerva längst als künftigen Herrscher vorherverkündigt.

Noch lange saßen die Verschworenen bei einander, um über Alles und Jedes zu berathen, und selbst als sie endlich schieden, blieben noch so viele Fragen übrig, daß für die näch- sten Tage eine neue Besprechung verabredet werden mußte.

Stephanus aber löste noch an demselben Abende seine Schuldscheine ein, und als einige Tage später die Fiskal- beamten Rechnungsablage über seine Verwaltung des Ver- mögens der Domitilla forderten, konnten sie nachher dem Kaiser berichten, daß kein Aß in der Kasse fehle.

Von da ab schenkte Domitian dem Stephanus noch größeres Vertrauen. —

Der Kaiser war gewohnt gewesen, vor der coena oder der Abendmahlzeit die Cäsaren bei sich zu sehen; selbst in den

letzten Tagen hatte er sie für einige Augenblicke empfangen. Heute zum ersten Male kamen sie nicht; aber
sie standen wieder vor Domitian's Geist, wie in der
Nacht.

Statt ihrer erschien der Freigelassene, dem bisher
die Aufsicht über dieselben anvertraut gewesen, dessen
Hand auch das Gift in die Speisen gemischt hatte. Indem er schweigend die beiden goldenen Bullen, welche die
Knaben am Halse getragen, nebst anderen Werthsachen auf
den Tisch legte, reichte er dem Kaiser ein Buch hin, das
in einer mit Goldstickerei und Perlen verzierten Hülle
eingeschlossen war, indem er bemerkte:

„Herr, dieses Buch habe ich in einem geheimen Ver-
stecke gefunden; es handelt über die Lehren und den
Gottesdienst der Christen."

Ohne ein Wort zu sagen, ließ Domitian den Freigelassenen abtreten.

Indem er seine Augen auf der traurigen Hinter-
lassenschaft der beiden Knaben ruhen ließ, seufzte er:

„Unseliges Geschick der Herrscher! Das Gute, das
sie befehlen, wird nicht ausgeführt; desto diensteifriger ist
Jeder für das Gegentheil!"

Die Kinder waren ihm doch in den sechs Monaten
lieber geworden, als er geglaubt hatte.

Um sich zu zerstreuen, nahm er das Buch zur Hand,
das der Freigelassene ihm eben gebracht. Es war griechisch
geschrieben und von kunstfertiger Hand mit seltsamen
Bildern in Farben und Gold verziert.

Nachdem Domitian gleichgiltig hin und her geblät-
tert, wollte er das Buch eben wieder fortlegen, als sein
Auge auf eine Stelle fiel, wo das Wort „Kaiser" stand.

Was konnte dort anders stehen, als eine Verfluchung?

Jene Stelle enthielt das älteste Kirchengebet für die Obrigkeit, das aus den Tagen der Apostel stammt und uns in dem Briefe des heil. Clemens an die Korinther enthalten ist; es lautet folgender Maßen:

„Dem Kaiser und allen irdischen Gewalten hast Du, o Gott, in Deiner großen und unaussprechlichen Allmacht die Herrschaft verliehen, damit wir, die ihnen von Dir übertragene Ehre und Würde anerkennend, ihnen unterthan seien und dadurch Deinem Willen uns unterwerfen. Verleihe ihnen, o Herr, Gesundheit, Frieden, Eintracht, glücklichen Erfolg, damit sie die Herrschaft, die Du in ihre Hand gegeben, ohne Hinderniß ausüben. Denn Du, Herr des Himmels, König der Ewigkeit, gibst den Kindern der Menschen Ehre und Würde und Gewalt über Alles, was auf Erden ist; Du, o Herr, lenkest ihre Pläne, wie es gut und wohlgefällig vor Dir ist, damit sie in Frieden und in Milde die von Dir ihnen anvertraute Gewalt ausüben und so sich Deiner Huld erfreuen. Dich, der allein uns dies und alles übrige Gute zu verleihen im Stande ist, Dich preisen wir durch den Hohenpriester und Herrn unserer Seelen, Jesum Christum, durch den Dir Ruhm und Ehre sei jetzt und in Ewigkeit.“

Domitianus las die Stelle wieder und wieder. Welch ein ganz anderer Geist wehte aus diesem Gebete, als aus denjenigen seiner Priester! Konnte den Unterthanen ein höherer Beweggrund zum Gehorsam an's Herz gelegt werden, als der Gedanke, der hier so scharf betont war, daß alle Macht und Herrschaft den Menschen von oben verliehen sei?

Der Kaiser schlug das Buch an anderen Stellen auf: nein, das waren keine Lehren und Anschauungen, welche die staatliche Ordnung gefährdeten.

Warum war ihm dieses Buch nicht eher in die Hände gefallen? — Warum erst jetzt, wo es zu spät war?

Lange saß er sinnend da, dann sprach er für sich:

„Ich werde nach Palästina senden und was an Verwandten und an Schülern jenes Jesus von Nazareth noch am Leben ist, hieher kommen lassen. Aus ihren Worten werde ich mich am besten und zuverlässigsten über ihn unterrichten, und stimmt das Alles mit Dem überein, was in diesem Buche steht, dann — nun, dann werde ich sehen, was ich zu thun habe." — [30]

Jenes Gebet hatte aber doch einen solchen Eindruck auf den Kaiser gemacht, daß er nicht nur die für den folgenden Tag verhängte Hinrichtung einer großen Anzahl von Christen zu verschieben befahl, [31] sondern auch die Zurückberufung Einzelner aus der Verbannung anordnete. —

Als am nächsten Morgen, dem kaiserlichen Befehle gemäß, Stephanus wieder vor dem Herrscher erschien, um über die Hinrichtung und Beisetzung des Consuls zu berichten, trug derselbe einen Verband um seinen rechten Arm. Auf Domitian's verwunderte Frage gab er zur Antwort:

„Ich hatte gestern Abend spät einen Besuch zu machen . ."

„Wahrscheinlich in der Subura," unterbrach ihn der Kaiser mit spöttischem Lächeln; „da soll ja eine gewisse Griechin Lycoris wohnen."

„Auf dem Heimwege," fuhr Stephanus fort, stolperte ich in der Dunkelheit über einen Stein und habe mir den Arm zerbrochen. So kann ich auf Wochen keine Hand mehr rühren, und zu dem Schaden fehlt ja der Spott nicht."

Domitianus athmete erleichtert auf. In der vergangenen Nacht hatte ihn ein Traumgesicht vor Stephanus gewarnt: für die nächste Zeit jedenfalls war derselbe jetzt mit dem zerbrochenen Arm unschädlich, und bevor der Bruch ganz geheilt war, konnte der Kaiser auf dem gewohnten Wege sich vor ihm sicher stellen.

In Wirklichkeit hatte Stephanus den Arm nicht gebrochen; es war nur ein von den Verschworenen ersonnenes Mittel, um den Kaiser gerade ihm gegenüber sorgloser zu machen.

Wie zweckdienlich der Betrug gewesen, zeigte sich in den nächsten Tagen. Zu den früheren drohenden Vorzeichen gesellten sich neue, die den Kaiser zu immer größerer Wachsamkeit trieben und ihn mit wachsendem Mißtrauen gegen Jedermann erfüllten. Vor Stephanus allein mit seinem gebrochenen Arme brauchte er keine Furcht zu haben. — —

Es war am 18. des Monats September, in den ersten Nachmittagsstunden, als sich in Rom das Gerücht verbreitete, der Kaiser sei ermordet worden. Alles eilte nach dem Forum, um Gewißheit und nähere Kunde zu erhalten: zu Tausenden und Tausenden wogte das Volk durcheinander zwischen den Tempeln und Bauten des Forums, vom Capitol bis zum Titusbogen und auf allen Wegen und Zugängen hinauf zum Palatin. Die Thatsache war außer Zweifel: der Kaiser war nicht mehr; allein über die näheren Umstände seines Todes erzählte sich die vielfach in Gruppen zusammenstehende Menge die verschiedenartigsten Dinge. Darin stimmten alle Berichte überein, daß Domitian im Sterben den Namen Flavius Clemens ausgestoßen habe.

Der Senat war vollzählig in der Curie versammelt, um zu berathen, was jetzt zu thun sei. Auf allen Gesichtern leuchtete die Freude und Zufriedenheit, daß Rom von dem

Tyrannen befreit war; hatte ja Domitianus gerade unter dem Adel die meisten Opfer ersehen. In der allgemeinen Aufregung wollte Jeder reden und Anträge stellen; der Eine forderte, daß die Leiche Domitian's gleich der eines gemeinen Gladiators verscharrt werden solle; ein Zweiter beantragte, alle Marmorstatuen Domitian's zu zerstören, die aus Silber und Gold einzuschmelzen und seine Inschriften auf den öffentlichen Monumenten auszumeißeln; ein Dritter verlangte die sofortige Aufhebung aller seiner Verordnungen; wieder ein Anderer die Zurückberufung der Verbannten und die Entlassung der Gefangenen aus den Kerkern, während die Besonneneren zunächst zu der Wahl eines neuen Imperators drängten.

Alle jene Anträge wurden durch Acclamation angenommen, und alsbald mußte ein Herold dem versammelten Volke die Beschlüsse des Senats verkündigen. Sofort begann die Menge unter wüstem Geschrei die Statuen Domitian's auf dem Forum von ihren Postamenten herunterzureißen; Andere eilten in die Gefängnisse, die Gefangenen zu befreien; im Judenviertel jenseits der Tiber jubelte Jung und Alt, daß die Tempelsteuer aufgehoben sei.

Unter den vielen Hunderten, welche in den Gefängnissen schmachteten, waren nicht wenige Christen, welche Domitian erst kürzlich in den Kerker hatte werfen lassen, um sie bei den nächsten Spielen den Bestien preis zu geben. Mit welcher Freude wurden jetzt diese Bekenner Christi von ihren Angehörigen begrüßt! Der Evangelist Johannes legt in seiner Geheimen Offenbarung den Martyrern, die durch Domitian's Grausamkeit gestorben, die Frage in den Mund: „Wie lange, o Herr, Du Heiliger und Wahrhaftiger, richtest Du nicht und rächest Du

nicht unſer Blut an den Bewohnern der Erde?" Und
der heilige Seher fährt dann fort: „Und es wurde
ihnen gegeben Jeglichem ein weißes Gewand, und es
ward ihnen geſagt, daß ſie ſich gedulden ſollten noch eine
kleine Weile, bis vollzählig geworden die Zahl ihrer
Mitknechte und ihrer Brüder, die gleich ihnen getödtet
werden ſollten." Wie ſchnell und wider alles Erwarten
war dieſe Verheißung erfüllt worden!

Die ſchwierigſte Frage, welche dem Senate noch
übrig blieb, war die nach dem Nachfolger; denn Jeder
der verſammelten Väter hätte am liebſten ſich ſelber zu
der Ehre erhoben geſehen. Eine ſchnelle Entſcheidung
führte Petronius Secundus herbei, der in großer Aufregung
im Senat erſchien mit der Kunde, daß die Prätorianer,
empört über die Ermordung ihres Kaiſers, den Tod der
Verſchworenen verlangten und bald vor der Curie er=
ſcheinen würden, um einen Imperator nach ihrer Wahl
auf den Thron zu heben.

Domitianus hatte ſeine Leibgarde immer und überall
bevorzugt, ihr bei allen beſonderen Veranlaſſungen den
Sold verdoppelt, jedes Verdienſt durch Auszeichnungen
und Geſchenke belohnt. So war es jetzt ihrem Präfekten
Petronius Secundus nur mit großer Mühe gelungen,
ſie einſtweilen noch im Caſtrum zurückzuhalten. — Ihre
Kameraden, welche im Palaſt den Wachdienſt hatten,
waren auf die Hilferufe des Kaiſers herbeigeeilt; noch
bei der Leiche Domitian's war es zu blutigem Kampfe
gekommen zwiſchen ihnen und denen, welche die Kaiſerin
Domitia im entſcheidenden Augenblick den Verſchworenen
zu Hilfe geſchickt hatte.

Unter dem Drucke der Furcht vor den Prätorianern
wurde im Senat die Ernennung eines neuen Imperators

beschleunigt, zumal Viele schon vorher für Coccejus Nerva gewonnen waren.

Mit den kaiserlichen Insignien geschmückt, ihm voraus vierundzwanzig Lictoren, vom gesammten Senat und den Rittern begleitet, zog der neue Imperator von der Curie über das Forum zum Palatin, während Petronius Secundus zum Castrum eilte, seine Prätorianer durch glänzende Versprechungen für Nerva zu gewinnen. —

Als es Nacht geworden, trugen dieselben Todtengräber, welche die beiden Cäsaren bestattet hatten, auf derselben ärmlichen Bahre die Leiche des Kaisers aus dem Palaste. Ein altes Mütterchen bildete das einzige Gefolge; Phyllis, die ehemalige Amme Domitian's, hatte um schweren Lohn jene Beiden gedungen, den Todten heimlich zu ihrem kleinen Landhause vor den Thoren zu bringen, um ihm die letzte Ehre zu erweisen.

Hinter der Bahre, auf welcher der Kaiser ruhte, trugen andere Todtengräber eine andere Leiche aus dem Palaste und schlugen ihren Weg nach dem großen Todtenfelde des Esquilin ein.

„Wen bringt denn Ihr da!" fragten die übrigen Todtengräber, welche bereits ihre Last für die große allgemeine Grube abgeliefert hatten.

„Beim Hades," antwortete der Eine, „der hätte ein kaiserliches Leichenbegängniß verdient. Er hat dem Coccejus Nerva die Kastanien aus dem Feuer geholt und sich selber dabei die Finger verbrannt."

„Was?" riefen alle Uebrigen, „der dem Domitianus den Dolch in den Leib gestoßen, und den dann die Prätorianer im Kampfe getödtet haben?"

Mit diesen Worten schlugen sie das Tuch zurück, welches den Todten bedeckte: — es war Stephanus. [34])

Anmerkungen.

1) In der folgenden Erzählung haben wir uns möglichst getreu an die eingehenden Schilderungen und Berichte des Sueton, Dio Casius und anderer alten Historiker gehalten, und so sind nicht nur alle in der Erzählung auftretenden Personen, ebenso wie der ganze Gang der Erzählung historisch, sondern auch da, wo der Dichtung ihr Recht gelassen werden mußte, liegen geschichtliche Nachrichten zu Grunde.

2) Ueber die Niederlassung der Juden in Rom und ihre Geschichte vergleiche die klassische Schilderung bei Allard, Histoire des persécutions I, Cap. 1 u. 2. Schon unter Nero mochten sie gegen 20 bis 30,000 Seelen zählen. Sie wohnten möglichst in Quartieren bei einander, zumal in dem Viertel auf dem rechten Tiberufer am Fuße des Janiculus, wie an der appischen Straße beim Haine der Egeria, und nährten sich meist vom Kleinhandel oder vom Bettel. Es gab aber auch sehr reiche Leute unter ihnen, deren Tafel an den jüdischen Festen die kostbarsten Leckerbissen aufwies, welche in Rom zu haben waren. Treu und gewissenhaft in der Beobachtung der mosaischen Satzungen, waren die Juden in der Fremde unermüdlich bestrebt, ihre Lehre auszubreiten und für das Bekenntniß des Einen Gottes Anhänger unter den Heiden zu gewinnen. Jüdische Friedhöfe, den christlichen Katakomben durchaus ähnlich, sind an der portuensischen und appischen Straße gefunden worden, kenntlich durch die auf den Grabsteinen wiederkehrenden jüdischen Symbole, besonders des siebenarmigen Leuchters, wie ihn das untenstehende Bruchstück eines Goldglases zeigt.

3) Unter den Bekennern der jüdischen Religion nicht jüdischer Abstammung unterschied man Proselyten der Gerechtigkeit, welche das ganze Gesetz annahmen und vollgiltige Juden wurden, und Proselyten des Thores, die nur der Vielgötterei entsagten und den Einen Gott der Juden anbeteten, im Uebrigen aber ihre Lebensweise, wie Aemter und Würden beibehielten. Man nannte sie timentes Deum, Gott fürchtend. Ein solcher war z. B. der Hauptmann Cornelius, bevor er mit seinem Hause von Petrus getauft wurde. Die Zahl dieser zweiten Klasse war überaus groß, selbst in den höchsten Ständen, und wuchs um so mehr, als die Albernheiten der mythologischen Märchen und die Sittenlosigkeit unter den Heiden ernstere Geister zum Nachdenken, edlere Naturen zum Streben nach der Tugend trieb.

Als der h. Petrus im Jahre 42 nach Rom kam, fand das Evangelium den erbittertsten Widerstand von Seiten der Juden; es kam zu wüsten und unaufhörlichen Tumulten, so daß Kaiser Claudius daraus Veranlassung nahm, Juden wie Christen aus Rom zu vertreiben (Judaeos, impulsore Chresto assidue tumultuantes, Roma expulit. Sueton, Claudius, 25). Wohl kehrten sie bald wieder zurück, aber mit ihnen auch der Widerstreit, während in den Augen der Römer Juden und Christen als Ein und Dasselbe, letztere nur als eine Sekte des Judenthums galten. Die Schuld am Brande Rom's im Jahre 64, erst den Juden zur Last gelegt, deren Quartiere verschont geblieben, wurde von diesen auf die Christen gewälzt und veranlaßte die erste blutige Verfolgung unter Nero. Kam dadurch nun auch den Römern die Verschiedenheit zwischen Juden und Christen zum Bewußtsein, so galten letztere doch immer noch als Zweig vom gleichen Stamme; sie waren Brüder, wenn auch feindliche Brüder. Als Titus Jerusalem zerstörte, rechnete er darauf, daß jetzt mit dem Judenthum auch das Christenthum zu Grunde gehen werde (christianos ex Judaeis exstitisse: radice sublata stirpem facile perituram. Sulp. Sev. Chron. II, 30); sein späteres Wohlwollen gegen die Juden mußte sich auch auf die Christen erstrecken, um so mehr, als diese an dem Aufstande in Palästina nicht Theil genommen hatten.

Die Juden hatten nach der Zerstörung Jerusalems die bisherige Tempelsteuer von zwei Drachmen nunmehr an den Jupitertempel zu Rom zu zahlen; Domitian, der für seine zahllosen Bauten Geld brauchte, dehnte diese Steuer auf Alle aus, „qui vel improfessi judaicam viverent vitam" (Sueton 12), welche, obgleich sie nicht geborne Juden waren und sich nicht zu ihnen bekannten, doch „nach Weise der Juden lebten,„. Das waren zunächst die Proselyten der Gerechtigkeit und des Thores, dann aber auch die Christen, welche in den Augen der Römer als jüdische Sekte galten. (Vgl. Allard, l. c. S. 160.)

4) Die Wohnung des heil. Clemens lag dort, wo heute die ihm geweihte Kirche steht, zwischen dem Colosseum und dem Lateran. Theile derselben wurden im Jahre 1868 wiedergefunden, als man die in der Zeit Constantin's darüber erbaute Basilika ausgrub. Ihre Räume liegen unter dem Chor dieser Basilika, und aus dem Seitenschiff führte eine breite Treppe in die ehemalige Wohnung des heil. Clemens, wo in den Tagen der Apostel die Gläubigen sich zum Gottesdienste zu versammeln pflegten. Wie in den Basiliken, welche über den Gräbern der Martyrer erbaut waren, eigene Zugänge und Treppen unmittelbar zu diesen Gräbern führten, so sind auch die Gläubigen seit dem IV. Jahrhundert auf jener Treppe in die alte Wohnung des h. Clemens hinabgestiegen, um dort die Stätte zu verehren, welche durch die Predigt der Apostelfürsten und ihrer Nachfolger eine so hohe Weihe erhalten hatte.

5) Vgl. über sie De Rossi, Bull. 1874, p. 20.

6) I. Brief an die Korinther, Cap. 63. Die neuesten protestantischen Herausgeber der Clementinischen Briefe, von Gebhart und Harnack, sagen zu der Erklärung jener Stelle „Judicabunt (nämlich die von Rom abgeordneten Gesandten), utrum seditionem sedaveritis, an non." — : Hæc vox gravis neque opinata; ecclesia Romana, nequaquam a Corinthiis advocata, iurisdictionem quandam sibi arrogat; sed severe hanc rem agit, quia.... ecclesiarum omnium pax et salus Romanae cordi est. Also die Abgesandten sollen untersuchen und richten, ob die Korinther ihre Streitigkeiten beigelegt haben, oder nicht. — Eine Sprache, eben so entschieden, als verwunderlich. Die Römische Kirche, die keineswegs von den Korinthern angerufen worden, legt sich eine gewisse Gerichtsbarkeit bei, und sie thut es mit allem Ernste, weil der Friede und das Ziel aller Kirchen der Römischen Kirche am Herzen liegt."

7) Unter den vielen Anklagen, welche gegen die ersten Christen erhoben wurden, war auch die, daß sie sich von aller öffentlichen Wirksamkeit zurückzögen und daher mindestens unnütze Glieder der Gesellschaft seien. Sed alio quoque iniuriarum titulo postulamur, et infructuosi in negotiis dicimur, sagt Tertullian. Kaiser, welche den Christen wohlwollten, haben christliche Beamte von der Anwesenheit und Theilnahme an den Opfern dispensirt oder ihr Fernbleiben stillschweigend genehmigt. Allein selbst dann blieb die Bekleidung eines öffentlichen Amtes für jeden Christen eine schwierige.

8) So ging es freilich oft genug bei den Gastmählern zu, und wenn die unsinnigsten Preise bezahlt wurden, um seltene Speisen, z. B. ein Gericht von Nachtigallen-Zungen den Gästen vorzusetzen, so trieb man es in Fraß und Völlerei so weit, daß die Tischgenossen zu dem von Sigamber bezeichneten Mittel griffen, um wieder von Neuem anfangen zu können.

9) In seiner steten Angst vor Meuchelmördern ließ Domitian sowohl aus dem Orient, als aus anderen Provinzen Seher und Zeichendeuter kommen, um sie über sein Geschick und das derjenigen Personen zu befragen, die er fürchtete. Es wird ausdrücklich berichtet, daß er auch aus den germanischen Wäldern eine bei ihrem Stamme hochangesehene Priesterin, Namens Ganda, zu diesem Zwecke nach Rom berief.

10) Ueber Schulwesen und Unterricht vergl. u. a. Becker, Gallus S. 77 f.

11) Es war eine in Rom sehr verbreitete Sitte, um sich den Besitz und die Unverletzlichkeit seiner Grabstätte für alle Zeit zu sichern, dieselbe durch eine auch durch die Staatsgesetze geschützte letztwillige Erklärung jeder Erbschaftsfolge zu entziehen. Daher liest man auf heidnischen Inschriften häufig die Bestimmung, welche oft bloß mit den Anfangsbuchstaben der allgemein bekannten Formel eingemeißelt ist: H. M. E. T. H. N. S. hoc monumentum ex testamento heredes ne sequatur, „das Grabmal geht nach testamentlicher Bestimmung nicht auf die Erben über."

12) Der Anker, als Sinnbild der Hoffnung schon vom Apostel Paulus bezeichnet, ist das älteste Symbol, das uns auf den Grabsteinen der Katakomben begegnet. Um aber klar auszudrücken, daß diese Hoffnung auf dem Kreuze Christi beruhe, zeichnete man gerne den Anker aufrechtstehend auf die Grabsteine, oder gab ihm eine Form, in welcher das Kreuz unverkennbar war. Ein Grabstein aus dem Cömeterium des Callistus zeigt uns unter dem Namen der verstorbenen Faustinianum zunächst einen solchen Kreuzanker. Darunter ist die Verstorbene als ruhendes Lamm abgebildet, welches zu dem Kreuze, dem Sinn-

bilde aller Hoffnung im Tode, emporblickt. Die Erfüllung aber dieſer Hoffnung iſt ausgedrückt durch die Taube Noe's, die mit dem Oelzweige des ewigen Friedens heraufliegt.

13) Von den Gemälden der Katakomben der Domitilla iſt die Deckendekoration des gewölbten Einganges noch theilweiſe erhalten; die Darſtellung des himmliſchen Mahles zeigt uns zwei Perſonen, die vor einem Tiſchlein ſitzen, auf welches ein Diener

Fiſch und Brode gelegt hat, ein Hinweis auf jene wunderbare Speiſung in der Wüſte, die der Herr ſelber als Vorbild auf jene höhere Speiſe deutete, deren Genuß ewiges Leben verleiht.

14) Es iſt im hohen Grade belehrend, wie würdig die alten Heiden den Dienſt der Himmliſchen auffaßten. Rein an Leib und Seele mußte man ſich den Göttern nahen, mit gewaſchenen Händen, keuſchem Leibe, keuſchem Sinne und reinem Gewiſſen; rein mußte das Kleid, das Opfergefäß, das Opfer ſein; bei vielen Opfern war nur die Anweſenheit gewiſſer Perſonen erlaubt, und der Lictor wies vor Beginn der heil. Handlung die nicht Berufenen hinaus. In ehrfurchtsvollem Schweigen ſtehen die Theilnehmenden; „favete linguis“ iſt der Zuruf, der Allen Stillſchweigen im Angeſichte des Gottes auferlegt. (Quintilian, Decl. 265: in templo verbis parcimus, animos componimus, tacitam etiam mentem nostram custodimus). Die ganze

Aufmerksamkeit war auf das Gebet gerichtet; jedes profane Wort wurde ängstlich vermieden. Dem Opferpriester rief der Herold zu: „hoc age", ihn mahnend, sein ganzes Sinnen und alle seine Gedanken auf das Eine zu richten; damit nichts an sein Ohr dringe, was ihn stören oder zerstreuen könnte, hat der Priester beim Opfer das Haupt verhüllt, und ein tibicen oder Flötenbläser begleitet die heil. Handlung mit seiner Musik.

Man betete stehend, nach Osten gewendet, die Hände zum Himmel erhoben, während die Frauen knieten. Auch betete man still, wobei man den Finger auf den Mund legte. Es war genau bestimmt, welche Opferthiere den einzelnen Göttern genehm waren; das Opfer mußte makellos und ohne Fehl sein und freiwillig sich zum Altare führen lassen; hier wurde es erst geweiht, und dann erhielt es den Todesstoß. Neben den blutigen Opfern brachte man die Erstlinge der Früchte, Speisen, Milch, Wein und Weihrauch dar. Als Opfergehilfen, entsprechend unsern Meßdienern, standen den Priestern Knaben zur

Seite, die man camilli nannte; dieselben mußten von untadel=
hafter Geburt und in jeder Beziehung makellos sein; als Diener
der Gottheit trugen sie die praetexta, ein weißes, purpur=
verbrämtes Kleid, welches nur Kindern von hoher Geburt zu=
stand. (Vgl. das Ausführlichere bei Marquart, Hbb. der röm.
Alterth., IV, 464 f.)

15) Ueber die Gärten der alten Römer vgl. Becker, Gallus II,
S. 49 f.

16) Vergleiche zu dem Vorstehenden die Angaben und Schilderungen
in Becker's Gallus.

17) Man hat Spielbretter aus Marmor so=
wohl, als Würfelbüchsen in den Kata=
komben gefunden; erstere sind zu Grab=
steinen verwendet worden, indem auf
die Kehrseite die Inschrift eingemeißelt
wurde. Unsere Abbildung zeigt ein sol=
ches Spielbrett, mit Kränzen und Palm=
zweigen und der Inschrift, welche sich
auf das Spiel bezog: victus leva te;
ludere nescis; da lusori locum. „Be=
siegter, mach' dich fort; du verstehst das
Spiel nicht; mach' einem (verständigen)
Spieler Platz!"

18) Man muß sich lebendig in jene Zeiten zurückversetzen, wo nach
der blutigsten Verfolgung des Nero die Kirche unter den beiden
Kaisern Vespasian und Titus vollen Frieden genossen und sich
wunderbar schnell in allen Kreisen des römischen Volkes aus=
gebreitet hatte. Vor wenigen Jahren war Jerusalem zerstört
worden: der Triumphbogen des Titus auf dem Forum war das
große Denkmal über den Untergang des Judenthums. Die

vielfach mißverstandenen Vorhersagungen über die Ankunft des
Herrn drängten zu der Erwartung eines baldigen Triumphes
des Kreuzes. Es läßt sich ja heute nicht sagen, wie die Geschichte
der alten Kirche sich entwickelt haben würde, wenn die beiden
Knaben als christliche Kaiser zur Herrschaft gelangt wären; aber
damals lag es nahe, in der Adoption derselben durch Domitian
eine Fügung des Himmels zu sehen, um schon in den nächsten
Menschenaltern Rom und die Welt zur Erkenntniß der Wahrheit
zu führen. Das Christenthum ist sich auch in den trübsten
Zeiten, unter den blutigsten Verfolgungen seines einstigen Sieges
und Triumphes bewußt gewesen; daß man sich diesen glorreichen
Tag näher dachte, als er war, ist begreiflich.

19) Das eigentliche Standquartier der Prätorianer, von welchem
heute noch ansehnliche Reste erhalten sind, lag weiter entfernt,
nahe bei der porta Nomentana. Die in der Nähe gelegenen

Katakomben des heil. Ni=
komedes haben uns Grab=
schriften von christlichen
Soldaten der kaiserlichen
Garde aufbewahrt. (Ver=
gleiche De Rossi Bull.
1865. p. 49 f.)

20) Die Spendung der Taufe
als des Sakramentes der
zweiten Geburt geschah in
der alten Kirche durch
völliges Untertauchen (submersio), wie noch heute es bei den Grie=
chen Brauch ist; daneben war aber auch schon seit ältester Zeit

das Begießen (infusio) des Täuflings mit dem hl. Waffer in Uebung. Für beide Formen haben wir Abbildungen in den Katakomben des Callistus aus dem Anfange des dritten Jahrhunderts. Ein noch vollständig erhaltenes Taufbassin, mit Stufen zum Hinabsteigen in das Waffer, findet sich in den Katakomben des Pontianus.

21) Die Beleuchtung bei den alten Römern war im Vergleich zu der unsrigen eine höchst bescheidene, nicht nur, wenn man an unsere Beleuchtung mit Gas oder elektrischem Lichte denkt sondern auch im Hinblick auf unsere gewöhnlichen Lampen mit ihrem Mechanismus, Glasrohr und Glocke. Das Alles kannten die Alten nicht, und wenn sie durch eine große Menge von Lampen eine entsprechende Lichtfülle erzielen konnten, so mußte in gleichem Maße der Qualm des verbrennenden Oels seine unangenehme Wirkung haben. Die Lampen, deren uns eine unzählige Menge erhalten ist, waren theils aus Thon gebrannt, theils aus Erz gegossen. Letztere waren selbstverständlich kunstreicher, mit Kettchen zum Aufhängen versehen, oft

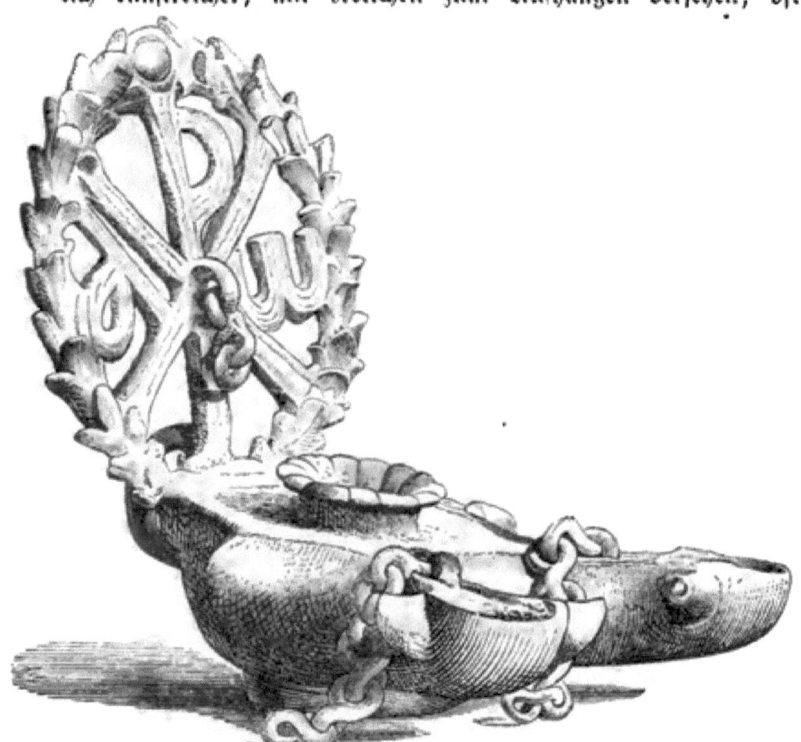

zu zwei und mehr Flammen, und meistens mit Figuren verziert, in Form eines Fisches, einer Taube, eines Schiffes u. s. w.

Solche Bronce=Lampen des IV. und V. Jahrhunderts mit christlichen Zeichen und Darstellungen sind uns noch manche erhalten, mit dem Namenszuge Christi, mit der Figur des Jonas u. dgl.

22) Diese Strafe wird in den Martyraften oft erwähnt. Der Kopf und die beiden Hände des Verurtheilten wurden zwischen zwei Blöcke eingeklemmt, so daß dem an der Erde liegenden Opfer

jede Bewegung unmöglich war. Eine andere Art dieser Strafe war, daß die Beine ausgereckt in einen solchen Block (nervus) eingefügt wurde. In den Akten der Martyrer von Lyon wird berichtet, dieselben seien in den Kerker geworfen, ut pedes in nervo ad quintum usque foramen distentos haberent. Der Block hatte also verschiedene Löcher, und die Qual war um so größer, in je entferntere Löcher die Füße eingeschlossen wurden. Die wenigsten Martyrer überstanden diese Tortur.

23) Dieses Zeichen findet sich auf einer Grabschrift im Coemeterium der Priscilla aus der ersten Hälfte des zweiten Jahrhunderts. Zwei andere Inschriften eben daselbst zeigen das bloße M. De Rossi zweifelt nicht, daß dieses M — martyr bedeute.

24) Das Grab dieser beiden Martyrer ist zu allen Zeiten hoch verehrt gewesen. Papst Siricius baute über demselben um 386 eine

Die ausgegrabene Basilika der hh. Nereus und Achilleus.

Baſilika, welche im Jahre 1874 wieder ausgegraben worden iſt. Man
fand dort die Bruchſtücke zweier Säu-
len, welche ehemals den Altarbaldachin
getragen hatten; auf denſelben war
die Enthauptung der Martyrer in
Relief dargeſtellt. Von der Inſchrift
in Verſen, mit welcher Damaſus die
Gruft der beiden Martyrer ſchmückte,
iſt ein großes Bruchſtück wieder gefunden worden. Papſt Gregor der
Große hat an ihrem Feſte in dieſer
Kirche eine ſeiner ſchönſten Homilien
gehalten. Jetzt ruhen die beiden Heiligen in einer nach ihnen benannten
Baſilika innerhalb der Stadt, an der
appiſchen Straße, bei den Thermen
des Caracalla.

25) Bei den jüngſten Ausgrabungen in
den Katakomben der heil. Priscilla
im Jahre 1889 hat man einen Grab-
ſtein des dritten Jahrhunderts gefunden, den ein L. Petronius Secundus ſeinem dreiundzwanzigjähri-
gen Sohne ſetzte. Daß Beide die
Abkömmlinge unſeres Präfekten der
kaiſerlichen Leibgarde waren, unter-
liegt keinem Zweifel; wann die Fa-
milie das Chriſtenthum angenommen, ob gar unſer Petronius
Secundus ſelber ſpäter Chriſt geworden, dafür fehlen uns die
Nachweiſe. (Vgl. Römiſche Quartalſchrift 1890, S. 319.)

26) Das Gebet der Heiligen für uns auf Erden ſpricht ſich in
zahlreichen Inſchriften der Katakomben aus. Das chriſtliche
Muſeum des Lateran weiſt z. B. folgende Inſchriften auf:
In orationibus tuis roges pro nobis, quia scimus te in

☧. „In Deinen Gebeten bitte für uns; denn wir wiſſen,

daß Du bei Chriſto biſt.“ — Pete pro nobis, ut salvi simus,
„bitte für uns, daß wir in den Himmel kommen.“ (Andere
Beiſpiele bei Kraus, Encycl. I, S. 566). — Das Gebet der
Lebenden für die Verſtorbenen wird gleichfalls auf zahlreichen
Inſchriften angerufen; als Beiſpiel nennen wir nur die der
Agape, welche erſt vor wenigen Jahren im älteſten Theile der

apoſtoliſchen Katakomben der heiligen Priscilla gefunden wurde: Vos precor, o fratres, orare huc quando venitis Et praecibus totis patrem natumque rogatis, Sit vestrae mentis Agapes carae meminisse, Ut Deus omnipotens Agapen in saecula servet. „Ich bitte euch, Brüder, wenn ihr hieher kommt und in inbrünſtigen Gebeten zum Vater und zu ſeinem Sohne ruſet, dann vergeſſet nicht, der lieben Agape zu gedenken, damit der allmächtige Gott Agape in Ewigkeit bewahre. (De Rossi, Bullett. 1886, Tav. IX.)

27) Der heilige Johannes der Evangeliſt, durch Domitian auf die Inſel Patmos verbannt, gedenkt in ſeiner Geheimen Offenbarung wiederholt dieſer Verfolgung, die zumal in den kleinaſiatiſchen Städten zahlreiche Opfer forderte. (Vgl. Allard, Histoire des persécutions I, 113.) Waren es bisher meiſtens vornehme Perſonen geweſen, welche der Wuth des Tyrannen zum Opfer fielen, ſo kamen jetzt auch die „humiliores“ an die Reihe, und neben dem Morde des Flavius Clemens war dies eine der Urſachen zum Sturze Domitian's (Vgl. Allard, p. 122).

28) Solcher einfacher Sarkophage aus der älteſten Zeit ſind noch mehrere in den Katakomben vorhanden. So fand man im Coemeterium des Calliſtus einen nur leicht mit Wellenlinien verzierten Sarg, mit der Inſchrift auf dem Rande des Deckels:

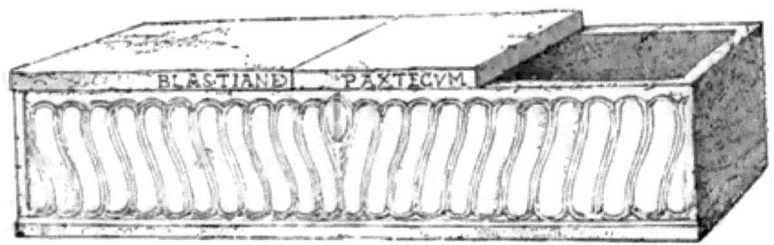

BLASTIANE · PAX · TECUM. Da auch die Heiden Darſtellungen aus dem Hirtenleben auf ihren Sarkophagen liebten, ſo wählten die Chriſten ſolche Särge um ſo lieber, weil ſie in dem Hirten das Bild des Herrn ſahen, der ſeine Schäflein aus der Wüſte der Welt zu den himmliſchen Weiden ewigen

Friedens trägt. Ein solcher Sarkophag späterer Zeit ist der vorstehend abgebildete, gleichfalls aus den Katakomben des heil. Callistus.

29) Der h. Hieronymus berichtet, wie zu seiner Zeit die Höhle, welche Domitilla bewohnt hatte, von Andächtigen besucht wurde. Wenn Domitian's Nachfolger die Verbannten zurückrief, so scheint er von der Amnestie die Verwandten des flavischen Geschlechtes ausgenommen zu haben.

30) Wir nehmen hier Bezug auf eine kirchliche Ueberlieferung, die sich bei Hegesippus, einem der ältesten Kirchenhistoriker, (citirt von Eusebius, hist. III. Cp. 15) findet. Nach ihm ließ Domitian Diejenigen, die noch vom Stamme David's und von der Verwandtschaft des Herrn am Leben waren, nach Rom kommen; als er aber von ihnen hörte, daß sie arme Leute seien, und als er ihre von der Feldarbeit schwieligen Hände sah, entließ er sie unbehelligt, zumal sie auf seine Frage nach dem Reiche Christi erklärten, am Ende der Welt werde Christus kommen, zu herrschen über die Lebendigen und die Todten. — Daß der h. Johannes der Evangelist nach Rom geschleppt und dort in einen Kessel siedenden Oeles geworfen, daraus aber wunderbar errettet und dann nach Patmos verbannt worden sei, erwähnt um das Jahr 200 Tertullian als eine allbekannte Thatsache. (Vgl. Baronius, Annal., p. 861).

31) Daß Domitianus am Ende seines Lebens die Verfolgung der Christen einstellte, wird uns ausdrücklich durch Tertullian berichtet: Tentaverat et Domitianus, portio Neronis de crudelitate; sed qua et homo, facile coeptum repressit, restitutis etiam, quos relegaverat.

32) Sueton und Dio Cassius geben folgende nähere Schilderung der Ermordung Domitian's. Das kleine Mädchen, welches er zu seiner Unterhaltung bei sich hatte, trat eines Tages in sein Gemach, als er schlief, und fand unter seinem Kopfkissen ein Stück Papier, das es mitnahm, um damit zu spielen. Domitia traf zufällig die Kleine und nahm ihr das Papier ab, um zu sehen, was es sei. Sie war nicht wenig erstaunt, dort ihren Namen, und die des Norbanus, des Petronius Secundus, des Parthenius und noch Anderer zu finden. Allen diesen zeigte die Kaiserin diese Liste der zum Tode Bestimmten, und so kam der Entschluß zu Stande, dem Tyrannen zuvorzukommen. Es war am 18. September, als Domitian, nachdem er einige Zeit Prozesse geprüft, in sein Gemach zurückkehrte. Es war elf Uhr, — die Stunde, welche er fürchtete. Als er daher fragte, wie spät es sei, gab ihm einer der Verschworenen absichtlich die Antwort, es

sei Mittag. So glaubte Domitian der Gefahr entronnen zu sein
und schickte sich an, vor der Mahlzeit ein Bad zu nehmen. In
diesem Augenblicke erschienen Parthenius und Stephanus und erklärten, sie hätten ihm etwas sehr Wichtiges ganz im Geheimen mitzu-
theilen. Nachdem alle Uebrigen entlassen worden, übergab Parthenius
dem Kaiser ein Aktenstück, die Enthüllung einer Verschwörung, an
deren Spitze der Consul Flavius Clemens stehe, welcher keineswegs
enthauptet worden sei, und der jetzt auf Rache sinne. Während
Domitian mit großer Aufmerksamkeit las, zog Stephanus aus dem
Verband seines Armes den Dolch und stieß ihn dem Kaiser in den
Unterleib. Domitian schrie um Hilfe, und da die Wunde nicht
tödtlich war, kam es zwischen ihm und Stephanus zu einem furchtbaren Ringen; obschon er sich selber an dem Dolche des Gegners
die Hand zerschnitt, drang er auf ihn ein, um ihm die Augen auszu-
kratzen. So ließ denn Parthenius andere Mitverschworene eintreten,
welche den Domitian vollens tödteten. Aber nun erschienen auch
die Prätorianer, um dem Kaiser zu Hilfe zu kommen, und in dem
Kampfe, welcher sich jetzt entspann, wurde auch Stephanus getödtet.
Da Domitian unter seinen Kopfkissen ein Schwert zu bewahren
pflegte, so rief er, als Stephanus ihm den Dolchstich versetzt hatte,
dem kleinen Pagen, der noch im Gemache war, zu, er sollte ihm
das Schwert bringen. Allein es fand sich nur die Scheide; Parthenius hatte vorher das Schwert zu entfernen gewußt. — Phyllis,
die ehemalige Amme des Kaisers, ließ die Leiche auf der Todten-
bahre der Armen auf ihr Landhaus bringen, wo sie dieselbe verbrannte;
die Asche setzte sie heimlich im Grabmal der Familie bei.

Ob Stephanus, der Procurator der verbannten Domitilla,
Christ gewesen, darüber streiten die neueren Historiker: Thatsache
ist, daß er sich zu der Ermordung des Kaisers dingen ließ, nicht aus
religiösen Beweggründen, sondern weil er, der Unterschlagungen in
der Verwaltung der Güter seiner Herrin angeklagt, dem Tode
nicht entrinnen konnte.

Als Schlußvignetten der Kapitel unserer Erzählung wählten
wir eine Anzahl von Darstellungen der Gottesmutter aus den ersten
vier Jahrhunderten.

Zu dem Bilde auf S. 156.

Das erste Muttergottesbild, welches man in den vierziger
Jahren in den Katakomben, und zwar in dem Ostrianum an der
nomentanischen Straße entdeckte, zeigte uns Maria mit erhobenen
Händen betend, vor ihr das göttliche Kind, abgebildet im Hinter-

grunde eines Nischengrabes. Das Haupt der heiligen Jungfrau ist verschleiert; ein Kranz von Perlen ist um ihren Hals geschlungen.

Der Namenszug Jesu Christi ☧ links und rechts ist beigefügt, damit man in der Frau mit dem Kinde nicht etwa eine in

dem Grabe ruhende Mutter sehe, sondern die jungfräuliche Mutter des Herrn erkenne. Das Gemälde stammt aus der Mitte des vierten Jahrhunderts.*) Eine zur vorhergehenden verwandte Darstellung, aber viel jüngeren Datums und aus dem Orient stammend, sieht man auf dem nebenstehenden geschnittenen Stein. Es muß die Abbildung eines im Morgenlande sehr verehrten Muttergottesbildes „von der Quelle" sein, wie sich sowohl aus der Inschrift: M̅P̅ ΘΥ̅ H ΠΗΓΗ, als auch aus dem Becken mit den beiden seitwärts ausströmenden Wasserstrahlen ergibt, über welchem Maria erscheint.

*) Allerdings wird von einigen neuern Archäologen die Darstellung nicht als eine Mutter Gottes aufgefaßt, sondern als Bild der Verstorbenen.

Zu dem Bilde auf S. 177.

Im Coemeterium der hh. Petrus und Marcellinus findet sich ein Muttergottesbild aus dem dritten Jahrhundert, die Anbetung der h. Weisen aus dem Morgenlande darstellend. Wenngleich die h. Schrift über die Zahl der Magier nichts angibt, so hat doch die kirchliche Tradition seit ältester Zeit die Dreizahl festgehalten, und so viele erscheinen auch regelmäßig auf den Gemälden, wie auf den Skulpturen der Sarkophage. Wenn auf dem erwähnten Gemälde, und noch ein anderes Mal, in den Katakomben der h. Domitilla, von der Dreizahl abgewichen ist, so hatte das, wie der Augenschein lehrt, in dem Streben nach Symmetrie seinen Grund.

Zu dem Bilde auf S. 187.

Das älteste Bild der sel. Jungfrau findet sich als Bruchstück eines Deckengemäldes in den Katakomben der h. Priscilla, in einer Grabkammer, welche um die Zeit unserer Erzählung angelegt worden ist. Maria, das Haupt verschleiert, ihr göttliches Kind an der Brust, hat vor sich einen Propheten, der, die Schriftrolle in der Linken, mit der Rechten auf den Stern hinweist, welcher über dem Kinde und der Mutter steht. Das Bild ist von klassischer Schönheit und ist eher vor, als nach dem Jahre 100 unserer Zeitrechnung ausgeführt worden.

Zu dem Bilde auf S. 200.

Die altchristliche Kunst hat die Mutter Gottes ständig auf einem Throne, einer cathedra, sitzend dargestellt; in den so häufigen Scenen der Anbetung der Weisen hält sie das schon mehr als Knaben aufgefaßte göttliche Kind auf dem Schooße und nimmt mit ausgestreckter Hand die Gaben entgegen, wie es unser Bild aus den Katakomben des h. Callistus und nachstehendes, etwas älteres noch dem dritten Jahrhunderte angehörendes, im Coemeterium der Domitilla zeigt.

Zu dem Bilde auf S. 210.

Die Goldgläser oder genauer die Böden zerbrochener Gläser mit religiösen Darstellungen, in Gold eingravirt, haben sich vielfach in den frischen Kalk der Gräber eingedrückt gefunden; man brachte sie dort an, theils um das betreffende Grab von den andern zu unterscheiden, theils um dadurch in gewisser Weise die Versiegelung des Grabes Christi nachzuahmen und damit zugleich an die

Hoffnung der eigenen Auferstehung zu erinnern. Diese Goldgläser, die der Mehrzahl nach dem vierten Jahrhundert angehören, zeigen uns auch Darstellungen der Mutter Gottes, bald zwischen den beiden Apostelfürsten, bald allein mit erhobenen Händen betend, immer mit ihrem Namen bezeichnet. Unsere beiden Abbildungen geben das eine die Arbeit eines Künstlers, das andere, oben stehende größere, das Erzeugniß eines ungeübten Handwerkers.

Zu dem Bilde auf S. 279.

Die Katakombe der heil. Priscilla bewahrt als Deckengemälde eine dem zweiten Jahrhundert angehörende Darstellung der Verkündigung Mariä von hoher Anmuth. Die heil. Jungfrau, eine fürstliche Erscheinung, sitzt auf einem Throne und nimmt die Verkündigung des himmlischen Boten entgegen. Der Engel Gabriel ist als Jüngling dargestellt, ohne Flügel, weil die altchristliche Kunst die Engel nicht mit Flügeln abzubilden pflegte.

Zu dem Bilde auf dem Titelblatte.

Der Goldboden eines Glasbechers aus dem vierten Jahrhundert, in den Kalkverschluß einer Grabplatte in den Katakomben eingedrückt gefunden, gibt in der Mitte das Portrait der Person, welcher der Becher bei einer festlichen Veranlassung, vielleicht am Jahrestage der Taufe, geschenkt worden war. Die griechische Inschrift in lateinischen Lettern lautet ZESES, „mögest du leben!" Ringsum sind biblische Scenen dargestellt. Zu oberst die drei Jünglinge im Feuerofen; neben ihnen steht, statt des Engels, Christus. Dann folgt die Heilung des Gichtbrüchigen, der sein Bett auf der Schulter trägt. Gegenüber ist das Wunder auf der Hochzeit zu Cana dargestellt. Während diese drei Scenen auf den Gemälden der Katakomben, wie auf den Sarkophagen sehr häufig sind, kommt das unterste Bild, Tobias mit dem Fische, nur selten vor. Der Heiland trägt in allen drei Scenen einen Stab, mit welchem er das Wunder wirkt. Es ist die virga virtutis, das Symbol der Macht und Gewalt, welche der himmlische Vater seinem menschgewordenen Sohne übergeben hat.

Zu unserm Schluß-Bilde.

Das göttliche Kindlein in der Krippe erscheint auf Gemälden der Katakomben nur ein einziges Mal in San Sebastiano, dagegen häufiger auf den Sarkophagen des vierten Jahrhunderts. In Windeln eingewickelt liegt es in der Krippe, neben welcher Ochs und Esel stehen. Zur Seite sitzt die jungfräuliche Mutter, verschleiert, mit besonderer Sorgfalt in den Stein ausgemeißelt; gewöhnlich ist der heilige Joseph als Beschützer hinzugefügt. Wie auf jenem Gemälde, so ist auch auf einem Sarkophage das Kindlein allein ohne Maria und Joseph, aber zwischen zwei Hirten in Mitten der beiden Thiere dargestellt, wie nachstehende Abbildung zeigt.

Welt und Weisheit.

Eine Erzählung

aus der Zeit des Kaisers Marc Aurel.

„Du wirst den Lotſen finden!“

1. Kapitel.

Das Mahl.[1]

Der ſechsundvierzigſte Geburtstag des Kaiſers Marc Aurel ſtand vor der Thüre;[2] ſeit acht Tagen war an allen Straßenecken, in den Vorhallen der Tempel und an den Triumph=bögen auf großen Zetteln das Feſtprogramm zu leſen, und Jung und Alt, Herren und Sklaven dachten und ſprachen über nichts Anderes, als über die Schau=ſpiele im Theater des Pompejus, die Wettfahrten im

Circus Maximus und die Thierhetzen im Colosseum.
Aus Afrika, Asien und anderen Provinzen des römischen
Reiches waren neue Sendungen von Löwen und Tigern,
Bären und Leoparden, aber auch Elephanten und Auer=
ochsen, Elenthiere, Rashörner, Giraffen und andere seltene
Bestien aller Art eingetroffen, welche zu den großen
Thierkämpfen bestimmt waren. Aus der Gladiatoren=
schule zu Capua hatte man die berühmtesten Kämpfer
bestellt, und wenn sie jetzt in Gruppen durch die Straßen
zogen, schaute Alles mit Wohlgefallen auf die herkulischen
Gestalten; um die beiden bekanntesten Gladiatoren, Per=
tinax und Hippolytus, hatte das Volk sich schon in Par=
teien getheilt, und hohe Summen waren verwettet worden,
wer von Beiden im Zweikampf Sieger sein werde;
schwärmten ja selbst die vornehmsten Damen nicht minder
für die Helden der Arena, als das gewöhnliche Volk.

Pertinax und Hippolytus bildeten auch den Gegenstand
einer lebhaften Unterhaltung in dem Salon einer Dame,
welche damals in der feinen Welt der Hauptstadt unbestritten
als Königin galt. Es war Cornelia, die Gemahlin des
Aelius Octavius Caecilianus; beide Gatten zählten unter
ihren Ahnen Consuln, Stadtpräfekten und glorreiche Feld=
herren. Der Palast des Caecilianus auf dem viminali=
schen Hügel war mit unermeßlichem Luxus ausgestattet.
Da sah man Brustbilder und Statuen in Marmor,
Alabaster und vergoldetem Erz; die kostbarsten Teppiche
und Purpurdecken aus dem Orient; die herrlichsten Becher
und Gefäße aller Art in Gold und Silber, Glas und
Bernstein; Tische und Schränke mit mythologischen Figuren
in Gold und Elfenbein eingelegt, jedes ein Kunstwerk,
das in den Prunksälen der kaiserlichen Paläste auf dem
Palatin sich hätte zeigen dürfen. Und das Alles war in

den stolzen Hallen und den reichbemalten, in vergolde=
tem Stuck decorirten Sälen und Gemächern mit so viel
Geschmack bis in's Kleinste geordnet und aufgestellt, daß
man noch mehr den feinen Kunstsinn, als den unermeßlichen
Reichthum bewundern mochte, der hier das Auge blendete.

In die Gesellschaft, welche heute Abend zur Tafel
um die Herrin des Hauses versammelt ist, sollen uns
zwei Männer einführen, die sich eben auf dem Forum
des Mars getroffen haben und nun mit einander dem
Palaste des Caecilianus zuwandern.

Wohl tragen die Beiden die für vornehmen Besuch
vorgeschriebene weiße Toga, die in weiten Falten über
die Tunica oder das Unterkleid geschlagen ist, und an
ihren Fingern blitzen goldene Ringe mit kostbaren Edel=
steinen. Aber man merkt doch bald, daß der zur Schau

getragene Reichthum nur ein entliehener ist, dessen man
bedarf, um nicht gleich an der Schwelle von dem Ostiarius als nicht salonfähig abgewiesen zu werden. Beide
Männer haben lange Bärte, das Abzeichen der Philosophen in jener Zeit.

„Beim Jupiter, mein lieber Justinus,“ sprach der
Eine, indem er sich mit einem Fächer Kühlung zufächelte,
da die schwere Last seines Körpers ihm trotz des Früh-
lings den Schweiß auf das feiste Gesicht mit der kahlen
Glatze trieb, — „beim Jupiter, ich habe mich auf diesen
Abend, offen gestanden, mehr gefreut, als auf die Kaiserfeste. Eine so feine Tafel, wie unser Patronus Caecilianus
sie zu geben pflegt, gibt es in ganz Rom nicht; selbst der
göttliche Lucius Verus,[3] der, bei den Göttern! weiß, was
gut schmeckt, speist keine ausgesuchteren Leckerbissen. —
Ganz besonders,“ fuhr er fort, indem er stehen blieb und
seine beiden breiten Fäuste auf die weite Rundung seines
Bauches legte, während die kleinen Augen aus den dicken,
rothen Wangen hervorblitzten, „ganz besonders freue ich
mich auf die Pastetchen, die kein Koch auf der Welt so
schmackhaft zubereitet, wie der treffliche Carpus. Und
diese Muränen, und diese Kapaunen! Und dann erst die
gallischen Bratwürste, die mein Leibgericht sind! Das
Wasser läuft mir im Munde zusammen, wenn ich nur an
die Palme von Allem, an die gemästeten Austern von Circeii
denke. Von den herrlichen Weinen gar nicht zu reden!“

„Du bist und bleibst der ganze Epikuräer, mein
vortrefflicher Crescens, der Du Dein Leben lang gewesen,“ antwortete der Andere, ein Mann, nahe an die
fünfzig, mit orientalischem Gesichtsausdruck. „Was mich
betrifft, so würde ich um alle die Gerichte keinen Schritt
gehen, wenn nicht Cornelia mit ihrem wunderbaren

Geiste das Mahl würzte. Ich habe in Antiochia, in
Alexandria und Athen Männer und Frauen die Fülle
kennen gelernt, welche über die verschiedensten Dinge,
wie über die höchsten Fragen der Philosophie mit Verstand
und Geist redeten; allein wenn ich Cornelia höre, dann
sind sie alle wie Bächlein neben einem Strome, wie
Mondlicht neben dem hellen Glanze der Mittagssonne."

„Ja, gewiß, mein lieber Justinus, es ist ein einziges
Weib, und selbst der göttliche Marcus Aurelius, der die
Philosophie auf den Thron der Imperatoren erhob, lauscht
ihr mit Vergnügen zu, wenn sie über die Lehren der
Stoiker und Peripathetiker plaudert. Allein mir gefällt
sie doch hundertmal besser, wenn sie die Zither ergreift
und anacreontische Lieder singt. Beim Bacchus, was für
eine Stimme! Da ist eine Nachtigall nur ein elender
Sperling neben ihr."

„Als ich das letzte Mal die Ehre hatte, von ihr zur
Tafel geladen zu werden," fuhr Justinus fort, ohne auf
die Worte seines Begleiters zu achten, „entwickelte sie
mir im Zwiegespräch Ideen über den Begriff des Schö=
nen und Wahren, daß ich mir unsichtbar hinter ihr einen
notarius gewünscht hätte, der jedes ihrer Worte nieder=
schriebe."

„Und was für eine herrliche Gestalt ist sie!" rief Cres=
cens aus. „Als sie das letzte Mal, wo ich sie sah, in den
Speisesaal trat, ein Diadem von Brillanten in dem vollen,
schwarzen Haar, eine dreifach geschlungene Perlenschnur
um den Alabasterhals, die ganze Erscheinung hoch und
hehr wie eine Juno, und doch mit einem Lächeln auf
ihren Rosenlippen, süß wie ein reifer Pfirsich, — da kam
mir ihr Gemahl, der edle Cäcilianus, vor wie ein En=
terich neben einem Schwan."

Crescens brach über den Vergleich, den er gemacht,
selber in lautes Lachen aus, indem er stehen blieb und
sich den Bauch hielt. „Ha, ha, ha! köstlich, köstlich! Ein
Enterich neben einem Schwan!"

„Hoffentlich hat Cornelia," fuhr Justinus fort, „auch
den Rusticus, des Kaisers ehemaligen Erzieher, den
schärfsten Kopf, den ich je kennen gelernt, eingeladen. Und
wenn gar der göttliche Marcus Aurelius selber käme, wie
er es ja wiederholt gethan, dann würde ich über den geist-
reichen philosophischen Gesprächen alle Speisen vergessen."

„Der göttliche Marcus," fügte Crescens, mit den
Augen blinzelnd, hinzu, „hat trotz all seiner stoischen Philosophie ein Auge auf Cornelia geworfen. Das herrliche
Weib ist in der That zur Herrscherin geboren, hundertmal
mehr, als die Faustina, die dem Kaiser das Leben verbittert."

Unter diesen Gesprächen waren die beiden Philosophen
am Palaste des Caecilianus angelangt. Sie zeigten dem
Ostiarius die tessera oder Marke vor, und nachdem sie
das übliche Trinkgeld in seine Hand hatten gleiten lassen,
traten sie in das Atrium. Durch einen Sklaven angekündigt, gelangten sie in den Vorsaal, welcher vor dem
triclinium oder dem Speisesaal lag. Dort war bereits
eine größere Gesellschaft aus den vornehmsten Kreisen
der Hauptstadt, Herren und Damen, versammelt; nebenan
aber war, wie Crescens sofort erspähte, der architriclinus
oder Speisemeister mit seinen Gehilfen, den structores,
beschäftigt, an die Aufstellung der Trinkgefäße und Schüsseln
auf den Schenktischchen und auf den einzelnen Tafeln
bald hier, bald dort die letzte Hand zu legen und Jedem
von der zahlreichen Dienerschaft seinen Posten anzuweisen.

Cornelia hatte, auf einem mit Gold und Schildpatt
eingelegten Divan ruhend, eine kleine Schaar von be-

günstigten Gästen in einen Halbkreis um sich versammelt,
so jedoch, daß sie alle neu Eintretenden schon von ferne
sehen konnte, um je nach dem Range oder den besonderen Beziehungen dem Einen entgegen gehen, den Hand-
kuß des Anderen empfangen zu können.

Die Schilderung, welche Justinus und Crescens in
ihrem Zwiegespräch von ihr entworfen, finden wir durch
den Anblick bestätigt. Cornelia mochte in einem Alter
von sechs oder sieben und zwanzig Jahren stehen; es war
eine hohe, fürstliche Erscheinung von fast üppigen Formen,
mit klassischen Zügen und einem Auge voll Geist und
Leben. So reich ihr Schmuck an Perlen und Juwelen,
von goldenen Ohrringen und Armspangen war, er erschien
nur als die würdige Fassung für den funkelnden Dia-
manten, der das Auge fesselte. Cornelia war in der
ganzen Gesellschaft die Sonne, um welche sich die übrigen
Sterne bewegten; ein Blick, ein Lächeln, ein heiterer
Scherz von ihr entzückte Jeden; es war ein ganz eigener
Zauber, der sie umgab, und mit dem sie Alles an sich zog.

Da der Kaiser durch Staatsgeschäfte sich hatte ent-
schuldigen lassen, so nimmt den Ehrenplatz an der Seite
der Hausfrau der Stadtpräfekt Quintus Collius Urbicus
ein, eine stolze Gestalt, mit strengen, beinahe finsteren
Zügen, voll Bewußtsein der Würde, die er bekleidet, im
römischen Volke bei den Einen wegen seines Geizes, bei
den Anderen wegen seiner Härte verhaßt. Ihm gegenüber sitzt der Senator Junius Arulenus Rusticus, ehemals Lehrer der Philosophie, heute vertrautester Freund des
Kaisers Marc Aurel, der ihn, seinen früheren Erzieher,
von den Büchern fortgezogen hat, um ihn als Rathgeber
in öffentlichen, wie in Privatangelegenheiten zur Seite
zu haben. Caecilianus, der Hausherr, ist ein Lebemann

vom Scheitel bis zur Sohle; den Höhepunkt seines Wohlbehagens hat er erreicht, wenn er an reich besetzter Tafel
vom Feinen das Feinste aus endlos vielen Gängen genossen hat und nun, halb berauscht, über die zweideutigen
Scherze bezahlter Possenreißer lacht, oder die vom Weine
glühenden Augen auf die Tänzerinnen richtet, welche damals zur Würze eines üppigen Mahles gehörten. Leider
muß er sich in seinem eigenen Hause diesen Genuß ver-
sagen und sich statt dessen bei den Deklamationen, Gesängen
und philosophischen Disputationen langweilen, mit welchen
seine Gemahlin die Gäste zu unterhalten liebt. Aber für
diese Entsagung weiß er sich nachher im stillen Neben-
stübchen bei Würfelspiel und Setinerwein im engen Freun-
deskreise zu entschädigen, bis beim Dämmern des Morgens
seine Sklaven den schwer Berauschten in's Bett tragen.

Ehe wir noch die übrigen Gäste uns anschauen können,
erschallt der Ruf des architriclinus, daß die Tafel bereit sei.

Die Geladenen nahmen zu je sieben Personen auf
den Polstern Platz, welche den ganzen Saal hinunter
um eine Reihe von Tischen die Gäste in gesonderte Gruppen theilten.[1] An den untersten und letzten Tischen
lagerten die Clienten des Hauses, und bei ihnen hatten
auch Justin und Crescens ihre Plätze angewiesen erhalten.

Da Kaiser Marc Aurel ein eifriger Förderer der
philosophischen Studien war, denen er sich von Jugend
an gewidmet hatte, so erschien Rom damals als ein con-
ciliabulum von Professoren der verschiedenen philosophischen
Systeme. Zumal aus Athen, Alexandrien und Antiochien
waren, angelockt durch die hohen Staatsgehälter, die berühmtesten Lehrer nach der Welthauptstadt gezogen und
hatten dort ihre Schüler und Zuhörer; nicht selten erschien
der Kaiser persönlich bei ihren Vorträgen. Gehörte es

daher überhaupt in Rom zum guten Ton, sich den An-
sichten und dem Geschmack des kaiserlichen Hofes bis auf's
Kleinste anzubequemen, so war jetzt das Philosophiren
in allen Kreisen Mode geworden; die Frauen wie die
Männer studirten auf das eifrigste nicht nur die Schriften
eines Plato und Aristoteles, sondern auch auf dem Bücher=
markte war nach keinen Werken so starke Nachfrage, als
nach den neuesten Abhandlungen der verschiedenen Professoren. Nun gab es aber eine ganze Anzahl von
philosophischen Systemen und Schulen, von den Cynikern
und Epikuräern bis zu den Stoikern und Pythagoräern,
Peripathetikern und Platonikern, und so war in allen
Zirkeln und Gesellschaften des Disputirens kein Ende.
Der edle Charakter und der sittenstrenge Wandel des
Kaisers mußten allerdings jene ernsten philosophischen
Systeme und deren Befolgung fördern, denen er selber
huldigte; allein die ungeheure Corruption der Weltstadt
führte doch auch solchen Lehrern zahlreiche Anhänger zu,
welche, wie die Epikuräer, Genuß und Freude als das
einzige und höchste Ziel des menschlichen Daseins pre=
digten.

Es konnte nicht fehlen, daß auch im Triclinium des
Caecilianus sich an den einzelnen Tischen die Unterhaltung
sehr bald auf das Gebiet der Philosophie warf, nachdem
die brennende Tagesfrage über die bevorstehenden Festspiele
erschöpft war. An der obersten Tafel vertheidigte des
Kaisers ehemaliger Lehrer Julius Arulenus Rusticus die
strenge Richtung der Stoiker, welche das höchste Glück des
Lebens in der möglichsten Bedürfnißlosigkeit und in einer
vollkommenen Gleichmüthigkeit Freud und Leid gegenüber
setzte. Caecilianus, der sich schon nach seinen Würfeln sehnte,
unterbrach ihn wiederholt durch spöttische Bemerkungen,

zu welchen der Reichthum und die angesehene Stellung des
Emporkömmlings allerdings den Stoff nahe legten.

„Ich überlasse es dem göttlichen Marcus,“ sprach er
endlich, durch die Widerreden seines Gegners gereizt, „auf
der schwindelnden Höhe der erhabensten Tugend zu wan=
deln; denn er ist mehr ein Gott, als ein Sterblicher. Alle
andern Philosophen sind wie die Herolde in der Rennbahn,
welche den Wettfahrern die Weisung zur Abfahrt geben,
aber selber nie den Wagen besteigen. Ich für meine Person
halte es für die höchste Philosophie, Denken und Handeln,
Lehre und Leben in die vollkommenste Harmonie zu bringen
und in Allem seiner Bestimmung möglichst zu entsprechen.“

„Sehr richtig!“ rief Rusticus, und auch die übrigen
Tischgenossen gaben ihre Zustimmung zu erkennen. ·

„Nun bin ich aber da, um zu leben,“ fuhr Caecili=
anus spöttisch lächelnd fort; „so will ich denn auch leben,
so lange ich da bin. Leben aber ist Genießen, und
Genießen ist Verzehren. Hat die Flamme das Oel in
der Lampe verzehrt, dann mag sie erlöschen. Das ist
meine Philosophie, und ich finde, die ist eine ebenso ver=
nünftige, als praktische.“

Das waren die Anschauungen und Grundsätze der
Epikuräer, und Rusticus wollte eben antworten, diese
Philosophie stelle den Menschen auf die Stufe des Thieres,
als Cornelia das Wort ergriff.

„Ich betrachte das Leben,“ sprach sie lächelnd, „wie
einen Garten voll Blumen. Die Raupe und der Wurm,
diese häßlichen Thiere, zernagen die Blüthen; die Biene
aber saugt aus ihnen nur das Edelste und Süßeste, den
Honig. Im Schönen das Schönste suchen, finden und
genießen, bis der Genius des Todes mich aus dem Garten
verscheucht, das ist meine Philosophie.“

Alle Tischgenossen klatschten diesen Worten Beifall; Rusticus fand wenigstens die Vergleichung des Caecilianus mit einer häßlichen Raupe, welche die Blume frißt, überaus treffend und um so vortrefflicher, als sie, wie es schien, des Caecilianus augenblickliche Fassungskraft überstieg. Cornelia aber brach ihrem Vergleiche die verletzende Spitze ab, indem sie ihren Gedanken alsbald in ein anderes Bild kleidete:

„Ich stürze mich nicht," fügte sie hinzu, „wie die Mücke in die Flamme, in der sie verbrennt; wohl aber schwärme ich in heiterer Lust um sie her und ergötze mich an ihrem Lichte."

Im Wesen war doch Cornelia's Philosophie von der ihres Mannes nur durch die edlere Auffassung des Genusses verschieden. Auch für sie lag jenseits der engen Grenze des irdischen Daseins das unendliche Nichts; auch sie hoffte nicht auf einen Tag, wo die Mücke, die Menschenseele, hinweg von dem trüben, nächtlichen Lichte dieser Erde im hellen, warmen Schein einer ewigen Lebenssonne ihr wahres, seligstes Glück findet. —

An dem Tische, an welchem unsere beiden Philosophen mit noch anderen Fachgenossen saßen, nahm die meist in griechischer Sprache geführte Diskussion einen immer erhitzteren Charakter an. Nur Crescens und Justinus betheiligten sich nicht an derselben, jener, weil er jetzt völlig in praktische Philosophie aufgegangen war und sich bloß darüber ärgerte, daß die Natur dem Menschen zwei Augen, aber nur einen Magen gegeben, — dieser, weil er aus den widersprechenden Anschauungen das Wahre finden zu können hoffte. Als man ihn endlich aufforderte, auch seine Meinung zu sagen und sich für dieses oder jenes philosophische System zu erklären, sprach er:*)

„Als ersten Lehrer in der Philosophie hatte ich einen Stoiker. Da mir derselbe jedoch über Gott nichts Klareres zu sagen verstand, als ich schon wußte, und er dies auch nicht für nothwendig hielt, so ging ich zu einem Peripathe= tiker, der, wie er wenigstens sich selber dünkte, ein sehr scharfer Denker war. Nach den ersten Tagen jedoch be= gann er mit mir über Bezahlung zu sprechen, und damit hatte ich auch an diesem Weltweisen genug.**) Da es mir aber keine Ruhe ließ, das eigentliche Wesen der Philo= sophie kennen zu lernen, wandte ich mich an einen Pytha= goräer. „Hast Du schon,“ fragte er mich, „Musik, Astro= nomie und Geometrie gelernt? Oder vermeinst Du, ohne dies auch nur ein Jota von dem verstehen zu können, was zu einem glücklichen Leben führt?“ Da mir nun diese Vorschule zu lang erschien, wählte ich einen Pla= toniker zum Lehrer, und ihm habe ich auch lange Zeit angehangen. Ich wollte das Unkörperliche erkennen, und ich fühlte auch wirklich meine Flügel in der Betrachtung der Ideenwelt wachsen, so daß ich schon hoffte, bald Gott selber zu schauen, und das ist ja das Ziel der platonischen Philosophie.“

„Lauter Schaum und Seifenblasen!“ unterbrach ihn hier Crescens. „Hättest Du doch,“ fuhr er mit lallender Zunge fort, da der schwere Wein schon seine Wirkung ge= than, „hättest Du von Anfang an meinen göttlichen Epicur

---

*) Das Folgende ist dem Selbstbekenntniß des Justin in seinem Dialog mit Tryphon entnommen.

**) Es galt als selbstverständlich, daß ein wahrer Philosoph und Freund der Weisheit um der Sache selber willen, und nicht um Honorar lehrte.

zum Wegweiser erkoren! Was redest Du von Unkörper-
lichem und von einer Ideenwelt! Es gibt nichts Unkör-
perliches, und eine Welt von Träumen wiegt nicht eine
Stunde sinnlichen Wohlbehagens auf."

„Nimmer, vortrefflicher Crescens," antwortete mit
tiefem Ernste Justinus, „wirst Du mich unter den Schülern Deines Meisters sehen. Nachdem ich von der Speise
göttlicher Weisheit gekostet, kann ich an Träbern keinen
Geschmack finden."

„Optime, optime!" riefen die Umsitzenden; Crescens
aber warf dem Justinus einen wüthenden Blick zu, ohne
jedoch Etwas zu erwidern. Das Wort hatte ihn schwer
beleidigt.

„Allein ich gestehe," fuhr Justinus fort, „daß ich auch
in der Schule der Platoniker nicht fand, was ich suchte,
und so liegt mein Schifflein einstweilen vor Anker, bis
die unsterblichen Götter mir den Lotsen senden, der das
Steuerruder ergreift und das Fahrzeug zur Erkenntniß
des höchsten Schönen und Guten leitet."

Unterdessen hatte Cornelia als die regina oder Vor-
sitzende die Tafel aufgehoben. Mit ihrer Begleitung kam
sie eben an der Tischgesellschaft des Justinus vorüber, als
dieser von seinen philosophischen Irrfahrten sprach, und so
war sie einige Augenblicke stehen geblieben, um zuzuhören.

„Du wirst den Lotsen finden!" sprach sie jetzt mit
heiterem Lächeln, um dem Philosophen ein freundliches
Wort zu sagen; dann wandte sie sich an ihre Umgebung
und sprach in gleich leichtem Tone:

„Unter allen Weltweisen schätze ich diesen Justinus
am höchsten: denn er allein gesteht, daß er nichts weiß,
während alle übrigen den Stein der Weisen gefunden zu

haben behaupten. — Ich rede natürlich nur von den
Philosophen, welche der Orient uns geschickt hat," sügte
sie mit einem schelmischen Blicke auf Rusticus hinzu, und
hatte damit alle Lacher auf ihrer Seite.

Caecilianus hatte schon vor Aufhebung der Tafel
Gelegenheit gefunden, hinter einem Vorhange zu ver=
schwinden: in seinem Lieblingsstübchen winkten Würfel und
Becher und frische Kränze und geheime Genossen. Froh
jetzt, vom lästigen Zwange erlöst zu sein, drückte er
einen Weinlaubkranz um die glühende Stirne, und die
Schale mit perlendem Chier erhebend, warf er aus
dem Spielbecher die Elfenbeinwürfel auf den Tisch mit
dem Rufe: „Venus, der Siegerin!"

Zweites Kapitel.
Die Festspiele.

Von all den Ergötzungen, welche der Kaiser Marc Aurel zur Feier seines Geburtstages angeordnet, reizte nichts so sehr die Erwartungen des römischen Volkes, als die Gladiatorenkämpfe und Thierhetzen im Colosseum. Alle die großartigen Aufzüge, die Spiele im Theater des Pompejus, und selbst die Wettrennen im Circus maximus waren gleichsam nur die praegustatio, das Voressen zu dem großen Schmause, den man in der Arena des Amphitheaters erwartete.

Kaum dämmerte daher der Morgen des lang ersehnten Tages, und schon sah man auf allen Straßen das Volk in Festkleidern dem Riesenbau zueilen; mit jeder Stunde wurde der Menschenstrom breiter, das Gedränge dichter; Jeder suchte in der Abtheilung, der er dem Stande nach zugehörte, einen möglichst günstigen Platz zu erobern, und immer bunter gestaltete sich das Gewimmel auf den über einander aufsteigenden Sitzreihen, welche gegen 90,000 Zuschauer fassen konnten.

Was heute noch von dem gewaltigen Werke steht, ist gleichsam nur das Knochengerüst, an welchem man mit Mühe die Bestimmung der einzelnen Theile wieder erkennt, und dennoch gehört es zu den großartigsten Ruinen, welche die Welt kennt.

Auf dem höchsten Umkreise oben hatten die Matrosen ihren Platz; man sah, wie sie eben geschäftig waren, die

Die jetzigen Ruinen des Colosseum's.

mächtigen Segeltücher in Ordnung zu bringen, mit wel=
chen der ganze Zuschauerraum überdacht werden konnte,
um das Volk vor den brennenden Strahlen der Sonne
zu schützen.

Schon füllten sich mehr und mehr die Sitze der
Ritter und die der Senatoren; im festlichen Zuge kamen
vom Tempel der Vesta auf dem Forum die dem Dienste
der Göttin geweihten Jungfrauen in ihren weißen Gewän=
dern und nahmen den für sie bestimmten Ehrenplatz ein;
mit gespannter und immer steigender Erwartung richteten
sich Aller Blicke auf die Kaiserloge, die mit den kostbarsten
Teppichen und dem reichsten Schmucke goldener Dekora=
tion verziert war.

Endlich erschien Marc Aurel, einen Kranz von
goldenen Lorbeerblättern um die Stirne, das Scepter in
der Hand, in einer weißen, mit goldenen Adlern über=
säten Toga, begleitet von seiner Gemahlin Faustina und

den übrigen Angehö=
rigen des kaiserlichen
Hauses.

Ein unermeßliches
Jubelgeschrei begrüßte
den Herrscher bei sei=
nem Erscheinen; man
schwenkte die Tücher
und klatschte in die
Hände, und das Brau=
sen der Begeisterung
wollte kein Ende neh=
men, so sehr auch der
Kaiser, mit der Hand freundlich winkend, den Beifalls=
sturm des römischen Volkes zu beruhigen suchte.

Marc Aurel war, wie seine Bildnisse ihn darstellen,
eine hagere, blasse Gestalt, mit krausem Haar. und Bart.
Wenn er aus philosophischen Gründen jeder Unmäßigkeit
in sinnlichen wie geistigen Genüssen abgeschworen hatte,
so zwang ihn dazu nicht minder die Sorge um seine
schwache Gesundheit. Aber auf seinem Gesichte lag ein
Wohlwollen und eine Gutmüthigkeit, welche Jeden sofort
gewinnen mußte. So war er der Abgott seines Volkes;
nie hatte seit Titus ein edlerer Charakter den Thron
der Imperatoren geziert.

Als der Jubel sich endlich gelegt, trat der Kaiser
an die Brüstung der Loge vor und gab das Zeichen
zum Beginne der Festspiele.

Zuerst rückten die Gladiatoren aus und hielten unter
einer wilden und aufregenden Musik ihren Umzug um
das Rund der Arena; vor der Kaiserloge machten sie
Halt, um dem Imperator den üblichen Gruß zuzurufen:
Morituri te salutant!*)

Dann begann der Kampf.

Die Einleitung bildeten einzelne Streiter, die je
nach den verschiedenen Kampfesarten mit verschiedenen
Waffen gegen einander losgingen. Nachdem eine Anzahl
gewöhnlicher Gladiatoren gekämpft, wurde der Ruf immer
lauter: „Pertinax und Hippolytus, Pertinax und Hippolytus!"

Endlich erschienen die Beiden, in gleicher Weise
herkulische Gestalten, bloß mit Schild und kurzem Schwert
bewaffnet, und lauter Jubel begrüßte die gewaltigen
Ringer. Anfangs war der Kampf nur ein neckisches

---

*) Die in den Tod gehen, grüßen Dich!

Spiel, und selbst andere Gladiatoren mußten zu gleicher
Zeit mit einander fechten, um gleichsam die Aufmerksam=
keit von den Beiden abzulenken. Aber bei jedem neuen
Gang wurde der Zweikampf ernster: nie hatten gewandtere
Streiter, nie solche Riesen einander gegenüber gestanden.
Wie blitzten die Schwerter in der Sonne, wie klangen
die ehernen Schilde, mit welchen Jeder geschickt den Schlag
des Gegners zu pariren wußte! Beide Athleten fochten
mit staunenswerther Kaltblütigkeit. Aber allmählich kam
Hippolytus in Aufregung; eine leichte Wunde, die er
dem Gegner beibrachte, erhitzte ihn noch mehr. Um sei=
nen Vortheil zu verfolgen, stürzte er unerwartet mit
wildem Ungestüm auf Pertinax und suchte dann plötzlich
durch einen geschickten Seitensprung dem Feinde eine
Blöße abzugewinnen, um ihm den verhängnißvollen
Stoß zu geben. Allein Pertinax hatte die Absicht er=
kannt, und indem er geschickt den Moment benützte, stieß
er dem Feinde das Schwert in die Hüfte, daß dieser,
von Blut überströmt, zu Boden sank.

Ein ungeheueres Geschrei erscholl aus der Masse
der Tausende und Tausende, welche bisher mit verhal=
tenem Athem dem Zweikampfe zugeschaut. Die Einen
frohlockten, die Andern schimpften und fluchten und wein=
ten vor Zorn und Ärger, daß der Gladiator, für den
sie Partei genommen, unterlegen war. Hippolytus hob,
um sein Leben flehend, die Hand zu seinem Gegner em=
por; allein durch wildes Zurufen, wie durch das be=
kannte Zeichen, indem man den Daumen der geschlossenen
Hand nach unten streckte, verlangte Alles den Tod des
Besiegten.

Den Einzelkämpfen folgte der Kampf größerer Ab=
theilungen gegen einander. Bald war die Arena vom

22*

Blute geröthet, mit Leichen und Verwundeten bedeckt, und immer wilder und immer aufgeregter nahm das Volk an dem wechselnden Glücke des grausen Spieles Theil. Nur der Kaiser, der sich in das Innere der Loge zurückgezogen, blätterte ruhig in den Berichten, welche ihm von seinem Feldherrn an der Donau und von seinem Bruder Verus aus dem fernen Osten zuge= kommen waren. Allein er war auch der Einzige, der sich von der allgemeinen Leidenschaft nicht hatte entflammen lassen. Die Stoiker und Platoniker hatten ihre philo= sophischen Grundsätze, die vestalischen Jungfrauen die Milde ihres Geschlechts, wie die Würde ihres heiligen Priesterthums vergessen; Greise fühlten sich wieder jung in der wilden Aufregung.

Auch Cornelia hatte sich ganz dem wollüstigen Reize hingegeben, der für jeden Römer in dem grausigen Kampfe um das Leben lag. Wenn Jemand sie jetzt an ihren Vergleich mit der Biene und der Blume erinnert hätte! Wie sehr war nun auch sie, die feine Philosophin, zur häßlichen Raupe geworden!

Crescens, der Epikuräer, hatte von einem gestrigen Mahle, zu dem er geladen gewesen, unter den weiten Falten seiner Toga in der mappa oder Serviette noch so viel eingeheimst, daß es ihm heute für ein nach seinen Begriffen bescheidenes Mittagessen dienen konnte. [)] Während Alles rings um ihn ganz Leidenschaft war, holte er gemessen sein Bündelchen hervor, knüpfte das Tuch auf und breitete die Speisen vor sich auf seinem Schooße aus. — „Hm, hm,“ knurrte er behaglich, indem er Alles überschaute; „es wird so eben reichen!“ — Dann begann er mit einem halben Huhn; diesem folgte ein Stück

Bratwurst, daß er sich sechsmal länger wünschte; dann kam ein Stück Schweinsbraten, welches ihm ganz besonders mundete, und so wanderte Eins nach dem Andern in die große Mühle seiner aufgequollenen Backen. Dabei schaute er mit der Ruhe eines Stoikers in die Arena hinab, wo eben Pertinax und Hippolytus auf Leben und Tod kämpften. Als Jener dem Gegner das Schwert in den Leib stieß, sagte er behaglich für sich: „Habet, der hat's!" und griff nach einem neuen Stück seines Mundvorraths, bis das letzte Krümmchen verzehrt war.

Plötzlich scholl aus der Menge der Ruf: „Christianos ad leones, werfet die Christen den Löwen vor!" Das Wort zündete, und immer lauter brüllte die Menge: „Christianos ad leones!"

So milde und gerecht Marc Aurel von Natur war, die anerzogenen Vorurtheile und die tiefe Verehrung der nationalen Götter, wie die Strafgesetze des Kaisers Trajan ließen ihn in den Bekennern des Gekreuzigten eine Sekte sehen, welche wegen ihrer Gottlosigkeit und ihrer unnatürlichen Verbrechen nicht hart und streng genug verfolgt werden konnte. So zählt die Kirche gerade unter der Regierung dieses trefflichsten aller Kaiser Schaaren von Blutzeugen, in Rom selbst, wie in den Provinzen.

Nachdem man durch Marter aller Art die Standhaftigkeit der in den Gefängnissen schmachtenden Bekenner zu brechen versucht, waren zu den kaiserlichen Festspielen zehn derselben auserlesen worden, welche sich als die unbeugsamsten erwiesen hatten. Unter ihnen war ein Knabe von fünfzehn Jahren, Namens Ponticus, und die Sklavin Blandina, ein Mädchen von schwächlichstem

Körperbau, das aber zum Staunen selbst der Henker und zum süßesten Troste der Christen bisher die schreck= lichsten Qualen unerschüttert überstanden hatte.

Auf das immer ungestümer werdende Schreien des Volkes erfolgte endlich der Befehl, die Christen auf= treten zu lassen.

Von Soldaten begleitet, wurden die Bekenner rings im Amphitheater umhergeführt, wobei ein Lictor auf einer Stange den titulus, eine Tafel, voraustrug mit der Inschrift in großen Lettern: „CHRISTIANI SUNT.“*)

Beim Anblick der Christen brach der ganze Haß des ohnehin schon zur grausamsten Leidenschaft aufgeregten Volkes in die wildeste Wuth aus. Man warf mit den Resten von den Speisen, die man wegen der langen Dauer der Spiele mitgebracht, mit Eierschalen und Knochen nach ihnen, spie gegen sie aus und suchte durch die gemeinsten Schimpfworte ihnen alle Schmach und Schande anzuthun, die sich nur ersinnen ließen.

Gesenkten Hauptes, still im Herzen betend, schritten die Bekenner die Arena entlang, um dann in die Mitte derselben auf die catasta oder ein Holzgerüst geführt zu werden, damit alles Volk besser ihren Tod sehen könne.

Bevor die Schergen sie an die Pfähle banden, warfen die Christen sich einmüthig auf die Kniee, erhoben ihre Hände zum Gebete und brachten sich Gott zum Opfer dar; dann umarmten sie sich und gaben einander den Friedenskuß.

„Mein süßer Knabe,“ sprach Blandina, indem sie mit der Liebe einer Mutter den Ponticus an sich zog und lächelnd seine Wangen streichelte, „fürchte nicht die

Krallen und Zähne der Bestien. Siehe, vom Himmel
her schauen die Engel auf Deinen Kampf herab und
halten schon den Siegeskranz der Glorie für Dich bereit."

„Liebe Schwester," entgegnete der Knabe, und heilige
Begeisterung leuchtete aus seinen reinen Augen, „ich bin
ein Christ; nein, ich werde mit keiner Wimper zucken,
wenn der Löwe gegen mich anspringt. Ein Augenblick,
und aus dem Kreise dieses Volkes, das unsern Tod ver=
langt, treten wir in den Kreis der Engel zu ewigem Leben."

Als die Martyrer durch die Arena geführt wurden,
war bei ihrem Anblick Cornelia plötzlich zusammengezuckt.
Wie? Kannte sie jenes Mädchen nicht? War das nicht
Blandina, die gute, sanfte Blandina, die sie wiederholt
im Hause der Cäcilia gesehen? Das kleine, schwächliche
Geschöpf mit den tiefen, schwärmerischen Augen hatte für
sie immer etwas unerklärlich Anziehendes gehabt, — und
dies Mädchen war eine Christin?! Ja, mochten sonst
die Christen der Verbrechen und Greuel schuldig sein,
die man ihnen vorwarf, gewiß, Blandina war eine so
reine Seele, daß gegen sie nicht einmal ein Verdacht
aufkommen konnte.

Gerade als der Zug an Cornelia vorüber kam, hob
Blandina ihr Haupt empor und schaute die Dame an;
es war nur ein Moment, aber dieser Blick grub sich
unauslöschlich in Cornelia's Seele.

Unverwandt hielt sie das Mädchen im Auge. Welche
Ruhe im Angesichte des Todes, welcher Friede auf die=
sen milden Zügen! Mit wie sanfter Güte streichelte sie
lächelnd die Wangen des Knaben! Gewiß, auch dieses
Kind war ebenso unschuldig an all den Schandthaten,
wie die Sklavin.

Die Schergen hatten unterdessen die übrigen Bekenner, einen neben dem andern an die Pfähle gebunden; jetzt rissen sie auch den Knaben von Blandina fort. Als sie zuletzt auch die Jungfrau fesseln wollten, wehrte sich diese und verlangte, frei zu sterben. Dieser Beweis von Muth, zumal bei einem so schwächlichen Mädchen, gefiel der Menge, und Viele klatschten ihm Beifall zu.

Die Henker zogen sich zurück, und bei der auf's höchste gespannten Erwartung herrschte Todtenstille unter den Tausenden und Tausenden, die ringsumher auf die Martyrer niederschauten.

Plötzlich that sich, den Bekennern gegenüber, die Erde auf; durch eine geheime Maschinerie stiegen sechs Käfige aus dem Boden, und zwei Löwen, zwei Tiger und zwei Leoparden sprangen aus den niedergelassenen Gattern hervor.

Einen Augenblick standen sie, durch das Tageslicht geblendet; dann stürzten sie im Gefühle der Freiheit in leichten, gewaltigen Sätzen über die Arena hin; es war ein schauerlich schöner Anblick.

Aber jetzt erblickten sie die für sie bestimmten Opfer, und ein Knurren der Befriedigung verkündigte die erwachte Blutgier der Bestien.

Langsam heranschleichend nach Katzenart näherten sie sich den Bekennern; dann kauerten sie sich zum Sprunge zusammen, die glühenden Augen auf ihre Opfer gerichtet; — im nächsten Augenblicke . . . . . .

Ein breiter Blutstrom färbte den Boden, während das Volk in unermeßliches Geheul ausbrach und unter dem Rufe: „Bonum lotum, bonum lotum, ein gutes Bad, ein gutes Bad!" in die Hände klatichte.⁷)

Sechs Bekenner hatten ausgerungen.

Die zwei Tiger, blutgieriger als die anderen Bestien, stürzten sich auf die nächsten beiden; nach ihnen schlug der eine Löwe dem Knaben Ponticus seine Krallen in den Hals.

Nun stand nur noch Blandina da; ‒ allein keines von den Ungeheuern wagte sich ihr zu nahen. Die Arme zum Himmel ausgebreitet, den verklärten Blick in seligem Lächeln erhoben, achtete die Jungfrau nicht, was um sie vorging, sah sie nicht, wie die Bestien knurrend um sie heriprangen, merkte sie nicht, wie die Löwin sich gleich einem Lamme ihr zu Füßen legte. Sie betete nur, in heiliger Verzückung fortgerissen von der Erde, hinschauend auf eine Erscheinung, welche ihr Herz mit unnennbarer Süßigkeit erfüllte.

Staunend starrte das Volk auf das wunderbare Bild, auf die verklärte Gestalt der Jungfrau in Mitten der Bestien, die durch eine geheime Macht von ihr fern gehalten wurden.⁸)

Von dem wunderbaren Zwischenfalle benachrichtigt, trat der Kaiser selber an die Brüstung der Loge vor. Als er die Jungfrau, und zu ihren Füßen die Löwin, und ringsum in scheuer Entfernung die anderen Bestien erblickte, gab er sofort Befehl, die Christin zu befreien und sie in das Gefängniß zurückzuführen.

Alsbald rückte eine Anzahl Bewaffneter aus, welche die wilden Thiere vertrieben und Blandina aus der Arena geleiteten. — Die Circusdiener, Negersklaven der gemeinsten Sorte, schleppten die Leichen der Martyrer zur porta

libitina oder dem Todesthore hinaus. Dasselbe führte
zu einem abgelegenen Gewölbe, und hier pflegten die Opfer
der Arena hingeworfen zu werden, um sie beim Einbruch
der Dunkelheit nach dem Esquilin zu schaffen, wo die
weiten Kellergrüfte für die Kadaver der Sklaven und
Verbrecher lagen. Daß die Leichen der heil. Blutzeugen
nicht in jene Gruben geworfen würden, dafür hatte die
Liebe und Verehrung der Christen gesorgt. Schon am
vorhergehenden Tage war mit dem praefectus der Circusdiener die Summe festgestellt worden, um welche er ihnen
die Martyrer ausliefern sollte.

Wohl wurde nach jener Unterbrechung sofort ein
ungemein wilder Stier, der aus den Wäldern Germani-
ens nach Rom geliefert worden, losgelassen und Kämpfer
zu Roß und zu Fuß ihm entgegen gestellt. Den Kopf
gesenkt, den Schweif erhoben, stürzte das Ungethüm auf
seine Gegner los, schleuderte den ersten mit seinen Hör-
nern in die Luft, warf den zweiten zu Boden; aber
schnell eilten mit Pfeilen und Lanzen die übrigen Kämpfer
ihren Gefährten zu Hilfe. Mit wunderbarer Behendig-
keit wußten sie jedem Angriffe auszuweichen, indem sie
sogar über den Stier hinweg sprangen; zugleich reizten sie
durch rothe Tücher, wie durch leichte Wunden die Wuth
des Thieres, das schnaubend hin und her rannte und mit
seinem fürchterlichen Brüllen das ganze Amphitheater
erzittern machte. Es war der ohnmächtige Kampf ele-
mentarer Kraft und Stärke mit der Geschicklichkeit des
Menschen, die spielend und scherzend über jene Herr wird.

Allein wenn sonst ein solcher Kampf alle Nerven
des römischen Volkes auf das höchste gespannt haben
würde, der Eindruck, den die wunderbare Rettung der

Jungfrau auf die Massen gemacht, war zu mächtig; Je=
der fühlte sich für heute satt an den blutigen Schauspie=
len, und allenthalben erhoben sich die Zuschauer, um das
Amphitheater zu verlassen. —

Niemand war von dem Vorgange mit Blandina so
tief ergriffen, als Cornelia. Während der ganzen Scene
hatte sie kein Auge von der Sklavin abgewendet, jede
ihrer Bewegungen verfolgt; als sie die Löwin wie ein
sanftes Lämmlein zu den Füßen der Martyrin sich nie=
derlegen sah, war eine Thräne in Cornelia's Auge ge=
treten. Nein, das war nichts Natürliches mehr; das war
auch nicht die Wirkung eines dämonischen Zaubers, wie
man ihn den Christen so oft zur Last legte!

Auf dem Wege nach Hause, wie daheim sah Cor=
nelia unablässig das Bild der Bekennerin vor sich, und
vergebens versuchte sie es zu verscheuchen. Immer stand
die Sklavin da, mit jenem Blicke, den sie im Vorüber=
gehen ihr zugeworfen, mit jener wunderbaren Verklärung
auf dem Angesichte, in welcher sie, die Arme zum Him=
mel erhoben in Mitte der wilden Thiere, Cornelia zu
Thränen gerührt hatte.

Drittes Kapitel

Der Unbekannte.

Justinus hatte sich in keiner Weise an den Festspielen betheiligt. Die Vorstellungen der Bühne
waren ihm zu unzüchtig, die blutigen Scenen
des Amphitheaters zu grausam, und vom philosophischen Standpunkte aus erschienen ihm die
einen wie die andern eines Mannes unwürdig, der nach
der Weisheit und ihrer Erkenntniß strebte.

Allerdings fühlte er seit Wochen mehr denn je eine
öde Leere in seinem Herzen, eine rathlose Zerfahrenheit,
die mitten in einer unabsehbaren Wüste nirgends ein
rettendes Ziel erschaut, auf welches hin sich die Schritte
lenken möchten. Er hatte sich nun schon Jahre lang mit
der Philosophie beschäftigt, hatte es bei allen Schulen und
Systemen versucht; allein keine war im Stande gewesen,
seinem Verstande wie seinem Herzen Ruhe und Frieden
zu geben. Ueber jeder Thüre, zu der er gekommen, war
mit goldenen Lettern die Verheißung geschrieben gewesen,
daß er hier finden werde, was er so lange suchte, und
jeder Lehrer hatte ihm versprochen, ihm die verborgensten
Geheimnisse der Weisheit zu erschließen; — allein, wenn
er in das Gebäude eingetreten war, wenn er die Reden
jener Meister angehört hatte, dann sah er nur gemalte
Bilder ohne Leben, und es waren immer nur Brosamen,

die man ihm bot, und die seinen Hunger nach Erkennt=
niß nicht sättigten.

Eines Abends wandelte Justinus die Straße hin=
aus, welche durch das vatikanische Gebiet den Clivus
Cinnae, den heutigen Monte Mario, hinaufführte; es
war die einsamste von allen Heerstraßen der großen Welt=
stadt, und es drängte ihn ja, allein für sich mit seinen
Gedanken zu sein. Heute zumal, wo ganz Rom im Co=
losseum bei den Gladiatorenkämpfen und Thierhetzen ver=
sammelt war, konnte er sicher sein, hier Niemanden zu
begegnen.

Auf der Höhe des Berges, wo neben düsteren Ruinen
ein mächtiger Pinienbaum in ernstem Schweigen seine
dunkle Krone ausbreitete, ließ er sich auf eine Steinbank
nieder; die Seele von trübem Mißmuth umwölkt, schaute
er hinunter auf Rom zu seinen Füßen, auf die Stadt
mit ihren anderthalb Millionen Einwohnern, deren Zahl
wegen der Kaiserfeste noch um viele Tausende von Schau=
lustigen aus allen Provinzen des Reiches vermehrt war.
Wie ekelte es ihn an, dieses Treiben und Wogen, dieses
Jagen und Haschen nach Genuß, dieser wilde, wüste Tau=
mel eines Volkes, das nur für den Augenblick lebte!

Aber die freuten sich doch ihres Lebens, wie zu sei=
nen Füßen der schwarze Käfer dort im Pferdekoth, während
sein Geist vergebens nach der Quelle suchte, die seinen
Durst gestillt hätte.

Es war ein milder Oktoberabend. Die hinter dem
Monte Mario allmählich sich senkende Sonne warf ihr
Licht auf die fernen Berge Latium's und übergoß sie mit
den schönsten Farben. Allein so sehr Justinus sonst ein
Freund der Natur war, heute hatte er für alle diese
Herrlichkeit kein Auge.

Er erhob sich, seine einsame Wanderung fortzusetzen; da stand plötzlich ein Greis vor ihm von ernstem, ehrwürdigem Aussehen und einen Ausdruck in seinem Antlitze, der den Justinus unwillkürlich fesselte.*)

„Kennst Du mich?" fragte der Unbekannte.

Als Justinus die Frage verneinte, fuhr Jener fort: „Aber warum schaust Du mich denn so forschend an?"

„Nun," entgegnete Justinus, „ich wundere mich, Dich hier zu sehen, da ich auf dieser einsamen Straße Niemand zu treffen hoffte."

„Mich trieb die Sorge um Einige der Meinen hierher; ich habe sie verloren, und kam, ob ich hier vielleicht sie fände. Allein, was führt denn Dich an diesen stillen Ort?"

„Ich meinerseits," gab Justinus zur Antwort, „liebe diese einsamen Spaziergänge, wo ich ungestört meinen eigenen Gedanken nachhängen kann."

„So bist Du also mehr ein Mann des Denkens, als des Handelns?"

„Was kann man denn Trefflicheres beginnen," entgegnete Justinus, „als die Irrwege und eitlen Bestrebungen der Menschen betrachten, wie sie nichts thun, was vernünftig ist, nichts, was Gott gefällt, — und dann selber sich der Philosophie ergeben, um durch sie den inneren Frieden zu suchen?"

„In der That, die Menschen sind vielfach, um das Wort eines großen Weisen zu gebrauchen, wie Roß und Maulthier, die keinen Verstand haben.°) Aber Du, hoffest Du wirklich, durch die Philosophie zu jenem Ziele zu gelangen?"

---

*) Die folgende Unterredung ist dem Berichte des Justinus selber entlehnt.

de Waal, Katakombenbilder I.　　23

„Sie ist," sprach Justinus, „das Erkennen Dessen, was ist, und der Friede ist der Lohn für das Streben darnach."

Der Fremde knüpfte nun hieran seine weiteren Fragen, um den Justinus zu der Erkenntniß und dem Bekenntniß zu bringen, daß die Philosophie allein auf die wichtigsten und entscheidendsten Fragen des menschlichen Geistes eine voll befriedigende Antwort schuldig bleibe. Justinus seinerseits erzählte nun dem Greise, der mit jedem Augenblick mehr sein Vertrauen gewann, wie er seit Jahren geforscht, und doch in keiner Philosophenschule gefunden, wonach sein Geist verlange.

„Glaubst Du," bemerkte der Unbekannte, „daß Gott dieses Sehnen in Dein Herz gelegt, damit es ewig unbefriedigt bleibe? Suche nur weiter, und Du wirst jenen Lehrer finden, der gesagt hat: „„Kommet zu mir Alle, die ihr mühselig und beladen seid; ich will euch erquicken, und ihr werdet Ruhe finden für eure Seele.""

„Wenn ich diesen Lehrer fände!" seufzte Justinus.

Die Beiden waren jetzt zu einer Stelle des Weges gekommen, wo sich links ein Seitenpfad abzweigte, und da der Unbekannte Miene machte, sich zu verabschieden, sprach Justinus:

„Willst Du mir nicht sagen, wo Du wohnst? Denn ich möchte mich öfter mit Dir unterreden."

„Dort, am Ende des Hohlwegs," antwortete der Greis, „dort wohne ich, und wenn es Dir gefällt, ein wenig bei mir auszuruhen, so sollst Du auch meine Kinderchen sehen."

Justinus nahm das Anerbieten dankend an, obschon es bereits zu dunkeln anfing; nachdem sie den Hohlweg

PAX TIBI

durchschritten, gelangten sie an das Portal einer Villa,
die hinter Pinien, Cypressen und anderem Baumwerk
verdeckt lag. Ueber dem Portale standen die Worte ein=
gemeißelt: „PAX TIBI, Friede sei mit Dir!"

Hatte schon dieser Gruß für Justinus etwas besonders
Anmuthendes, so war er im höchsten Grade erstaunt, beim
Eintreten in das Haus eine Schaar von etwa zwanzig
Kinder zu sehen, welche alle jubelnd dem Greise entgegen
sprangen, sich an ihn schmiegten und ihm die Hände und
Kleider küßten.

„Wer sind diese Kleinen alle?" fragte Justinus.
„Denn Deine Enkel sind es schwerlich, da sie einander
so gar nicht ähnlich sehen."

„Es sind Waisen," entgegnete der Alte, „an denen
ich Vater= und Mutterstelle vertrete. Denn ich meine,
die rechte und beste Philosophie ist die, welche nicht nur
sich selber, sondern in erbarmender Liebe auch Andere
glücklich machen will."

„Darin unterscheidet sich in der That Deine Philo=
sophie wesentlich von derjenigen der übrigen Philosophen,"
antwortete Justinus, indem er mit Wohlgefallen die kleine
Schaar musterte, deren frische Wangen und helle, klare
Augen ihm bezeugten, wie glücklich sie sich in diesem
Hause fühlten.

„Die Kleinen," fuhr der Unbekannte lächelnd fort,
„haben auch schon angefangen, ein wenig Philosophie zu
treiben. Sage mir doch, Irene," wandte er sich zu dem
kleinsten der Mädchen, „wie lautet der erste Satz aus
dem Glaubensbekenntniß?"

„Ich glaube an Gott, den Vater, den allmächtigen
Schöpfer des Himmels und der Erde," antwortete das
Kind.

„Und wie betest Du zu ihm?"

„Vater unser, der Du bist im Himmel, geheiligt werde Dein Name; zu uns komme Dein Reich; Dein Wille geschehe auf Erden, so wie im Himmel."

„Aber wenn Gott im Himmel ist, wie kann er Dein Gebet hören?"

„Gott ist ein Geist, der überall gegenwärtig ist, Alles sieht und Alles hört."

„Warum hat er denn die Menschen, warum Dich erschaffen?"

„Daß ich ihm auf Erden diene, und einst zu ihm in den Himmel komme."

Justinus war im höchsten Maße erstaunt; bald schaute er den Alten, bald die Kleine an, immer gespannter auf jede weitere Frage, immer verwunderter über die Antworten. Er mußte sich Gewalt anthun, den Ausbruch seines Staunens zurückzuhalten. Was er mit all seiner Philosophie nur geahnt, wohin er sich durch ein Gestrüpp von Zweifeln hindurchgearbeitet, ohne doch zur vollen Gewißheit zu gelangen, das sagte ihm hier ein einfältiges Kind, welches keine Ahnung davon hatte, welch erhabene Lehren es aussprach, für welche höchsten Fragen der Philosophie es mit den schlichtesten Worten die Lösung gab.

„Aber," fuhr der Greis fort, „wie hast Du denn den Vater im Himmel, den Du doch nicht sehen kannst, kennen gelernt?"

„Durch seinen eingebornen Sohn," antwortete die Kleine, „den er in die Welt gesandt hat, damit Alle, die an ihn glauben, nicht verloren gehen, sondern das ewige Leben haben."

Justinus dachte an den Lotsen, von dem er im Triclinium der Cornelia gesprochen. Hatte der große Plato es nicht als einzige Lösung der den Menschengeist bewegenden Fragen ersehnt, daß Gott selber Einen zu senden sich würdige, die Menschen zu belehren und zu erheben? Und jetzt verkündet ihm Kindesmund in seligster Botschaft, daß Gott den eigenen Sohn gesendet!

Justinus fühlte sich auf's tiefste bewegt. Wie ein Bergmann, der tagelang umsonst in dem harten Gestein gehauen und gegraben, ohne auf die ersehnte Goldader zu stoßen, so hatte er gesucht und geforscht; und jetzt auf einmal blitzten ihm die Goldkörner entgegen, eines noch kostbarer als das andere, und gierig sammelte sein Geist mit beiden Händen die Schätze, welche ihn zum reichen Manne machten. Und ein Kind war es, ein Kind, das wie spielend ihm alle die Goldkörner hinwarf!

„Sage mir, edler Greis," rief er aus, „woher stammen diese Lehren? Wo ist die Schule, in welcher ich diese Weisheit lerne? — Ach, wie ist doch alles Wissen unserer Weisen ein Kind vor der Weisheit, die aus einem Kinde redet?"

In Samaria geboren, hatte Justinus von Jugend an so krasse Vorurtheile gegen das Judenthum und mehr noch gegen das Christenthum eingesogen, daß er viel eher selbst in den Schriften der Epikuräer und Cyniker, als in denen der Juden und Christen Weisheit gesucht hätte.

„Ich will Dir," antwortete auf die Frage des Justinus der Unbekannte, „aus einem heiligen Buche zwei Stellen sagen: „„Aus dem Munde der Kinder und der Säuglinge hast Du, o Gott, Dein Lob bereitet;"" — das ist die eine Stelle, und die andere hat jener eingeborne Sohn gesprochen, von welchem die Kleine eben redete:

„„Wenn ihr nicht werdet wie die Kinder, könnet ihr nicht in das Himmelreich eingehen.““ Doch die Nacht,“ fuhr der Alte fort, „bricht herein und die Straße ist öde und einsam. Hoffentlich sehen wir uns einmal wieder, und dann können wir ja,“ sagte er lächelnd, „weiter philosophiren.“

„Ich werde über Alles nachdenken,“ antwortete Justinus, „was ich heute gesehen und gehört habe; ich werde wieder kommen und . . . und . . . o,“ rief er aus, „ich will auch ein Kind werden, um von Dir zu lernen und jene himmlische Weisheit zu erkennen, von der mir heute ein Kind so Vieles enthüllt hat.“

Der Greis begleitete Justinus bis auf die Heer= straße und schaute ihm eine Zeitlang nach; dann hob er die Hände zum Himmel und betete: „Zu uns komme Dein Reich!“

Wer war der Unbekannte?

Es war der Priester Ptolomäus, der sich fern von der Stadt ein Landhaus gemiethet, um dort die Kinder der Martyrer, geschützt vor den Gefahren des städtischen Lebens, in der Furcht des Herrn zu erziehen. Zu Alexandria in Aegypten von christlichen Eltern geboren, hatte er an der berühmten Hochschule seiner Vaterstadt seine wissen= schaftliche, im Umgange mit den Nachfolgern des heiligen Marcus, den Bischöfen von Alexandria, seine religiöse Ausbildung erhalten. Priester geworden, hatte er die berühmtesten Apostelkirchen Kleinasiens besucht, wo er Poly= carp und Ignatius gehört, und dann war er nach Rom gekommen, um von den Nachfolgern der Apostelfürsten noch gründlicher die Lehren des Heils zu erlernen. [10] —

Auf seinem Heimwege zur Stadt beschäftigte den Justinus ausschließlich Das, was er diesen Abend erlebt

hatte. Es war ihm, als ob plötzlich nach langer Nacht
für ihn ein Tag aufdämmere, so hell und warm, daß
sein ganzes Herz darüber in Freuden aufjauchzte. Was
war das für eine Schule, für ein philosophisches System?
Und wie war es möglich, daß er bisher trotz alles Suchens
nichts davon gehört? Das waren ja Lehren, welche mit
Naturnothwendigkeit alle alte Weltweisheit aus den Angeln heben, mit unwiderstehlicher Macht den Erdkreis
erobern mußten. —

Der Heimweg durch das vatikanische Gebiet führte
ihn unweit am Circus des Nero vorüber. Das einsam
daliegende Gebäude ragte mit seinem Obelisken finster
und unheimlich zum nächtlichen Himmel empor; Justinus
gedachte der blutigen Opfer, die einst hier unter grausamsten Qualen hatten sterben müssen, um die Schuld,
Rom in Brand gesteckt zu haben, von dem Wütherich ab-
zuwälzen. Aber freilich, das waren ja Christen gewesen,
und wenn nicht wegen jenes Verbrechens, so hatten sie
wegen ihrer verderblichen Lehren und ihrer schrecklichen
Laster den Tod verdient.

Als Justinus, weiter eilend, sich der Brücke näherte,
welche über die Tiber in das Marsfeld führte, begegnete
ihm ein Leichenzug. Allein es war nicht ein einzelner
Todter, sondern eine ganze Anzahl Leichen wurde von
je zwei vespilones oder Todtengräbern auf Bahren daher
getragen.

Die Straße war sonst mutterseelen still; um so eigen-
artiger klang der Wechselgesang, den das Gefolge, welches
mit Fackeln den Todten das Geleit gab, angestimmt hatte.

Justinus hatte noch nie bei einem Leichenbegängniß
solchen Gesang gehört. Wie hätte er ahnen können, daß diese
Leute Christen waren, welche die Martyrer des Colosseum's

im vatikanischen Coemeterium [11]) bestatteten, und daß der Gesang Psalmengesang sei, wie die Kirche seit den ältesten Zeiten ihn bei den Begräbnissen zu singen pflegte?

Es war der 31. Psalm, der stets bei den Beerdigungen gesungen wurde; Justinus traute seinen Ohren nicht, als er die folgenden Worte hörte:

„Verständniß will ich dir geben und dich belehren „auf diesem Wege, den du wandelst; heften will ich „auf dich mein Auge. — Werdet doch nicht wie Roß „und Maulthier, die keinen Verstand haben."

Wie merkwürdig! Klangen die ersten Worte nicht wie eine tröstliche Verheißung für Justinus, gerade in dieser Stunde? — Aber viel mehr noch frappirte ihn der zweite Satz: denselben Vergleich mit „Roß und Maulthier, die keinen Verstand haben", hatte ja der Unbekannte gebraucht und ihn als Ausspruch eines großen Weisen bezeichnet. — Zwischen diesen Leuten und jenem Unbekannten mußten demnach Beziehungen bestehen.

Rasch entschlossen wandte sich Justinus an einen der Leidtragenden, einen Mann aus dem Volke, und fragte ihn:

„Woher sind die Worte entnommen, die Ihr singet?"

„Sie stehen in unseren heiligen Büchern."

„In Euren heiligen Büchern? Wer seid denn Ihr, daß Ihr eigene heilige Bücher habet?"

Der Mann faßte den Justinus scharf in's Auge; dann, durch den wohlwollenden Eindruck im Gesichte desselben befriedigt, gab er leise die Antwort: „Wir sind Christen."

„Christen?" rief Justin, „Christen?" — —

Wie gerne hätte er weiter gefragt! Allein unaufhaltsam zog der Leichenzug voran auf den vatikanischen Hügel zu, wo also eine Grabstätte der Christen sein mußte.

Lange schaute Justinus dem Lichte der Fackeln nach
und lauschte dem verhallenden Gesange; es war wie eine
geheimnißvolle Erscheinung, wie ein Traumgesicht.

Wie rasch war, jetzt ihm selber noch unbewußt, die
Verheißung der Cornelia in Erfüllung gegangen! — — Der
Lotse ist gekommen, Justinus, der mit gewaltiger Hand
das Steuerruder Deines Schiffleins ergreift, um es in
durchaus neue Bahnen zu lenken. Aber wundere Dich
nicht, wenn das gebrechliche Fahrzeug in allen Fugen
krachen wird in dem Kampfe gegen die sich aufbäumen-
den Wogen!

„Christen?" — sprach Justinus für sich selber, indem
er ganz in sich versunken langsam der Brücke zuschritt.
„Christen? — Und jener Unbekannte? — Und diese
herrlichen Lehren, — voll göttlicher Wahrheit ....! Ich
bin wie ein Blinder. Wenn mich doch Jemand bei der
Hand nähme! O wenn Jemand mir die Augen öffnete!

Viertes Kapitel.

Die Martyrin.

Abends nach Beendigung der Festspiele im Colosseum hatten die Christen von den Sklaven der Arena um schweres Geld die von den wilden Thieren halb-zerrissenen Leichname der Martyrer ausgeliefert erhalten [12]); wir sahen, wie sie dieselben beim Einbruch der Nacht in das vatikanische Gebiet übertrugen, um sie in dem dortigen Coemeterium beizusetzen.

Blandina war aus dem Amphitheater über das Forum in den mamertinischen Kerker geführt und dort in ein enges, dunkles Verließ geworfen worden. — Daß sie nicht mit den übrigen Martyrern hatte sterben dürfen, war für sie unaussprechlich schmerzlich. Schon hatte sie den Himmel offen gesehen, hatte in lichten Höhen die Herrlichkeit ihres göttlichen Bräutigams geschaut; allein in dem Augenblicke, wo sie ihre Hand nach der Siegespalme ausstreckte, hatte eine dunkle Gewalt sie wieder in die Nacht des Lebens hinabgezogen.

Erschöpft von all den Wunden, von denen ihr ganzer Körper in den vorhergegangenen Folterqualen zerrissen worden, sank sie auf das Strohlager hin und richtete einen Blick wehmüthigster Sehnsucht nach dem Himmel.

„Was habe ich denn gethan, o mein Jesus," seufzte sie, und heiße Thränen rannen über ihre Wangen, „daß

Du mich noch nicht würdig fandest, zu Deinem Hochzeitsmahle einzugehen? Die Andern ruhen nun schon in
süßem Frieden an Deinem Herzen, die Glücklichen, und
ich liege noch hier, von Deinem Angesichte verbannt, in
Kerkernacht. Wie lange, Herr, wie lange noch?" —

Um Mitternacht kam der Priester Lucius, die Gefangene zu trösten.

Es gibt überhaupt im Leben eines Priesters nichts
Erhebenderes, als an dem Sterbebette einer durch Leiden geläuterten und schon ganz mit ihrem Gott verein-
ten Seele zu stehen, ihre kindlichen Gebete zu hören,
Zeuge der stillen Ergebung zu sein, in der sie die schrecklichsten Schmerzen duldet, die unvergeßlich innigen Blicke
zu sehen, mit denen sie zum Himmel aufschaut. Aber
mit welcher Andacht muß erst in jenen Jahrhunderten
der Verfolgung ein Priester neben einer jungfräulichen
Martyrin, einer heiligen Streiterin Christi gekniet haben,
die in grimmigsten Qualen Zeugniß für ihren Herrn ab-
gelegt, und deren tiefster Schmerz es ist, daß ihr himmlischer Bräutigam Etwas an ihr gefunden, was sie seiner
Anschauung noch nicht würdig machte!

„Nein, meine Tochter," tröstete Lucius die Gefangene, „nicht Deiner Sünden wegen, die Du mit Deinem
Blute längst abgewaschen, hat der Herr Dir den Siegeskranz noch vorenthalten; er will neue, duftige Blumen
hineinwinden, daß Du noch schöner und reicher in den
Chor der Himmelsbräute eintretest."

„O, ich habe sie gesehen,"*) sprach Blandina, das
Auge voll von seliger Verklärung; „es war eine unabsehbar große Schaar, alle in weißen, goldverbrämten

---

*) Auch von dieser Vision berichten die Martyrerakten.

Kleidern, das Angesicht leuchtend, Kränze von Blumen, die wie Edelsteine blitzten, um ihre Stirnen. Und an der Spitze, und unaussprechlich schöner als Alle erschien mir Eine; in königlichem Gewande, ein Strahlendiadem auf dem Haupte, und freundlich lächelnd streckte sie die Hände mir entgegen, indem sie mir zurief: „Komm', meine Schwester!" Aber ach, in dem Augenblicke, wo ich hätte hinauffliegen mögen in süßester Sehnsucht, da riß es mich hinweg, und statt der lichten Schaar droben sah ich die dunkle, schwarze Masse des Volkes ringsum im Theater wieder. — — Dein Wille geschehe, Herr; Dein Wille geschehe!"

Mit dem Priester Lucius war noch eine andere Person gekommen, die sich Anfangs im Hintergrunde gehalten, jetzt aber gleichfalls neben der Sklavin niederkniete.

Es war die sechzehnjährige Caecilia, die Tochter des Caecilius Maximus Faustus, dessen Sklavin Blandina war.

„Du kommst zu mir, meine Herrin, an diesen schrecklichen Ort?" sprach Blandina und küßte die Hand des Mädchens.

Aber Caecilia zog dieselbe rasch zurück und erwiderte:

„Wer hat denn mehr die Pflicht dazu, meine Schwester, und mehr ein Recht darauf? Der Kaiser hatte meinen Vater und mich auf heute Abend zu dem großen Hoffeste eingeladen; wie schrecklich wären mir die Stunden dort gewesen, und wie glücklich bin ich, daß ich Dich besuchen konnte!"

Caecilia hatte für die Bekennerin Christi Erquickung und zugleich Arznei für ihre Wunden mitgebracht, und während der Priester zurückgetreten, begann sie bei dem

matten Schein einer kleinen Lampe den von den Geißel=
hieben ganz zerfleischten Rücken zu waschen, wobei Blan=
dina ihr todmattes Haupt auf Caecilia's Schulter lehnte.
Mehr als Eine Thräne tiefster Rührung träufelte aus
den Augen der Jungfrau in das Wasser, mit welchem
sie die Wunden wusch, um dann mit linderndem Balsam
getränkte Tücher als Verband aufzulegen.

Die junge Dame versah ihren Liebesdienst mit einer
Geschicklichkeit, welche erkennen ließ, daß sie schon öfters
dieses Werk heiliger Barmherzigkeit ausgeübt haben mußte.

„Wie danke ich Dir, süße Herrin,“ sprach Blandina,
indem sie einen innigen Blick auf die Jungfrau heftete;
„Du bist so gut, so gut; o, wie will ich für Dich beten!“

„Ja, liebe Schwester,“ antwortete Caecilia und drückte
einen Kuß auf die Stirne der Bekennerin, „bete, daß
auch ich des Kranzes und der Palme würdig befunden
werde, die Dein Antheil sind. Du bist so stark, aber
ich bin so verweichlicht, daß nur eine ganz außerordent=
liche Gnade mich zum Siege führen kann.“

Das gute Kind! Es ahnte nicht, daß ihm eine Sieges=
krone bereitet war, welche den Namen der jungfräulichen
Martyrin unendlich berühmter machen würde auf der
ganzen Welt und bis zu den fernsten Zeiten, als den=
jenigen all der stolzen Feldherren und Staatsmänner
aus dem Geschlechte der Caecilier.

Nachdem der Priester Lucius versprochen, wo möglich
in der folgenden Nacht wieder zu kommen, um der
Bekennerin die heilige Communion zu bringen, verab=
schiedete er sich mit Caecilia, da der Kerkermeister an
der Thüre der Zelle schon längst zum Aufbruche drängte. —

Acht Tage waren seitdem verflossen.

Cornelia hatte den Eindruck, den der wunderbare
Vorfall im Amphitheater auf sie gemacht, vergessen, und
über den Festlichkeiten der folgenden Tage, an denen sie
mit der Leidenschaftlichkeit einer echten Römerin Theil
genommen, war die Sklavin Blandina und ihr Schicksal
ihr ganz aus dem Sinne geschwunden. Das hatte auch
noch einen andern Grund. Ihr Gemahl hatte sich in
diesen Tagen wieder ganz „gehen lassen", so daß Cornelia
ernstlicher denn je den Gedanken an eine Scheidung von
einem so wüsten Menschen in Erwägung zog. Ihre Ehe
war kinderlos, und daher fehlte bei allem Reichthum ihr
das, was das Leben glücklich und süß macht: sie liebte
Niemand, und wußte sich von keinem Herzen geliebt.

Und diese Leere fühlte sie manchmal in Mitten der
Zerstreuungen wie der Huldigungen, die ihr von allen
Seiten dargebracht wurden. Dieses Gefühl drängte sich
ihr gerade in den letzten Tagen häufiger auf, wo der
Unmuth über ihren Gemahl sie mehr verstimmte, als sonst.
Sie dachte an ein anderes Weib, das besser zu ihm
gepaßt hätte, an die Kaiserin Faustina, und indem sie
träumerisch ihren Gedanken folgte, fragte sie sich, warum
das Schicksal denn sie nicht auf den Imperatorenthron
geführt. Allein Cornelia wandte sich seufzend von dieser
Vorstellung weg, indem sie zu sich selber sprach:

„Auch dann würde ich vielleicht nicht glücklich und
befriedigt sein."

Gewiß, armes Herz, auch auf dem Throne hättest
du nicht gefunden, was du suchst. —

Es war am achten Tage nach den Schaufesten im
Colosseum, als ein Besuch Cornelia zu ihrem entfernten
Verwandten, dem Senator Caecilius Maximus Faustus,
führte, dessen Palast im transtiberinischen Gebiete lag.[13]

Sie traf nur die junge Caecilia zu Hause, und nun erinnerte sie sich im Laufe des Gespräches wieder an die Sklavin Blandina. Caecilia sprach mit einer ganz auffallenden Hochachtung und Verehrung von derselben, und schließlich entlockte Cornelia ihr das Geheimniß, daß sie sogar die Sklavin im Gefängnisse besucht habe.

„Aber, das ist ja ganz schrecklich, liebes Kind!" rief Cornelia aus; „wie kann sich denn eine Patrizierin so weit wegwerfen? Wenn das Dein Vater wüßte!"

„Ich bitte Dich, sage weder ihm, noch sonst Jemand Etwas davon! Allein findest Du es denn wirklich an und für sich so unwürdig, den Heroismus einer Sklavin zu bewundern, vor welchem sich selbst die wilden Bestien beugten?"

„Bewundern, gewiß, so viel Du willst. Ich bewundere ja auch den Gladiator, der unerschrocken den Todesstoß empfängt. Allein das Mädchen ist und bleibt doch eine Sklavin, die unendlich tief unter Dir steht."

„Du solltest sie sehen, liebe Cornelia," antwortete die Jungfrau mit Wärme; „ich zweifle gar nicht, daß Gott, der sie so wunderbar aus den Krallen der wilden Thiere rettete, den Zügen dieser armen Sklavin den Stempel seiner Göttlichkeit aufgedrückt hat. Was Vergilius seinen Göttinnen andichtet, diesen bezaubernden Reiz einer unbeschreiblichen Anmuth, ich habe ihn auf dem Gesichte dieser Sklavin leuchten sehen."

„Du holde Schwärmerin! — Es bleibt allerdings unerklärlich, daß die wilden Thiere sie verschonten und die Löwin sich wie ein Hündchen ihr zu Füßen legte, und ich wäre neugierig genug, zu erfahren, wie das zugegangen."

„Nun," antwortete Caecilia lächelnd, „wenn Du mich zu ihr begleiten willst, kannst Du sie ja selber fragen."

Cornelia lachte bei dieser Zumuthung hell auf, und Caecilia beeilte sich, das Gespräch auf einen andern Gegenstand zu lenken.

Auf dem Heimwege jedoch rief Cornelia wieder alle Einzelheiten jenes Vorganges in ihrem Gedächtnisse wach; der Blick, den Blandina ihr beim Umzuge im Amphitheater zugesandt, drang ihr wieder in's Herz, und wieder stand die Sklavin da auf der catasta, die Arme zum Himmel erhoben in heiligem Verzücken, die Löwin zu ihren Füßen. Es war doch ein seltsames Mädchen, und wenn die Sklavin schon früher, so oft Cornelia das Haus der Caecilia besuchte, durch das so ganz eigenartige, vergeistigte Wesen, das über ihre Erscheinung, ihr Handeln und Reden ausgegossen war, die Aufmerksamkeit der Dame erregt hatte, so erschien sie ihr jetzt nach der begeisterten Schilderung Caecilia's noch weit anziehender. Bei näherem Nachdenken begriff sie jetzt auch vollkommen, wie gerade diese dazu hatte kommen können, die Gefangene zu besuchen. Caecilia hatte ja auch Etwas von jener unerklärlichen Anziehungskraft.

Da die folgenden Tage für Cornelia keine Zerstreuung boten, trat das Bild der Blandina ihr öfter vor die Seele, und nach und nach, sie wußte selbst nicht wie? gewann der Gedanke, die im Scherze hingeworfene Einladung ihrer Verwandten anzunehmen, immer mehr Reiz für sie.

Heimlich und unbekannt bei Nacht in ein Gefängniß hinabzusteigen und dort diese merkwürdige Person zu sehen und zu sprechen, hatte in der That etwas Verlockendes; es war etwas Neues und zudem Abenteuerliches in dem faden Einerlei des Lebens und seiner Genüsse.

de Waal, Katakombenbilder '.   24

Aber dann wies Cornelia die Idee doch wieder als
eine recht alberne von sich; — was ging sie die gemeine
Sklavin an?

Einige Tage später befand sich Cornelia in einer
Gesellschaft, und da kam in der Erinnerung an die prächti=
gen Kaiserfeste auch jener Vorfall zur Sprache. Man
erklärte die Sache durch geheime Zaubermittel, und einer
der anwesenden Philosophen wußte die merkwürdigsten
und haarsträubendsten Dinge über die schwarze Kunst der
Christen zu erzählen.

Das reizte Cornelia's Widerspruch. „Ich habe die
Sklavin öfters im Hause ihres Herrn gesehen,“ sprach
sie, „und sie als ein so einfaches, offenes Mädchen befun=
den, daß für mich jeder Verdacht dämonischer Zaubereien
ausgeschlossen ist.“

„Das ist ja gerade das Verruchte, Abscheuliche, Gott=
lose,“ antwortete Jener, „daß die Christen sich als ganz
harmlose, gutmüthige Menschen zeigen, während sie im
Herzen ein Abgrund von Bosheit und Niederträchtig=
keit sind.“

„Ich beanspruche für jene Sklavin jedenfalls eine
Ausnahme. Und dann bleibt es mir noch unerklärlich,
warum denn bei den andern Verurtheilten die Zauber=
kunst nicht wirkte.“

„Ich lege mir die Sache ganz natürlich zurecht,“
bemerkte ein Anderer. „Die Sklavin hat in den vorher=
gehenden Tagen verschiedene Folterqualen ausgestanden;
der Geruch der Wunden hat die Thiere abgehalten.“

„Waren die andern Verurtheilten weniger gemartert
worden?“ fragte Cornelia. „Diese ausgehungerten Bestien

beriechen nicht erst ihre Opfer, ob das Fleisch frisch ist
oder nicht. Und warum legte denn die Löwin sich so
zahm zu des Mädchens Füßen? Für mich ist und bleibt
der Vorfall ein unlösbares Räthsel." —

Am folgenden Tage traf Cornelia wieder mit Caecilia zusammen, und als nun diese ihr gestand, daß sie
in der vergangenen Nacht abermals Blandina besucht habe,
und als sie nun wieder in heiliger Begeisterung den Eindruck schilderte, den dieselbe mache, erklärte Cornelia lachend:

„Nun, süßes Kind, es fehlt nicht viel, daß Du mich
beredest, Dich zu begleiten, wenn Du wieder hingehst."

„Wie?" rief Caecilia, „Du könntest meine im Scherz
gemachte Einladung ernstlich nehmen?"

„Warum denn nicht? Der Gedanke amüsirt mich,
weil er gar so neu und frappant ist. Ich war noch nie
in einem Kerker; warum sollte ich mir nicht auch so ein
Ding ansehen, wenn ich dort eine Person finde, die mich
von Tag zu Tag mehr interessirt?"

„Ich habe für diese Nacht einen neuen Besuch vor."

„Wenn Du mich abholst, ..."

„Ist Dir das wirklich Ernst?"

„Nun denn, gerade weil's Dir so unglaublich vorkommt, gerade darum will ich's thun und Dich begleiten.
Die seichten Schwätzer da wollen ihre Rettung durch
Zaubermittel und dergleichen erklären; ich will doch sehen,
ob ich einen besseren Erklärungsgrund finde."

Zu der verabredeten Stunde erschien Caecilia, von
dem Priester Lucius begleitet, vor der Hinterpforte des
Palastes der Cornelia, und alle drei begaben sich, die
Damen tief verhüllt, zum mamertinischen Kerker.

Cornelia erschauderte, als sie die lange Treppe hin= unter in das fürchterliche Verließ hinabstieg, und hätte sie sich nicht vor Caecilia ihrer Feigheit geschämt, sie würde auf halbem Wege umgekehrt sein.

Als die Jungfrau sich der Gefangenen näherte und neben ihr hinkniete, legte sie heimlich den Finger auf den Mund, um wegen ihrer heidnischen Begleiterin Blandina zur Vorsicht zu mahnen.

Blandina empfing den Besuch mit der Mittheilung:

„Morgen werde ich sterben. Der Kerkermeister hat es mir heute angekündigt, daß ich in der Frühe wieder vor den Richter geführt werden soll. O, wie verlange ich nach dieser Stunde! Endlich, endlich werde ich mein Blut für meinen Gott vergießen dürfen, und dann gehe ich zu ihm, in die ewigen Freuden."

Bei diesen Worten leuchtete eine so himmlische Ver= klärung auf dem Antlitze der Gefangenen, und sie sprach mit einem solch seligen Glücke von ihrer nahen Hinricht= ung, daß Cornelia stumm vor Verwunderung dastand und nur den Blick unablässig auf die Sklavin geheftet hielt. Blandina wandte sich nun an sie und sprach:

„Womit habe ich es verdient, daß eine so hohe Dame zu einer elenden Sklavin in diesen Kerker herabsteigt? O, ich will für Dich beten; in der Stunde meines To= des will ich Dein gedenken!"

Cornelia antwortete nicht; aber der Blick, unsäglich tief und innig, den die Arme auf sie richtete, drang ihr bis in's Innerste der Seele; wie nie in ihrem Leben fühlte sie sich ergriffen.

Caecilia öffnete nun das Körbchen, das sie mitge= bracht, und reichte der Gefangenen Erquickung.

„Liebe, süße Herrin," sprach Blandina und heftete ihr seelenvolles, verklärtes Auge mit mildem Lächeln auf die Jungfrau, „wie soll ich Dir danken für alle die Güte, die Du einer armen Sklavin zuwendest? Mein letzter Athemzug soll ein Gebet für Dich sein, und wie werde ich erst droben am Throne Gottes für Dich beten! Weißt Du," fuhr sie fort, „daß heute wieder die schöne Frau mit der leuchtenden Krone auf dem Haupte, und umgeben von der Schaar schneeweißer Jungfrauen bei mir war und mir einen Kranz und einen Palmzweig aus dem Paradiese brachte? Morgen, o morgen werde ich zu ihr kommen! Wie glücklich bin ich, wie glücklich!"

Cornelia hatte nie in ihrem Leben vor frommer Rührung geweint; jetzt rannen Thränen über ihre Wangen. Das Heilige und Himmlische, das ihr so nahe war, ergriff sie mit unwiderstehlicher Gewalt und strahlte Licht und Wärme in ihr dunkles, kaltes Herz. Sie gedachte der Löwin zu den Füßen der Martyrin, und langsam sank auch sie auf die Kniee neben Blandina. Sie konnte nicht anders; sie mußte neben ihr niederknieen.

Das Eis war gebrochen; Blandina, die jungfräuliche Bekennerin, hatte die harte Rinde zum Schmelzen gebracht.

Als der Kerkermeister kam und zum Aufbruche mahnte, da kostete es Cornelia keine Ueberwindung, nach dem Beispiele der Caecilia einen Kuß auf die Stirne der Sklavin zu drücken.

„Bete für mich," sprach sie; „bete für mich!!"

Mehr vermochte sie vor der Gewalt der inneren Bewegung nicht hervorzubringen. — —

Schweigend kehrte Cornelia an der Seite ihrer Verwandten und des Priesters Lucius in ihren Palast zurück; die ganze Nacht kam kein Schlaf in ihre Augen. Es war ein unendlich furchtbarer Kampf, der in ihrer Seele tobte; die Geister des Lichtes und die des Abgrundes rangen mit einander um ein Herz, das bisher so ganz der Welt und ihrer Lust gehörte.

„Ist auch Caecilia Christin?" fragte sie sich. — Gewiß, sie mußte es sein, und dann kannte Cornelia zwei Seelen, so rein und edel, daß alle Verleumdungen gegen das Christenthum, welche sie früher blindlings angenommen und geglaubt hatte, wie Schnee vor der Sonne, wie die Nacht vor der Morgenröthe zergingen. —

Als am folgenden Morgen Blandina aus dem Kerker auf das Forum vor den Richterstuhl geführt wurde, harrte abseits eine Schaar von Christen und unter ihnen Caecilia; aber unter der Menge des Volkes stand auch Cornelia. — Auf seinem Richterstuhle saß Quintus Lollius Urbicus, der Stadtpräfekt, umgeben von seinem Gerichtshofe.

Das Verhör begann.

„Wie heißest Du?" fragte der Richter.

„Ich bin eine Christin," antwortete Blandina, indem sie hinzufügte: „bei uns wird nichts Böses gethan."*)

„Gehorche dem Befehle der göttlichen Kaiser, und opfere!

*) Christiana sum, et nihil apud nos mali geritur, sind ihre Worte (Acta mart. Ruinert. I, 142). Die folgenden Fragen und Antworten sind ebenfalls den Martyreraften der Blutzeugen von Lyon entnommen.

„Ich bin eine Christin!"

„Wie heißt denn der Gott der Christen?"

„Gott hat keinen Namen, wie wir Sterblichen," entgegnete Blandina; „Du wirst ihn erkennen, wenn Du dessen würdig bist."

„Aber Ihr begeht im Dienste dieses Gottes Ver= brechen, gegen welche sich die Natur empört. Esset Ihr nicht das Fleisch von Kindern und trinket Ihr nicht das Blut derselben bei Eueren nächtlichen Orgien?"

„Wie sollten wir so etwas Entsetzliches thun, da wir nicht einmal das Blut von Thieren genießen?[14]) Aber Ihr, Ihr schlachtet die Menschen; wir jedoch thun überhaupt nichts Böses."

„Noch einmal, opfere den unsterblichen Göttern!"

„Ich bin eine Christin!"

Urbicus sah, daß Blandina hartnäckig bei ihrer Aus= sage beharrte; so zog sich denn der Gerichtshof zurück, um nach wenigen Augenblicken das Urtheil zu sprechen, das der Herold mit lauter Stimme verkündigte: Weil Blandina sich als Christin bekenne und dem kaiserlichen Befehl und Gebot, den unsterblichen Göttern zu opfern, gottlos den Gehorsam verweigere, sei sie mit dem Schwerte hinzurichten.

„Deo gratias, Gott sei Dank!" antwortete Blandina.

Sofort traten die Schergen auf sie zu; — der Lictor zog aus seinem Ruthenbündel das breite Beil, während das Volk einen weiten Kreis um die Hinricht= ungsscene bildete.

Blandina kniete nieder, erhob noch einmal Hände und Augen im stummen Gebete zum Himmel, dann fal=

tete sie die Arme kreuzweise über die Brust und schloß
die Augen. Von dem, was um sie her vorging, von
der Erde und allem Irdischen gelöst ruhte ihre Seele
in der Hoffnung, ja, schon im Schauen des Glückes,
das der Glaube ihr verhieß; ihr Gebet war bereits
eine süße Unterredung mit ihrem himmlischen Bräutigam.
— Nie hatte des Lictors Beil ein reineres Opferlamm
getroffen.*) — —

Nach römischem Gesetze hatte jeder Verbrecher mit
seinem Tode der Gerechtigkeit genug gethan, und es
stand nichts im Wege, die Leiche zu nehmen und ihr
ein anständiges Begräbniß zu geben. Die Standhaftigkeit, mit welcher Blandina, das schwache Mädchen, seinen
Glauben bekannt, wie die Erinnerung an jene Scene
im Amphitheater hatte auch auf die umstehenden Heiden
Eindruck gemacht, und als daher Einige von den Christen ungescheut vortraten und die Leiche der Martyrin
in ein weites Tuch hüllten, um sie fortzutragen,
widersetzte sich ihnen Niemand.

„Wo willst Du sie begraben?" fragte Cornelia, die
Wangen noch naß von Thränen, indem sie auf Caecilia
zutrat.

Caecilia schaute ihre Verwandte prüfend an.

„Die Christen," antwortete sie ausweichend, „werden
sie wahrscheinlich bei ihren Glaubensgenossen bestatten."

„Süßes Kind," sprach Cornelia und drückte der
Jungfrau sanft die Hand, „fürchte vor mir nichts! Ich)

---

*) Es ist die wörtliche Wiedergabe aus den Martyrerakten:
Nihil jam eorum. quae fiebant, penitus sentiens, tum ob
spem et comprehensionem eorum, quae credebat bonorum,
tum ob familiarem congressum, quem cum Christo in orati-
one habebat. Tandem et ipsa victimae instar jugulata est.

weiß, Du bist Christin, . . . und was ich diese Nacht und heute erlebt habe . . ."

Cornelia konnte vor innerer Bewegung nicht weiter reden. — Nach einer Pause, nachdem sie sich mühsam gefaßt hatte, fuhr sie fort:

„Laß mich mitgehen, wenn ich darf, und der Todten die letzte Ehre erweisen! O, eine solch edle Seele gibt's nicht mehr auf Erden!"

Caecilia drückte schweigend ihrer Verwandten die Hand: wie schnell hatte die Martyrin über ein Herz gesiegt, das noch vor Kurzem so unabsehbar weit vom Christenthum entfernt zu sein schien!

„Komme heute Abend," sprach sie, „beim Einbruch der Dämmerung zum dritten Meilenstein der appischen Straße; dort ist unser Coemeterium, wo wir die Heilige bestatten. Aber wenn Du willst, werde ich Dich abholen."

„Wir werden uns," antwortete Cornelia, „in einer geschlossenen Sänfte hintragen lassen. Allein komme etwas früher; ich habe mit Dir zu reden, o so Vieles zu reden!"

Als beim Einbruch der Nacht die christlichen vespilones, auf einer verhüllten Bahre die Leiche tragend, bei den Katakomben erschienen, erwarteten sie schon mit andern Christen Caecilia und Cornelia. Die Jungfrau hatte einige Worte mit dem Priester Lucius gesprochen und ihn von der wunderbaren Umwandlung ihrer Verwandten in Kenntniß gesetzt; so fand dieser kein Bedenken, auch Cornelia mit in das Coemeterium hinabsteigen zu lassen.

Unter dem Gesange von Psalmen, alle Christen mit brennenden Fackeln in den Händen, setzte sich der Zug in

Bewegung. Caecilia hatte einen Kranz der schönsten rothen Rosen mitgebracht und ihn auf die Bahre gelegt.

Langsam stieg man die Treppen hinunter, welche in den unterirdischen Friedhof hinabführten. Damals hatte das Coemeterium noch keine große Ausdehnung; es bestand erst aus einigen Grabkammern nebst einigen Verbindungsgängen, wo in den Wänden rechts und links eine Marmorplatte über der andern die Ruhestätte heiliger Todten verschloß.

In einer Grabkammer, deren Wände und Decke mit Bildern bemalt waren, hatten die fossores die Nische oder Lade ausgehauen, welche die Martyrin aufnehmen sollte. Thränen in den Augen schauten Caecilia und Cornelia zu, wie die Männer die Leiche voll Ehrfurcht erhoben, unter den Gebeten des Priesters sie in das Grab legten und eine Marmorplatte ohne Inschrift vor die Oeffnung einmauerten. [15])

Auf Cornelia hatte die ganze Feier, tief im Schooße der Erde, bei dem Lichte von Lampen und Fackeln, einen unbeschreiblichen Eindruck gemacht. Eine neue, wunderbar lichte Welt hatte sich ihr im Dunkel der Katakomben erschlossen, aber auch sie selber war eine ganz Andere geworden.

Beim Hinausgehen sah sie in dem Halbrund eines Nischengrabes ein Gemälde, das ihre Aufmerksamkeit fesselte. Da sie stehen blieb, dasselbe zu betrachten, gab ihr Caecilia die Erklärung:

„Die in diesem Grabe ruhende Todte," sprach sie, „welche gleich Blandina für ihren Glauben hingerichtet worden, wohnt jetzt in seligem Glücke in jenem Himmelsgarten ewiger Wonne, zu welchem Christus sie, wie der gute Hirt sein Schäflein, von der Erde emporgetragen."

„Und zu den Füßen des Hirten ruht ein anderes Lamm," fuhr Cornelia sinnend fort, „und ein drittes Lamm möchte auch gern von dem Hirten aufgenommen werden."

„Und er wird Dich gerne aufnehmen!" antwortete Caecilia, indem sie ihr großes, seelenvolles Auge auf ihre Verwandte heftete.

Cornelia legte ihren Arm um den Hals der Jung= frau und zog sie an sich, ohne ein Wort zu sagen.

„Weißt Du," sprach sie, als Beide aus dem Coeme= terium emporgestiegen waren und im stillen Abenddunkel auf der appischen Straße der Stadt zuwandelten, „weißt Du, welches Bild ich am Grabe der süßen Blandina malen ließe, wenn ich's dürfte? Aber," unterbrach sie sich selbst, „das wäre ja kein christlicher Gegenstand."

„Und doch möchte ich gerne Deine Idee kennen ler= nen," antwortete Caecilia lächelnd.

„Nun denn, ich würde den Orpheus, und rings um ihn Löwen und Tiger malen lassen, die sein Leierspiel gezähmt hat. Was Dichtung und Sage von jenem thra=

cischen Sänger erzählen, hat ja Blandina im Amphitheater in viel wunderbarerer Weise verwirklicht."

„Aber in unendlich wunderbarster Weise," entgegnete
Caecilia, „ist es verwirklicht worden durch jenen göttlichen Orpheus, der durch den heiligen Zauber seiner
Gnade die Herzen der Menschen zähmt und die Löwen
in Lämmer verwandelt und sie alle um sich versammelt,
den Tönen seiner Liebe zu lauschen."

„Wie schön ist das nun wieder!" sprach Cornelia
sinnend, und indem sie still ihren Gedanken nachging,
stellte sie sich eine Grabkammer in den Katakomben als
ihre bereinstige Ruhestätte vor, — und dann müßte in
der Decke das Bild des Orpheus gemalt werden.

Fünftes Kapitel.
Bergauf.

- - -

Von der Erkenntniß der Wahrheit bis zum Bekenntnisse derselben, vom Verwerfen dessen, was man bisher für das Richtige gehalten, bis zum gläubigen Erfassen dessen, was der Geist als Lüge und Irrwahn zu betrachten gewohnt war, — ist noch ein weiter und sehr steiler Weg. Das lehrt uns ja die Bekehrungsgeschichte eines jeden Convertiten. Und noch viel weiter und beschwerlicher als für den Verstand, ist dieser Weg für das Herz, das dem Verstande folgen soll, wenn es seinen Neigungen und Leidenschaften, seinen Eitelkeiten und Genüssen, Allem, was es bisher geliebt, Lebewohl sagen muß, um zu lieben, was es Zeitlebens verachtet und gehaßt hat. Im alten Rom aber, und zumal in den Zeiten der Verfolgung war dieser Schritt, war der Uebertritt vom Heidenthum zum Christenthum noch unvergleichlich schwerer. Das ganze öffentliche wie häusliche Leben war auf das innigste mit dem Dienste der Götter verwebt und verbunden, — und alle diese Bande mußten zerrissen werden. Wegen der Verbrechen, welche das Volk den Christen angedichtet, lastete auf den Bekennern des Kreuzes die

schwerste Schmach, — und in diese Gesellschaft, die für
das verworfenste Gesindel galt, mußte man eintreten.
Die römischen Staatsgesetze hatten die Todesstrafe über
alle Christen verhängt; täglich konnte man Zeuge sein,
wie strenge die Richter das Gesetz handhabten, wie zugleich keine Marter unversucht blieb, die Bekenner zur
Verleugnung ihres Glaubens zu bewegen, — und auf
diese Folterqualen, auf diesen Martertod mußte der
Neubekehrte jeden Augenblick gefaßt sein. Man hatte
Gatten und Kinder, Verwandte und Freunde, an welche
das Herz durch die heiligsten Beziehungen gekettet war, —
und unerbittlich lautete der Spruch des Evangeliums:
„Wer zu mir kommt und haßt nicht Vater und Mutter,
und Gattin und Kinder, und Bruder und Schwester; ja,
seine eigene Seele, der kann nicht mein Jünger sein.“

So war denn also für den natürlichen Menschen in
jenen Zeiten eine Conversion unendlich schwerer, als in
unsern Tagen, und das Opfer unermeßlich größer; aber
auch niemals hat sich die Macht und Göttlichkeit des
Christenthums so handgreiflich geoffenbart, als in den
zahlreichen Bekehrungen, für welche gar oft die Marter-
palme der Lohn gewesen.

Dieser Kampf begann nun auch für Cornelia, für
das verhätschelte Weltkind, das bisher nur seinem Willen
und seinem Vergnügen gelebt hatte.

So tief und unauslöschlich der Eindruck gewesen,
den jene Nacht, wie der Tag der Hinrichtung und Beisetzung Blandina's auf sie gemacht, sie erschrak nun doch
in den folgenden, ruhigeren Tagen vor dem Gedanken,
Christin zu werden. Alles in ihr bäumte sich dagegen
auf; schon der Hinblick auf ihre Eltern und Verwandten,

wie die Rücksicht auf die öffentliche Meinung, welche auf die Entschließungen des Menschen einen so mächtigen Einfluß ausübt, stellten ihr bergeshohe Hindernisse in den Weg.

„Nein, nein," rief sie aus, „ich kann es nicht. Ich will mich abwenden von den Göttern, an die ich bisher geglaubt habe; allein werde ich mich den öffentlichen Festen und Opfern entziehen können, zu deren Theilnahme ich schon durch meinen Stand gezwungen bin? Ist es denn nicht genug, wenn ich im Herzen und im Geheimen Christin bin? — — Wie grausam bist Du, Gott der Christen, daß Du den ganzen Menschen verlangst!"

„Ach," seufzte sie, „ich erliege in diesem Kampfe. Warum war ich so thöricht, mit Caecilia in den Kerker hinabzusteigen, um zu den Füßen einer Sklavin meine Ruhe und mein Lebensglück zu verlieren? Caecilia! — Ja, der liegt nichts am Leben; die ginge noch heute mit derselben Freudigkeit in den Tod, wie ihre Sklavin, während mein Herz mit unzähligen Fasern in die Welt und das Leben verwachsen ist."

Die schlimmen Vorurtheile, welche Cornelia früher gegen die Christen gehegt, waren durch Blandina und Caecilia zerstreut worden; alle die vielen Marthrer, die sie früher als gemeine Verbrecher verachtet hatte, erschienen ihr jetzt als bewunderungswürdige Helden, welche unschuldig für ihre Ueberzeugung in den Tod gegangen. Aber mußte man denn gerade Christ werden, um tugendhaft zu sein? Hatte denn nicht seine Philosophie den Kaiser Marcus Aurelius gleichfalls zu einem Muster jeder Tugend und Vollkommenheit gemacht?

Cornelia suchte sich zu zerstreuen; sie wollte, sie mußte sich diese Gedanken aus dem Sinne schlagen. Sie bemühte sich, wieder zu scherzen im Kreise ihrer Freunde und Freundinnen; sie ging wiederholt in das Theater, wo ein berühmter Mime die Zuschauer hinriß. Allein auch in die Gesellschaft folgte ihr das Bild der Blandina, und die Scherze, die ihr sonst so reich sprudelten, kamen ihr nicht mehr, und das Theater erschien ihr unaussprechlich fade und abgeschmackt.

Von dem steten innern Widerstreit gequält, fühlte Cornelia immer lebhafter das Bedürfniß, sich Jemanden gegenüber auszusprechen.

Zu Caecilia wollte sie nicht gehen; sie wußte, wie wehrlos sie diesem Kinde gegenüberstehen würde, das ja keinen Begriff von ihren Seelenkämpfen haben konnte. Unter ihren gelehrten Freunden war keiner, dem sie Vertrauen geschenkt hätte. — Da fiel ihr der Philosoph Justinus ein, den sie vor all den andern hochmüthigen und dünkelhaften Philosophen schätzen gelernt. Der forschte doch auch nach der Wahrheit, und zwar seit Jahren und bei allen philosophischen Schulen, und hatte zu diesem Zwecke den ganzen Orient bereist. Gewiß, der wäre längst Christ geworden, wenn er im Christenthum die Wahrheit gefunden. Ja, Justinus war der Mann, der ihrem Geiste und ihrem Herzen wieder Ruhe geben konnte.

Cornelia ahnte nicht, welche Veränderung seit jenem Besuche bei ihr auch mit dem Philosophen vor sich gegangen. —

Für Justinus unterlag es keinem Zweifel, daß der Greis, dessen Bekanntschaft er in so merkwürdiger Weise

gemacht, Christ sei; es waren also christliche Lehren,
die er aus dem Munde desselben, wie der Kinder gehört hatte. Und das war **die Wahrheit,** jene Wahrheit, nach der er so lange gesucht. — Als er an jenem
Abende nach Hause gekommen, hatte er sich sofort hinge-
setzt, um die ganze Unterredung mit dem Unbekannten,
wie die Antworten des Kindes möglichst wortgetreu
niederzuschreiben, und je tiefer und gründlicher er über
jeden Satz nachdachte, desto helleres Licht drang in
seine Seele. Er hatte so viel gelesen und studirt:
warum war es ihm nie in den Sinn gekommen, auch
nach den heiligen Büchern der Christen zu forschen?
Allein auch so groß war ja das allgemeine Vorurtheil
gegen diese Sekte, daß man alles Andere, als Aufklärung über die höchsten und wichtigsten Fragen der Philosophie dort gesucht hätte.

Justinus war ein zu consequenter Charakter, als
daß er nicht als echter Philosoph sofort sein Handeln
durch sein Erkennen hätte bestimmen lassen. Er hatte
zu lange, vergebens nach Wahrheit suchend, umhergeirrt,
als daß er nicht jetzt, wo er ihre Spur entdeckt, unbekümmert um alles Andere, diesen Pfad verfolgt hätte,
um nun nicht zu rasten, bis er in ihren vollen Besitz
gekommen. Dann, dann hatte er endlich Ruhe; dann
war der Lotse gefunden, der das Schifflein seines Lebens
durch die Stürme zum Hafen seligen Friedens lenkte.

In der Frühe des nächsten Morgens eilte Justinus
wieder nach dem Monte Mario hinaus. Der Pförtner,
dem sonst die strengste Vorsicht anbefohlen war, erkannte
ihn wieder und ließ ihn unbedenklich eintreten.

Ptolomäus saß gerade in Mitten seiner kleinen Zuhörer und sprach zu ihnen von den Eigenschaften Gottes,

von seiner Ewigkeit, seiner Weisheit, seiner Gerechtigkeit
und Heiligkeit, von seiner Liebe und Barmherzigkeit,
in der schlichten, einfachen Form, wie es für Kinder
verständlich war; seine Sprache wurde unwillkürlich wär=
mer, als er die Liebe Gottes zu den Menschen schilderte,
welche Alle seine Kinder seien, Freie wie Sklaven, als
er seine Barmherzigkeit gegen die Irrenden schilderte,
seine Langmuth gegen die Sünder, den Lohn ewiger
Herrlichkeit, den er den Guten verheißen.

Justinus pflückte gleichsam jedes Wort von den
Lippen des ehrwürdigen Greises; wie fühlte er es Licht
werden in seinem Geiste, wie fühlte er sein Herz sich
erweitern, gleich der Blume, die aus der verschlos=
senen Knospe der Morgensonne entgegen ihre Blätter
entfaltet!

Als der Unterricht beendet war, hätte er noch Stun=
den lang zuhören und den erquickenden Strom dieser Wahr=
heiten in seine dürre Seele hineinschlürfen mögen.

Er trat auf Ptolomäus zu und sprach:

„Ich habe gefunden, was ich so lange gesucht! Gott
hat mich zu Dir geführt: führe Du mich denn nun zu
ihm; ich will, ich muß Christ werden!"

Justinus blieb den ganzen Tag in dem stillen Land=
hause. Als er sich am Abende aus dem lieben Kreise
der Kleinen, in welchen er sich so bald hineingefunden,
verabschiedete, gab Ptolomäus ihm das Evangelium des
heiligen Johannes mit, daß er es in den nächsten Tagen
durchlese und dann zu ihm zurückkehre. [16]

Wie gewaltig ergriff ihn schon gleich der Anfang
dieser heiligen Schrift: „Im Anfange war das
Wort, und das Wort war bei Gott, und Gott
war das Wort."

Das war so bewältigend groß und erhaben, wie
Justinus Aehnliches bei keinem Philosophen gelesen. Mit
wachsendem Interesse las er weiter, und immer leuchten=
der und göttlicher trat die Person des Erlösers vor seine
Augen, und immer inniger gab sich seine ganze Seele
in Dank und Liebe seinem Heilande hin. Bei Justinus,
der so lange schmachtend nach der Wahrheit gesucht,
der durch keine irdischen Bande an die Welt gefesselt
war, dem keine Rücksichten des Standes oder des Blutes
sich in den Weg stellten, bei ihm war die Bekehrung
leicht; er brachte dem Samen des Evangeliums ein Erd=
reich ohne Dornen, ohne Steine entgegen.

Da kam die Einladung der Cornelia.

Justinus hatte mit ihr früher wiederholt philoso=
phische Gespräche und Erörterungen geführt; es war ja
Mode in Rom geworden. Wie ganz anders konnte er
heute mit ihr über solche Fragen reden!

„Was ich ihr bisher bieten konnte,“ sprach er zu
sich selber, „war stehendes Wasser aus trüben Sümpfen;
jetzt werde ich sie zu der frisch sprudelnden Quelle leben=
digen Wassers, göttlicher Weisheit führen. Mag sie mich
belächeln, verachten, von sich weisen, wenn ich ihr erkläre,
daß dies die Lehren des Christenthums sind, und daß
ich mich mit ganzer Seele zu ihnen bekenne; das soll
mich nicht abhalten. Durch Wärme und Begeisterung
hoffe ich zu ersetzen, was mir an Tiefe der Erkenntniß
noch abgeht.“

Die Unterredung, welche Cornelia mit dem Philo=
sophen führte, dauerte lange, sehr lange. Er erzählte ihr,
wie er Ptolomäus kennen gelernt, wie er aus dem Munde
der Kinder die erste Belehrung empfangen, wie er jetzt
unerschütterlich fest von der Göttlichkeit des Christen=

25*

thums überzeugt sei. Mit dem heiligen Feuer eines
Neubekehrten legte er der Dame die Grundlehren unseres
heiligen Glaubens dar, und mit der Gewandtheit eines
feinen Dialektikers wußte er jede Einwendung zu wider=
legen, welche Cornelia vorbrachte. Trotz aller Vorsicht,
welche sie anwandte, ihr Inneres nicht zu verrathen,
mußte doch Justinus aus ihren Fragen und Einwürfen
und aus der so ganz andern Art, wie sie jetzt über Phi=
losophie und Religion redete, erkennen, welche Stürme
in ihrer Seele robten: — daß doch auch sie den Lotsen
fände, welcher das Fahrzeug in die rechte Wasserstraße
hinaus geleitete!

Als Justinus sie endlich verließ und Cornelia allein
war, da war ihr Geist noch viel erregter und sturmbe=
wegter, denn zuvor. So laut die göttliche Stimme in
ihrem Innern ihr zurief, daß sie ihren Frieden einzig
in der gänzlichen Hingabe an die erkannte Wahrheit
finden könne, so mächtig erhob sich und bäumte sich ihr
ganzes Wesen auf gegen die große, folgenschwere Ent=
scheidung.

Tage und Wochen vergingen: Cornelia kam zu
keinem Entschlusse; immer hatte sie der Mahnung der
Gnade gegenüber die Antwort: Es geht nicht; ich kann
nicht!

Allein sie fühlte sich unsäglich unglücklich; wenn die=
ser Zustand noch länger dauerte, sagte sie sich selber, so
mußte sie wahnsinnig werden.

Selbst ihr Gemahl, der sich sonst herzlich wenig um
sie bekümmerte, erkannte die Veränderung in ihrem We=
sein; aber wem hätte sie weniger, als ihm, die Ursache
der Blässe offenbaren können, welche seit einiger Zeit
die Rosen von ihren Wangen vertrieben hatte?

Caecilianus rieth ihr Luftveränderung, einen Aufenthalt am Meere: „Ach," seufzte sie, „wenn mir das helfen könnte!"

Er wollte einen Arzt zu Rathe ziehen: „Für mich," antwortete sie mit Thränen in den Augen, „gibt es nur Ein Heilmittel; allein es liegt für mich in unerreichbarer Ferne."

Nach einigen Tagen kam Justinus, jetzt ungerufen, wieder; er lud Cornelia ein, mit ihm die Waisenanstalt des Ptolomaeus zu besuchen, und nach einigem Sträuben sagte sie zu.

Was sie auf dem Landhause sah und hörte, mußte ihre Ueberzeugung von der Wahrheit des Christenthums noch befestigen; sie gestand dies endlich auch offen dem Priester, aber sie erklärte ihm zugleich die Unmöglichkeit, auch äußerlich überzutreten.

Ptolomaeus gab ihr eine sehr eigenthümliche Antwort.

„Als der Herr noch auf Erden wandelte," sprach er, „lebte auf ihrem Schlosse zu Magdala eine reiche Dame, die weit mehr in die Netze der Welt verstrickt war, als Du, edle Frau, es jemals werden könntest. Was die Menschen Zufall nennen, führte sie eines Tages unter die Massen des Volkes, welches den Worten des Meisters lauschte. Die Erhabenheit seiner Erscheinung, wie seiner Lehre ergriff auf einmal mit himmlischer Gewalt die Seele des Weibes, und als nachher der Herr bei einem Pharisäer zur Tafel geladen war, drang Maria Magdalena, dem unwiderstehlichen Zuge ihres Herzens folgend, in das Triclinium. Unbekümmert um die spöttischen Blicke und die boshaften Bemerkungen der Gäste, warf sie sich zu den Füßen Jesu nieder, benetzte dieselben mit ihren Thränen und trocknete sie mit den Haaren ihres Hauptes. — Ich will Dir,

hohe Frau, auch nicht mit Einem Worte zureden, Christin
zu werden; es wird die Stunde kommen, in der
auch Dich die unendliche Sehnsucht Deines Her=
zens hintreibt, wo der Herr weilt; bereit, selbst das
Höchste zu opfern, wirst Du Dich dann zu seinen Füßen
werfen und ihn um das Eine anflehen, daß er in
Gnaden Dich aufnehme."

Cornelia war von diesen Worten nicht wenig betroffen.
Als Bettlerin sollte sie kommen und kniefällig um Auf=
nahme bitten? — Wie weit fühlte sie sich noch von dieser
Demuth und von diesem Opfer ihrer selbst entfernt!

Aber als sie nach Hause kam, da verschloß sie sich
in ihr Gemach, warf sich auf die Kniee, breitete ihre Arme
zum Himmel und flehte unter heißen Thränen:

„Mein Gott, mein Gott, erbarme Dich meiner! Habe
ich durch die Gnade Dich erkannt, dann gib mir auch
Kraft, mit Magdalena mich Dir zu Füßen zu werfen!"

Die Stunde wird kommen, du schwaches Herz,
welche dir den Muth zu jedem Opfer, und wäre es
das des Lebens, geben wird! Wenn dich Caecilia wie=

der in die Katakomben führt, dann laß dir von ihr das
Bild des Abraham zeigen, der sein Liebstes, seinen einzigen Sohn und das Kind der Verheißung, mit eigener
Hand zu schlachten bereit ist, weil Gott es will. Nicht
umsonst lassen die Christen dieses Bild so gerne in den
Grabkammern der Martyrer malen. Was von dem Pa-
triarchen des alten Bundes in dem Willen, nicht der
That nach gefordert wurde: — das Theuerste, was das
Herz mehr liebt, als das eigene Leben, wie freudig
haben es diese glaubensstarken Helden zum Opfer gebracht! — —

Am folgenden Morgen überraschte ihr Gatte sie durch
die Mittheilung, daß er nach Alexandria in Aegypten zu
reisen gedenke; er habe dort dringende Geschäfte persönlich abzuwickeln, wolle dabei aber auch für sie einen geeig-
neten Ort zum Winteraufenthalt ausfindig zu machen
suchen; seine Abfahrt sei bereits auf den nächsten Tag
festgesetzt.

Cornelia antwortete nichts darauf. Sie durchschaute
ihren Gatten: — nicht die Sorge um sie, sondern der
Hang nach den üppigen Genüssen des Orients, die er
unbehindert von seinem Weibe genießen wollte, das waren
die Geschäfte, welche ihn von ihr forttrieben. Ihr Verdacht wurde zur Gewißheit, als ihre Sklavinen ihr von
der Menge der Koffer und Kisten berichteten, die der Gatte
zu der Reise hatte packen lassen, und die unzweifelhaft auf
eine längere Abwesenheit berechnet waren.

Und daß er sie gerade jetzt verließ, zerriß den letzten Faden, der die beiden Gatten noch mit einander
verband.

─────⊷⊱⊶─────

Sechstes Kapitel

Die Verlobte.

Niemand war über die Umwandlung, welche mit Cornelia vor sich gegangen, glücklicher, als Caecilia, Niemand betete inbrünstiger, als sie, daß der Herr das Werk vollende, welches seine Gnade begonnen. Sie mußte ja, mit wie vielen Fäden und Stricken von Jugend auf Cornelia an die Welt gebunden war, und wie schwer es für sie werden mußte, dieselben zu zerreißen. Ach, sie hatte so viel Ursache, zu befürchten, daß die Eindrücke, welche Blandina, ihr Martyrium und ihr Begräbniß auf die Freundin gemacht, im Wechsel der Zerstreuungen und Genüsse allmählich wieder verwischt werden möchten!

Allein jene Eindrücke waren doch zu tief gewesen, und zudem fügte die Vorsehung mancherlei äußere Umstände zusammen, um das Gebet der Martyrin an dieser Seele nicht verloren gehen zu lassen. Die Abreise ihres Mannes, so bitter Cornelia sich dadurch gekränkt fühlte, mußte erfolgen, um sie frei zu machen; unter den Philosophen mußte sie den Justinus zu Rathe ziehen, der kurz vorher zur Erkenntniß der Wahrheit gelangt war; durch ihn mußte sie den Ptolomaeus kennen lernen, den Priester, dessen ehrwürdige Erscheinung in Mitte seiner Waisenkinder für sie, wie für Justinus, der Führer auf dem Wege des Heiles sein sollte.

Seit dem Begräbnisse der Blandina in den Katakomben sahen sich Cornelia und Caecilia öfter, und waren sie bisher einander als Verwandte schon zugethan,

so knüpfte sich jetzt nach und nach zwischen Beiden ein
Band innigster und herzlichster Freundschaft. Wohl war
Caecilia um Jahre jünger; allein sie war eine Erwach=
sene im Glauben und christlichen Leben, neben welcher
Cornelia sich als Kind und Schülerin fühlte.[17] Wie oft
hatte Cornelia Grund, sich zu verwundern, wenn für
Einwürfe, die ihr unwiderleglich schienen, für Fragen,
welche sie mit all ihrem Nachdenken nicht zu beantworten
wußte, für Zweifel, welche sie Tage lang gequält hatten,
Caecilia mit wenigen schlichten Worten, kindlich einfach
und doch so klar und wahr und überzeugend den Aus=
weg und die Lösung zeigte.

Das Ende des Jahres stand vor der Thüre, als
eines Tages Caecilia mit freudestrahlendem Antlitze bei
Cornelia erschien.

„Freue Dich mit mir," rief sie, „in acht Tagen er=
halte ich den Schleier, der mich auf immer mit meinem
Bräutigam verbindet!"

„Bräutigam?" fragte Cornelia verwundert. „Und
Du hast nie mit Einem Worte zu mir von Deinem Ge=
liebten gesprochen? Das ist nicht artig von Dir. Aber
wer ist denn unter den Söhnen unseres Adels der Glück=
liche, der Dich heimführt?"

„Und ich habe für Dich," fuhr Caecilia fort, ohne
in ihrer Freude auf Cornelia's Frage zu achten, „die
Erlaubniß erwirkt, daß Du der Feier beiwohnen darfst."

„Dein Vater ist überaus gnädig," entgegnete Cor=
nelia, indem sich ihre Stirne unwillkürlich in Falten
legte, „daß er mir, der Verwandten, die Erlaubniß er=
theilt, Deiner Vermählung beiwohnen zu dürfen."

„Mein Vater?" fragte Caecilia, plötzlich ernster
werdend. „Ach, der weiß nichts davon; er hängt ja noch

zu sehr an seinen alten Göttern, und er würde mir schrecklich zürnen, wenn er es erführe."

„Deine Worte werden immer räthselhafter."

Caecilia legte einen Augenblick die Hand auf die Stirne und sprach:

„Verzeihe mir, wenn ich in meinem Glücke vergaß, daß Du noch nichts von jener seligsten Vereinigung weißt, welche bei uns Christen das Herz in höchster Liebe mit dem Liebenswürdigsten verbindet."

Cornelia schaute das Mädchen fragend mit großen Augen an; Caecilia aber fuhr fort:

„Schon längst gehörte mein Herz ganz meinem Gott und war ihm geweiht und verlobt; aber jetzt darf ich feierlich und öffentlich am Altare knieen, um durch heilige Gelübde in ewiger Jungfräulichkeit mich meinem Gott und Herrn zu vermählen."

Cornelia fiel von einem Staunen in das andere.

„So wirst Du nie heirathen?" rief sie. „Wie? Du bist die einzige Erbin; ich weiß, wie mancher unserer jungen Patrizier auf Dich sein Auge gerichtet hat; ja, ich könnte Dir den Namen des Bewerbers nennen, den Dein Vater bereits für Dich zum künftigen Gemahl erkor. Hast Du vergessen, welche Gewalt das römische Gesetz dem Vater über seine Tochter in die Hand gibt?"

„Der Engel Gottes," antwortete Caecilia mit leuchtendem Blicke, „behütet mich in treuer Obhut. O ja, mein himmlischer Bräutigam, Du wirst wachen, daß Herz und Leib unversehrt bleibe. Dein Evangelium trage ich auf meiner Brust, und von himmlischem Feuer ist meine Seele entzündet."*)

---

*) Aus dem Officium der heil. Caecilia: Angelum Dei habeo, qui nimio zelo custodit corpus meum .... Fiat, Domine,

„Aber, haſt Du auch bedacht, daß es dann unfehl=
bar bekannt werden muß, daß Du Chriſtin biſt?"

„Die Streiter Chriſti," antwortete Caecilia, „welche
die Werke der Finſterniß fliehen, ſind gerüſtet mit den
Waffen des Lichtes. Was könnte mir Glücklicheres wider=
fahren, als daß ich dem Kranze der Jungfränlichkeit den
Palmzweig des Martyriums hinzufügen dürfte?"

„Ich bin," entgegnete ernſt Cornelia, welche dieſe
Antwort nicht erwartet hatte, „wie eine Blinde, die eben
ſehend geworden." Eine neue Welt iſt ihr aufgegangen;
der Glanz der Sonne, die Pracht und Mannigfaltigkeit
der Farben und Geſtalten ſind ihr etwas ſo ganz Frem=
des, Unbekanntes, daß ihre bisherigen Begriffe gar nicht
ausreichen, ſie zu faſſen. — „Und wann wirſt Du dieſe
Deine Vermählung feiern?"

„Am Feſte der Erſcheinung des Herrn; es iſt der
Jahrestag, wo einſt ein wunderbares Himmelszeichen
Fürſten aus fernem Morgenlande nach Bethlehem führte,
dem neugebornen Himmelskönige ihre Gaben darzubringen.
An demſelben Tage wirkte der Herr ſein erſtes Wunder,
da er auf der Hochzeit zu Cana Waſſer in Wein ver=
wandelte. Ja, liebe Freundin, ja, das iſt der Tag, der
lang erſehnte, wo mein göttlicher Bräutigam mir den
Kelch voll berauſchenden Weines ſeiner Liebe reichen wird,
wo die Fürſten des Himmels nahen mit ihren Braut=
geſchenken, und Engelchöre Hochzeitslieder ſingen!"

Cornelia heftete ſchweigend ihre Augen auf Caecilia:
es war wie Wiederſchein des Paradieſes auf dem Ant=

cor meum et corpus meum immaculatum ... Evangelium
Christi gerebat in pectore... cor eius igne coelesti arde-
bat .... Eja milites Christi, abjicite opera tenebrarum
et induimini arma lucis.

lize heiliger Jungfräulichkeit, was von ihren Zügen, aus ihren Augen leuchtete. —

Die damalige Residenz der Päpste befand sich in dem Palaste, in welchem der Senator Pudens einst die Apostel= fürsten aufgenommen hatte. Pius I., der Vorgänger des jetzigen Papstes Anicetus, hatte die dortige Hausbasilika zur Titelkirche unter dem Namen titulus Pastoris erho= ben. Noch bewahrte man daselbst den hölzernen Altar, auf welchem der Apostelfürst die heiligen Geheimnisse ge= feiert hatte, und alle wichtigen Funktionen des Papstes, die feierliche Spendung der Taufe zu Ostern, die Weihe der Bischöfe und Priester und die Einkleidung der Jung= frauen wurden in der Regel hier vorgenommen. Die von Timotheus, einem der beiden Söhne des Pudens, im väterlichen Hause hergerichteten öffentlichen Bäder boten den Christen einen unverdächtigen Vorwand, sich dort zu versammeln. [18])

Die für die Einkleidung der Jungfrauen festgesetzten Feste waren in der alten Zeit vornehmlich das der Er= scheinung des Herrn, Ostern und das Fest der Apostel= fürsten. Auf ihre besondere Bitte hatte der Papst für Caecilia den ersteren Festtag zu ihrer Gelübde=Ablegung bestimmt: auch sie hatte Kenntniß von den Heirathspro= jekten ihres Vaters erhalten, und darum drängte es sie, in feierlicher Form vor Bischof und Geistlichkeit und An= gesichts der ganzen Kirche öffentlich zu geloben, was sie längst im Herzen Gott geopfert hatte.

Die gottgeweihten Jungfrauen hatten einen besonderen Ehrenplatz in der Nähe des Altares. Dort sehen wir zu der festgesetzten Stunde als Vorsitzerinnen Pudentiana und Praxedis, die Töchter des Senators Pudens, jetzt hochbe= tagte Greisinnen; — wie Manche hatten sie schon in ihre

Reihen aufgenommen, wie Manche mit dem Palmzweig des Martyriums aus ihrer Mitte scheiden sehen!

Schon der Ort, wie die ganze Versammlung machten auf Cornelia einen sehr günstigen Eindruck. Jedes Götter= bild fehlte. Der erhöhte Raum in dem halbkreisförmigen Ausbau der Apsis zeigte in der Mitte einen Thron, an welchen sich nach rechts und links Sitze anschlossen. Die Wand darüber war mit eigenthümlichen Darstellungen be= malt: ein Hirte in Mitte seiner Heerde, mit einem Lamm

auf seiner Schulter, Abbildung eines Gastmahls, bei wel= chem Brod und Fisch die Nahrung bildeten, ein Mann mit erhobenen Armen zwischen zwei Löwen u. dgl.

Waren alle diese Bilder für Cornelia dunkel, so doch am meisten die Darstellung des Mahles. Eine Anzahl von Personen saß dort an einer halbrunden Tafel, auf welcher

auf einer Schüssel zwei Fische lagen; daneben standen sie=
ben Körbe mit Brod. Wie kam denn diese profane Dar=
stellung einer Mahlzeit hieher, und zudem an die heiligste

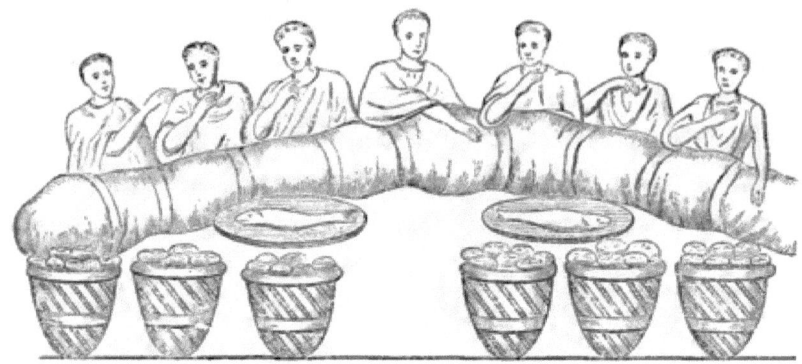

Stelle des Gotteshauses? Oder sollte hier irgend ein
Geheimniß des christlichen Kultes vergegenwärtigt sein?

Die Frauen hatten auf der rechten, die Männer
auf der linken Seite des großen Betsaales ihren Platz;
bei Allen sah Cornelia die gleiche ernste Sammlung.
Der Gesang, in welchem ein Vorsänger bald mit einem
kleinen Chor, bald mit der ganzen Gemeinde abwechselte,
hatte etwas ungemein Feierliches. Und was waren
das für ehrwürdige Gestalten, der greise Bischof und die
ihn umgebenden Priester!

Als Opfergabe sah Cornelia Brod und Wein auf den
Altar tragen; dann verhüllte man den Altar rings mit
Vorhängen, welche gänzlich den Priester umschlossen. Alle
genossen von der Opfergabe; aber mit einer solch beson=
deren Ehrfurcht empfing ein Jeder auf seinen Händen ein
Stücklein Brod und trank aus dem Kelche, den ihm ein
Altardiener darreichte, daß die Christen in dieser Opfer=
speise offenbar etwas ganz besonders Heiliges sehen muß=
ten. Blutige Opfer von Thieren wurden nicht dargebracht;
es war dazu auch keinerlei Vorrichtung vorhanden. [19])

So dunkel und geheimnißvoll in der Opferfeier Man=
ches für Cornelia war, so mächtig ergriff sie der Akt, in
welchem Caecilia sich ihrem Gott weihte. Einen Kranz
frischer Rosen in dem vollen, auf die Schultern niederwal=
lenden Haar, von Pudentiana und Praxedis geleitet, trat die
Jungfrau zum Thron des Bischofs, in Mitte der im
Halbkreise umherstehenden Priester. — Cornelia wunderte
sich über das ungemein hohe Lob, welches in seiner An=
sprache der Bischof den Jungfrauen spendete. Er nannte
sie Bräute Christi, dem Unsterblichen vermählt, Gefäße des
ewigen Wortes, die Blüthen am Baume der Kirche, den
edelsten Theil der Heerde Christi; sie seien Engel, dem Kö=
nige der Engel verlobt, der auf Erden, wie im Himmel,
Engel haben wollte, welche ihn anbeten. Darum sei auch
ihre Heimath der Himmel, und hienieden ihr Platz am
Altare, auf welchem das jungfräulichste Opfer dargebracht
werde. Er bezeichnete sie als den leuchtenden Beweis,
daß nur im Christenthum Gott in Wahrheit verehrt
werde. Endlich wies der Bischof auf die Königin der
Jungfrauen als deren helles Vorbild hin, auf die Mut=
ter Jesu, welche das Banner unversehrter Jungfräulich=
keit aufgepflanzt habe; Maria sei die Lehrerin, an welcher
sich die Schülerinen bilden sollten; sie sei ein Spiegel
der Jungfrauschaft, ihr Leben die Schule für Alle. [20])

Nunmehr folgte die Gelübdeablegung, die, ähnlich wie
bei der Taufe, durch eine Reihe von Fragen und Antworten
eingeleitet wurde. Und nun sah Cornelia, wie Caecilia
die Stufen des bischöflichen Thrones emporstieg, ... vor
dem Papste niederkniete, ... ihre Hand auf das Evange=
liumbuch legte und dann die Weiheformel sprach, durch welche
sie sich zu steter Bewahrung makelloser Jungfräulichkeit
ewig Gott verlobte. Sie schloß mit den Worten: „Sie

me Deus adjuvet et haec sancta Dei evangelia. So
helfe mir Gott und dies sein heiliges Evangelium!"

Das ganze Volk antwortete: „Amen", als hätte es
durch sein Zeugniß das Gelöbniß besiegeln wollen. Dann legte
der Bischof um Caecilia's Haupt einen einfachen Schleier,
der aus weißer Wolle gewebt und nur mit einem schmalen
Purpurstreifen besetzt war; er sprach dabei die Worte:

„Empfange den heiligen Schleier, meine Tochter, daß
Du ihn unbefleckt bringest vor den Richterstuhl unseres
Herrn Jesus Christus, vor welchem sich beugen die Knie
Aller im Himmel, auf Erden und unter der Erde; in
alle Ewigkeit."

„Amen!" antwortete wiederum die ganze Gemeinde.

Als die jetzt Gott auf immer Geweihte zu den Füßen
des Bischofs sich erhob und von dem Throne zurücktrat,
um zu ihrem Platze zurückzukehren, sah man sie plötzlich
ihre Arme ausbreiten und einige Augenblicke unbeweglich
dastehen, die Augen geschlossen, die Wangen in heiliger
Gluth geröthet. — — Cornelia drückte die gefalteten Hände
an ihre Lippen und starrte staunend auf das in Verzückung
dastehende Mädchen, bis Pudentiana und Praxedis, die
Aeltesten aus dem Chore der Jungfrauen, hinzu traten,
um Caecilia als eine der Ihrigen zu umarmen und ihr
den Friedenskuß zu geben. Das Gleiche thaten die übrigen Jungfrauen, während die Sänger einen Wechsel=
gesang anstimmten, dessen Text wie ein Hochzeitslied zur
Vermählung eines Königs mit einer Königin lautete. [21]

Cornelia war der ganzen Handlung mit gespanntester
Aufmerksamkeit gefolgt; Thränen der Rührung rollten über
ihre Wangen, als der Bischof den Schleier um das Haupt
Caecilia's legte; als die Jungfrau mit erhobenen Armen
in Verzückung dastand, war sie ihr wie eine himmlische

Erscheinung vorgekommen. — Damals, als ihre jugend-
liche Freundin ihr zuerst von dem Gelübde gesprochen,
hatte Cornelia an eine Weihe gedacht, ähnlich, wie sie bei
den zum Dienste der Göttin Vesta erkorenen vestalischen
Jungfrauen üblich war: wie unvergleichlich erhabener und
heiliger war das, was sie heute sah! Sie konnte Caecilia
nur mit einer gewissen Ehrfurcht anschauen. Hatte sie früher
bei Besuchen stets zum Abschiede dem Mädchen einen Kuß
auf die Stirne gedrückt, so wagte sie fortan das nicht mehr
zu thun; es wäre ihr wie eine Entheiligung vorgekommen,
da ihr der himmlische Bräutigam auf diese Stirne den
Kuß seiner göttlichen Liebe gedrückt zu haben schien.

Wenn der Bischof die Jungfräulichkeit als den schla-
gendsten Beweis bezeichnet hatte, daß die wahre Gottes-
verehrung nur im Christenthume zu finden, so war ihr
dies Anfangs als eine kühne Behauptung erschienen; bei
längerem Nachdenken mußte Cornelia dem Satze zustim-
men: eine Blandina, eine Caecilia waren Blumen, die
der Boden des Heidenthums nicht hervorzubringen vermochte; die konnten nur an dem lebendigen Quell der
Gnade und Wahrheit, nicht in dürrer Wüste ersprießen.

Der Tag der Einkleidung Caecilia's[22]) überzeugte
Cornelia unerschütterlich von der Göttlichkeit des Christenthums.

„Sage mir doch, mein süßes Kind,“ sprach Cornelia,
als sie einige Tage später Caecilia besuchte und mit ihr
über die Feier und den Eindruck redete, den dieselbe auf
sie gemacht, „sage mir doch, wenn Du es darfst, was war
es, was Dich so bewegte, als Du nach Empfang des
Schleiers auf einige Augenblicke unbeweglich dastandest?“

Caecilia erröthete und schwieg; aber Cornelia drang
nun mit so zärtlicher Zudringlichkeit in ihre Freundin,

daß die Jungfrau endlich der Bitte nachgab, nachdem Cornelia ihr ewiges Schweigen versprochen.

„Ich weiß nicht," sprach sie, „was es war; aber ich sah plötzlich in einem weiten Garten einen unbeschreiblich ehrwürdigen Greis in der Kleidung eines Hirten, der mir freundlich winkte, zu ihm zu kommen. Rings um ihn stand eine große Schaar, Alle in leuchtenden Gewändern, und sangen zu der Musik verschiedener Instrumente Lieder von entzückender Harmonie und Süßigkeit. Als ich mich nun dem Greise in tiefster Ehrfurcht nähern wollte, traten eiligst zwei Jünglinge auf mich zu und sprachen: „Nimm uns mit zu ihm!" Sofort aber kam ein Engel, der vor mir die Beiden zu dem Greise geleitete. Dieser überreichte Jedem einen Palmzweig und befahl ihnen, gleichsam als Brautführer jetzt auch mich zu ihm zu führen. Ich empfing eine Rose und eine Lilie, von unaussprechlichem Dufte, und dann drückte der Greis einen Kuß auf meine Stirne und sprach: Filia, pax tecum, meine Tochter, Friede sei mit Dir!"²³)

Caecilia schwieg, und auch Cornelia schwieg, Beide in Nachdenken versunken.

„Und kanntest Du die beiden Jünglinge?" fragte nach einer Pause Cornelia.

„Ich glaube," antwortete Caecilia ruhig; es waren die beiden Brüder Valerianus und Tiburtius, die manchmal unser Haus besuchen und von denen mein Vater den einen mir zum Gemahl bestimmt haben soll. Allein Beide hassen das Christenthum, und ich verstehe nicht, ..."

Caecilia sprach ihren Gedanken nicht aus; in Cornelia's Auge aber perlte eine Thräne: — was anders konnte das Gesicht bedeuten, als daß alle Drei zum Mar=tyrium berufen seien?

Siebentes Kapitel.

Die Entscheidung.

———

Wenn es die rauhe Witterung des Winters eben gestattete, wanderte Justinus täglich nach dem Clivus Cinnae hinaus, um im Umgange mit Ptolomaeus sich tiefer in die Wahrheiten des Christenthums einführen zu lassen. Derselbe hatte ihn schon in den ersten Tagen zu dem damaligen Bischofe von Rom, Anicetus, geführt, und dieser hatte ihn sofort in die Zahl der Katechumenen aufgenommen und ihm den Empfang der heiligen Taufe für das nächste Oster= fest in Aussicht gestellt. In seinem heiligen Eifer begann Justinus nun aber auch sofort, durch mehrere Schriften sowohl die Thorheiten des Heidenthums und die Irr= thümer der Philosophen, als auch die Verblendung des Judenthums offen anzugreifen und die Lehren des Chri= stenthums darzulegen. Ein Theil dieser Schriften ist auf uns gekommen; sie haben ihrem Verfasser für alle Zeiten den Titel eines Kirchenvaters erworben. Justinus wußte sehr wohl, daß er dadurch den Haß aller Feinde des christlichen Namens gegen sich herausforderte; allein konnte ihm etwas Herrlicheres zu Theil werden, als die Gnade, seinen Glauben mit seinem Blute besiegeln zu dürfen?

26*

Er, wie Ptolomaeus, erschienen häufig im Hause der Cornelia; denn diese fand in der Abwesenheit ihres Gemahls einen erwünschten Vorwand, sich von den öffentlichen Vergnügungen und aus der hohen Gesellschaft zurückzuziehen, um den Winter über still und einsam für sich zu leben. Die von einer Freundin in Alexandria ihr von Zeit zu Zeit gesandten Briefe bestätigten nur zu sehr ihre Voraussicht, daß ihr Gatte sich dort den ausschweifendsten Genüssen ergeben habe; dies bestärkte sie in dem Gedanken, je eher je lieber die Bande zu zerreißen, welche vor der Oeffentlichkeit sie noch an ihn fesselten. Hatte sie sich aber durch gesetzliche Ehescheidung vollkommen frei gemacht, dann war auch der Weg zum offenen Bekenntnisse des Christenthums für sie geebnet. Wohl war Cornelia jetzt allmählich- in ihrem Gemüthe ruhiger geworden; sie verdankte es dem Priester Ptolomaeus, der einstweilen ihr nur zwei Dinge auferlegt hatte: Gebet und Unterricht in den christlichen Heilswahrheiten. Allein sie fühlte es doch immer lebhafter, sie kam zu keinem Frieden, bis sie nicht den entscheidenden Schritt gethan; — mochte dann daraus folgen, was da wolle. Sie konnte unmöglich immer vor der Thüre des Heiligthums stehen bleiben, wo ein fester, entschlossener Griff genügte, sie zu öffnen.

Die Entscheidung wurde durch ein besonderes Ereigniß beschleunigt.

Der dicke Crescens würde die Beleidigung, welche Justinus ihm im Triclinium des Caecilianus angethan, vergessen haben, wenn er es nicht auf Rechnung einer Klatscherei geschrieben hätte, daß Cornelia ihn seitdem nicht mehr zur Tafel geladen, während Justinus jetzt ein oft und gern gesehener Besuch in ihrem Hause war. Wie hätte Crescens ihm das vergessen und verzeihen können!

Die erste Schrift, welche Justinus gegen die Heiden und die falschen Philosophen veröffentlichte, reichte freilich aus, ihren Verfasser als Christen in die Hand des Henkers zu liefern. Allein unter Marc Aurel waren delatores oder Anzeiger, die unter früheren Kaisern so entsetzlich viel Unheil angerichtet und so manchen der Edelsten und Besten in den Tod gebracht, durch das öffentliche Urtheil gerichtet; Crescens wäre von Niemand mehr zu Tische geladen worden, wenn er diese Infamie auf sich geladen hätte. Er suchte daher einstweilen weiteres Material zu sammeln und möglichst viel Nachtheiliges über Justinus auszuforschen, und das führte ihn zu höchst überraschenden Entdeckungen.

Da war zunächst das Asyl der Waisen auf dem Clivus Cinnae. Die Kinder sahen alle so gesund und blühend aus: — konnte es einem Zweifel unterliegen, daß dieselben für die schauerlichen Mahlzeiten der Christen gemästet wurden?[21] Dem Crescens war dies um so unzweifelhafter, als er herausfand, daß Ptolomaeus ein Priester der Christen sei.

Die Besuche desselben mit Justinus im Hause der Cornelia, verschiedene andere Umstände, vor allem ihre zurückgezogene Lebensweise, legten, so unglaublich es schien, die Vermuthung nahe, daß die fromme Philosophin sich von den Beiden habe umgarnen lassen, um, von ihrem Manne unbehelligt, bei den Mysterien der Christen einen Buhlen zu finden. Welche Rücksichten brauchte Crescens gegen das Weib zu nehmen, das ihn nicht mehr zur Tafel lud?

Caecilianus erhielt eines Tages, es war zu Anfang April, zwei Briefe aus Rom. Der eine war die amtliche Mittheilung des Stadtpräfekten, daß Cornelia gegen ihn auf Ehescheidung geklagt habe; der andere war ein Schrei-

ben des Crescens, seine Gattin habe sich durch zwei orienta=
lische Schwindler, einen gewissen Ptolomaeus und den ihm
ja bekannten Philosophen Justinus, zum Uebertritt in
die verworfene Sekte der Christen verführen lassen.

Von Wuth entbrannt, bestieg Caecilianus sofort das
nächste Schiff, welches aus Alexandria nach Rom fuhr.
Sobald er angekommen, suchte er den Crescens auf und
ließ sich von ihm möglichst genaue Einzelheiten mitthei=
len; mit diesen Waffen versehen, eilte er zum Stadtprä=
fekten Urbicus, um der Scheidungsklage seines Weibes
die Scheidungsklage seinerseits, weil sie Christin ge=
worden sei und dadurch ihre Standesehre be=
fleckt habe, entgegen zu stellen.

Urbicus kannte Cornelia seit ihrer Kindheit als eine
ebenso lebensfrohe, wie geistreiche und edelgesinnte Dame,
und so zweifelte er keinen Augenblick, daß die Anklage
gegen sie eine durchaus grundlose sei. Um so lebhafter
griff er die weitere Angabe von dem Kinderasyl des
Priesters Ptolomaeus auf. Das war eine Entdeckung von
höchster Wichtigkeit, und Urbicus war ganz der Mann,
um mit erbarmungsloser Härte das Verbrechen zu strafen,
dem er hier auf die Spur gekommen zu sein glaubte.

Um den Prozeß nicht zu verwickelt zu machen, mußte
Caecilianus auf Weisung des Präfekten seine Klage auf
die zwei zunächst betheiligten, auf Cornelia und den Christen=
priester Ptolomaeus, der sie zu der Sekte hinübergelockt
haben sollte, beschränken. Von Justinus, der in der Sache
eine Nebenrolle gespielt, wurde einstweilen abgesehen.

Urbicus hielt sich verpflichtet, dem Kaiser über die
ganze Sache Bericht zu erstatten; er beschloß jedoch, zu=
vor privatim Cornelia in's Verhör zu nehmen, um die

Anschuldigung, sie sei Christin geworden, als eine von
der Rache diktirte Verleumdung zu erweisen, wie er noch
immer fest glaubte, — oder doch durch ernstliche Vor=
stellungen die Verirrte zur Einsicht zu bringen.

Cornelia erblaßte, als der Präfekt nach einer lan=
gen Einleitung mit der Ursache seines Besuches heraus=
rückte; allein sie faßte sich bald und sprach:

„Ich würde auf die Anschuldigung des sehr edlen und
tugendhaften Caecilianus die Antwort geben können: Ich
bin keine Christin. — Ich bin's noch nicht; allein diese
Stunde macht mich dazu. Wisse, daß keine Ueber=
redung und keine Gewalt mich dazu vermögen wird, je
wieder den Göttern, euern Göttern, zu opfern.“

„Aber,“ rief der Präfekt aus, „wie kannst Du, edle
Cornelia, als Sprößling eines so alten Geschlechtes, mit
Deinen Talenten, Du, welche Rom bisher als Muster
jeder weiblichen Tugend bewunderte, Dich zu einer Ge=
sellschaft bekennen, welche nach der allgemeinen Annahme
die schrecklichsten Greuel begeht?“

„Ich habe das früher auch geglaubt, mein vortreff=
licher Urbicus; allein ich kenne jetzt die Lehren des Chri=
stenthums, und ich versichere und betheuere Dir, dem
Präfekten von Rom: all' dies Gerede ist grundlose Ver=
leumdung; die Lehren aber, zu denen ich mich mit vollem
Herzen bekenne, stehen unendlich erhaben über allen phi=
losophischen Systemen.“

Urbicus dachte an das Asyl auf dem Monte Mario.

„Das ist ja,“ antwortete er finster, „das Dämonische,
daß Denjenigen, welche noch Adepten sind, ein gewisses
Tugendbild vorgegaukelt wird: erst wenn sie in die

Mysterien eingeweiht und durch fürchterliche Eide zum
Schweigen verpflichtet worden, dann fällt der Vorhang."

„Nein, nein!" rief Cornelia; „ich könnte Dir Christen
nennen, die es seit Jahren und von Kindheit an sind, und
die auch Du als Muster der herrlichsten Tugenden bewun=
dern würdest. Erinnerst Du Dich," fuhr sie tief bewegt
fort, „jener Sklavin im Amphitheater, die von den Bestien
verschont wurde? Ich habe sie im Kerker besucht, ich habe
sie kennen gelernt; o, wenn Du wüßtest, welch` edle Blume
Du gebrochen hast, als Du, grausamer denn die wilden
Thiere, sie zum Tode verurtheiltest! — Du sagst, Rom habe
mich bisher als Muster jeder weiblichen Tugend bewundert:
in der Finsterniß seiner Vorurtheile sieht Rom die leuch=
tenden Sterne wahrer Tugend nicht, die an seinem Him=
mel aufgegangen sind. Du redest von meiner Geburt,
von meinen Talenten: wie gering schätze ich diese Güter
gegen das Glück, die Wahrheit gefunden zu haben!"

Urbicus erhob sich: er sah, daß hier alle Kunst der
Beredtsamkeit ohnmächtig war. Eingedenk jedoch der frühe=
ren freundschaftlichen Beziehungen gab er scheidend Cor=
nelia den Rath, sich noch heute in einem Bittgesuche an
den Kaiser zu wenden, um erst ihre Vermögensverhält=
nisse ordnen zu dürfen, ehe sie auf Grund der Anklage
ihres Mannes vor Gericht geladen werde.*)

An demselben Tage erschienen Häscher in dem Land=
hause auf dem Monte Mario, schlugen den Ptolomaeus in
Fesseln und führten sämmtliche Kinder, sowie den Pfört=
ner und die ganze Dienerschaft nach Rom, wo sie unter
strengster Aufsicht eingesperrt wurden.

---

*) So berichtet Justinus. Libello oblato postulavit, ut prius
sibi domui suae prospicere liceret; deinde domesticis rebus
compositis responsuram se accusationi.

„Wie?" rief der Kaiser auf das höchste verwundert aus, als Urbicus ihm Bericht erstattete, „Cornelia soll eine Christin sein? Gibt es denn eine ehrenwerthere Dame in ganz Rom, als sie? — Der Aerger über das wüste Leben ihres brutalen Gatten muß ihren Geist verwirrt haben. Die unsterblichen Götter sollen mich behüten, das Werkzeug gemeiner Rache in der Hand eines Wüstlings zu sein! Ich will, daß in dem Ehescheidungs-Prozesse die Frage nach der Religion in keiner Weise berührt werde. — Was jedoch jenen Priester angeht, so biete Alles auf, die Kinder und die Dienerschaft zu Geständnissen zu bringen, und verfahre gegen die Schuldigen nach der ganzen Strenge der Gesetze!" [25])

Am nächsten Morgen, — nach einer schlaflosen Nacht, beschied Marc Aurel den Furius Arulenus Rusticus, seinen ehemaligen Lehrer und vertrautesten Rathgeber, zu sich. Nachdem er ihn durch die heiligsten Eide bei den Göttern der Ober- und Unterwelt zu unverbrüchlichem Schweigen verpflichtet, sandte er ihn zu Cornelia — mit einem ebenso folgenschweren, als geheimen Auftrage. — —

Cornelia hatte sofort, als der Präfekt sie verlassen, zu dem Bischofe Anicetus geschickt, hatte sich ihm zu Füßen geworfen und, nachdem sie ihm Alles erzählt, ihn beschworen, sie durch die Taufe in die Kirche aufzunehmen.

Das heilige Osterfest stand vor der Thüre, und da der Papst durch Ptolomaeus wiederholt über Cornelia und ihre religiöse Entwickelung Berichte erhalten, so trug er kein Bedenken, auch ohne Katechumenat ihr zu dem bevorstehenden Feste die Aufnahme in die Kirche zu versprechen.

Die Unterredung, welche am nächsten Morgen Rusticus im Namen des Kaisers mit Cornelia hatte, dauerte lange, sehr lange; allein vergebens bot der Senator alle

Künste seiner Beredtsamkeit auf, um seinem Herrn die erwünschte Antwort bringen zu können.

„Weißt Du," sprach er endlich unmuthig, „daß noch nie einem Weibe ein solcher Antrag geworden? Gemahlin des göttlichen Kaisers Marcus Aurelius! Ganz Rom wird frohlocken, wenn er das Weib, das wie ein böser Dämon an seiner Seite ist, verstößt, und Rom wird noch mehr frohlocken, wenn die edle Cornelia in den Palast der Cäsaren einzieht. Gab es," fuhr Rusticus mit Wärme fort, „je einen edleren Charakter, eine vollkommenere Tugend, einen größeren Adel des Geistes, als Du ihn bei dem göttlichen Marcus bewunderst? Und kann ein Sterblicher, können selbst die Götter Größeres und Herrlicheres bieten, als neben einem solchen Gatten Kaiserin auf dem Throne der Imperatoren zu sein?"

„Vor einem halben Jahre," entgegnete Cornelia tief bewegt, „wäre diese Botschaft des edelsten und größten unter allen Herrschern das höchste Glück meines Lebens gewesen. Heute kann ich nicht die Krone ewiger Glorie mit einem Diadem vertauschen, das der Tod mir unerbittlich und auf immer vom Haupte reißen wird."

„Ich gebe Dir bis zum Abende Bedenkzeit."

„Die Bedingung, daß ich meinen Glauben verleugne, gestattet mir kein Bedenken. Ich kann, wenn Gott mir die Gnade gibt, als Martyrin für die Wahrheit sterben; aber sie verlassen und verleugnen, das kann und darf ich nicht, auch nicht um jenen höchsten Preis, den Du mir bietest. Sage dem Kaiser," fuhr Cornelia, auf's tiefste bewegt, mit zitternder Stimme fort, „sage ihm, daß ich für ihn beten werde bis zu meinem letzten Athemzuge, auf daß Gott ihn segne, ihn erleuchte und seine Tugenden mit reichstem Lohne vergelte."

„Nun," sprach Rusticus, indem er sich voll Unmuth
erhob, „wenn denn auch, wie Du behauptest, die Anschul=
digungen unwahr sein mögen, die im Volke über die
Laster der Christen im Umlaufe sind, dann hat es aber
nie eine verderblichere Schwärmerei gegeben; und diese
Sekte muß über wahrhaft dämonische Zaubermittel ver=
fügen, um einen Geist bethören und umnachten zu können,
dessen Glanz bisher ganz Rom bewundert hat."

Mit diesen Worten verabschiedete sich Rusticus.

Als Cornelia allein war, warf sie sich auf die Kniee
und bedeckte das Gesicht mit beiden Händen. — Woher
hatte sie den Muth und die Kraft zu solchem Opfer ge=
schöpft? — Sie begriff sich selber nicht. Es war ihr, als
ob eine unsichtbare Macht ihr jedes Wort in den Mund
gegeben hätte.

Cornelia ahnte nicht, daß in dieser entscheidungs=
vollen Stunde ein Engel des Lichtes an ihrer Seite ge=
standen, — Blandina, die jungfräuliche Martyrin.

Das Verhör, welches der Stadtpräfekt Urbicus noch
an demselben Tage zunächst mit den Kindern vornahm,
führte zu keinem Resultat. Die an jedes einzeln ge=
stellte Frage, ob nicht dann und wann eines aus ihrer
Mitte verschwunden sei, wurde ebenso verneint, wie die
weitere Frage, ob nicht von Zeit zu Zeit Männer und
Frauen in größerer Zahl Nachts das Haus besucht hätten.
Was immer der Stadtpräfekt aufbieten mochte, Schmeiche=
leien und Drohungen, Süßigkeiten und Schläge, er
brachte aus den Kindern nichts Anderes heraus, als daß
ihre Eltern für ihren Glauben gestorben seien, daß auch
sie Christen seien, und daß sie ihren Vater Ptolomaeus
von ganzem Herzen liebten.

Auch das Verhör der Sklaven und Sklavinnen, wo=
bei selbst die schärfste Folter in Anwendung gebracht
wurde, ergab nichts, als die einmüthige Erklärung: bei
uns wird nichts Böses gethan.

Urbicus war sehr enttäuscht; er hatte so sicher dar=
auf gerechnet, einen der Schlupfwinkel der Christen zu
entdecken, wo sie ihre gräßlichen Mahlzeiten feierten.

Statt aber nun auch milder über Ptolomaeus zu
denken, mußte gerade dieser seinen Aerger über die Nutz=
losigkeit des Verhörs und seine Enttäuschung büßen.

Zu der Gerichtssitzung hatte sich, wie immer, eine
große Menge neugieriger Zuschauer eingefunden; auch eine
Schaar Christen fehlte nicht, und unter ihnen befand sich
außer Justinus der Priester Lucius. Er war als Jüng=
ling durch Ptolomaeus zum Christenthum bekehrt worden,
und verehrte ihn daher wie seinen Vater.

Crescens war auf heute Abend von Caecilianus zur
Tafel geladen; was hätte besser seinen Appetit reizen kön=
nen, der übrigens stets bärenmäßig groß war, als eine Ge=
richtsscene und die Hinrichtung eines Christen? Zudem aber
vermuthete er, daß Justinus sich einfinden werde, und wenn
es ihn ärgerte, daß der Stadtpräfekt die Anklage gegen den=
selben aus dem Prozesse des Caecilianus gestrichen, so fand
sich ja vielleicht jetzt in der Gerichtsverhandlung eine Ge=
legenheit, ihn trotzdem vor die Schranken zu liefern.

Nachdem Urbicus sammt seinen Beisitzern ihre Plätze
eingenommen und die Lictoren mit Ruthenbündel und
Beil sich zu beiden Seiten aufgestellt, wurde Ptolomaeus
vorgeführt.

Nach den gewöhnlichen Vorfragen über Herkunft und Lebensstellung richtete der Präsident sofort an ihn die entscheidende Frage:*)

„Bist Du ein Christ?“

„Wenn man Etwas ableugnet,“ antwortete der Greis, „so thut man es entweder, weil man die Sache für seiner unwürdig hält, oder weil man sich der Sache für unwürdig erachtet. Keines von Beiden thut der wahre Christ, wo es sich um seinen Glauben handelt.“

„So bist Du also ein Christ?“

„Du sagst es.“

Auf diese Erklärung hin fällte Urbicus ohne Weiteres sofort das Urtheil und überwies den Angeklagten den Lictoren zur Hinrichtung.

In diesem Augenblicke erscholl aus der Menge der Zuruf:

„Hat dieser Greis etwa Ehebruch, oder Todtschlag, oder Diebstahl, oder sonst ein Verbrechen begangen? Wie kannst Du ihn denn auf den bloßen Namen eines Christen hin zum Tode verdammen? Das ist ein Urtheil, Urbicus, welches weder des Kaisers, noch des Philosophen, noch des erlauchten Senates würdig ist!“

Es war Lucius, der, von Unmuth über eine solche Verurtheilung seines geliebten Lehrers fortgerissen, die Worte an den Präfekten gerichtet hatte.

Der Vorwurf reizte den Urbicus. Er faßte den Sprecher scharf in’s Auge und sprach nach einigen Augenblicken:

„Auch Du scheinst mir zu dieser Klasse von Menschen zu gehören.“

„Allerdings!“ antwortete Lucius.

---

*) Das Folgende ist dem Berichte des hl. Justinus in seiner zweiten Apologie entnommen.

„Lictoren, ergreift auch ihn!"

„Ich danke Dir," entgegnete der Verurtheilte, „daß Du mich von so ungerechten Herren befreiest und mich zu meinem himmlischen Vater und Könige gehen lässest."

„Der Justinus dort ist auch ein Christ!" brüllte auf einmal Crescens, der die Gelegenheit dieser raschen Procedur sich nicht entgehen lassen wollte, seinen Gegner zu verderben.

In der That erhob sich der Stadtpräfekt und suchte mit seinem Blicke den Angeschuldigten; aber nun ertönte eine andere Stimme:

„Ist es schon so weit gekommen, Urbicus, daß jeder Elende seinen Feind bei Dir des christlichen Namens anklagen kann, um ihn den Lictoren in die Hände zu liefern?"

Ein Gemurmel des Beifalls aus der Menge gab dem Sprecher Recht; der Stadtpräfekt aber, dadurch noch mehr aufgeregt, ließ den Mann vorführen und sprach:

„Du wenigstens bist von Niemand angezeigt worden; allein gestehe es nur, daß auch Du ein Christ bist."

„Jawohl, ich bin es."

„So verurtheile ich auch Dich zum Tode."

„Deo gratias!"*)

Als nun die Lictoren auch ihn ergriffen und nebst den beiden Andern fesselten, erhob' sich ein lautes Murren unter den Umstehenden.

„Ich bin kein Christ," sprach ein Mann aus dem Volke, der neben Crescens stand, „aber wenn dieses Mast=schwein hier nur sein ungewaschenes Maul aufsperren darf, um Jemand in die Gewalt der Lictoren zu liefern,

---

*) Den Namen dieses dritten Bekenners hat uns Justinus nicht aufbewahrt.

dann ist unter dem gerechtesten aller Kaiser die Gerech=
tigkeit aus Rom zu den Scythen ausgewandert."

Dieses Wort rettete den Justinus.

„Wo ist der delator, wo ist der Angeber?" scholl es
aus der Menge.

„Schaut Euch diesen aufgedunsenen Kuchen an!" rief
jener Mann, indem er die Umstehenden zurückschob und so
den Crescens isolirte; „der Lump ist keine drei Feigen werth,
und will einen anständigen Bürger in's Unglück stürzen?"

„Hinaus mit dem Speckgesicht!" schrie die Menge, und
Crescens, der sich Hals über Kopf beeilte, sich aus dem
Staube zu machen, konnte nur unter den Püffen und Stößen
und dem Gejohle des Volkes den Ausgang gewinnen.

„Puh!" stöhnte er, als er glücklich in's Freie gelangt
war, und wischte sich, nach Luft schnappend, den Schweiß
von dem fettgemästeten Gesichte. „Grobes Gesindel das!
. . . . Die Schufte hätten mich wie eine Citrone ausge=
preßt, wenn ich nicht so behende gewesen wäre . . . . .
Aber jeden Stoß soll Justinus, dieser gemeine Wicht, mit
seinem Blute bezahlen!" —

In der folgenden Nacht sah man ein Leichenbegängniß
die appische Straße hinausziehen; es waren drei Todte,
welche die vespilones auf Bahren zu ihrer letzten Ruhe=
stätte in das Coemeterium trugen. Die fossores hatten
für alle drei eine gemeinschaftliche Gruft in der Wand
einer Grabkammer hergerichtet; neben Caecilia wohnten
Cornelia und Justinus der Bestattung ihres Lehrers und
seiner beiden Gefährten bei. Auf Cornelia's Bitten wurde
später über dem Grabe der Martyrer die Geschichte der
drei babylonischen Jünglinge gemalt, die sich weigern, das
goldene Bild des Königs Nabuchodonosor anzubeten, eine

Darstellung auf einem Sarkophag zu Mailand.

Scene, die uns zumal auf den Skulpturen der Sarkophage wiederholt begegnet.

Zwei Tage nach der Bestattung der Martyrer reichte
Justinus bei dem römischen Senate seine Apologie oder
Vertheidigungsschrift für die Christen ein, welche mit den
Worten beginnt:

„Was in euerer Stadt, ihr Römer, unter Urbicus
gestern und vorgestern geschehen, und was in ähnlicher
Weise allenthalben von den Richtern wider jede Billig-
keit geschieht, zwingt mich, für euch diese Abhandlung zu
schreiben.“

Nachdem er dann, ohne Cornelia's und ihres Gemahls Namen zu nennen, über die Ehescheidung und die
dadurch veranlaßte Hinrichtung der drei Martyrer berichtet, vertheidigt er die Lehre und den Wandel der Christen
und bittet am Schlusse den Senat, die Schrift zu ver-
öffentlichen, damit die Römer in ihrer Unkenntniß be-
lehrt, — Leute aber, welche an den ihnen zur Last gelegten
Schändlichkeiten unschuldig sind, nicht wieder ohne Weiteres zum Tode verurtheilt werden.

Wenn der Kaiser bald darauf eine genaue Unter=
suchung anordnete, wenn er den Urbicus wegen seines
scharfen Vorgehens tadelte, und durch ein eigenes
Edikt Jeden zum Tode verurtheilte, welcher
einen Christen seines Glaubens wegen vor Ge=
richt beschuldigte,²⁶) so schrieben die Christen dies der
Apologie des Justinus zu. Den wahren Grund hätte
— Rusticus ihnen angeben können.

Unter denen, welche am nächsten Osterfeste durch den
Bischof Anicetus die hl. Taufe empfingen, waren auch
Justinus und Cornelia. Beide hatten den Frieden ge=
funden, den der Philosoph in den Irrgängen mensch=
lichen Wissens, den die Weltdame im Glanze der Ehren
und des Reichthums vergebens gesucht.

Anmerkungen.

1) Den Stoff zu der folgenden Erzählung hat uns der hl. Justinus, Philosoph und Martyrer, in seiner zweiten Apologie geliefert. Das Martyrium der hl. Blandina und ihrer Genossen, die unter Marc Aurel starben, ist nur von Lyon nach Rom verlegt worden; der authentische Bericht darüber ist uns in dem gleichzeitigen Sendschreiben der Kirche zu Lyon an die Schwesterkirchen in Asien erhalten. Die in der Erzählung auftretenden Personen sind sämmtlich historisch.

2) Der Kaiser war am 26. April 121 geboren.

3) Es war des Marc Aurel Bruder und Mitkaiser, jenem durchaus unähnlich und ein vollendeter Lebemann.

4) Die Römer speisten, liegend auf Polstern, welche in Form des griechischen C (Sigma) im Halbkreis den Tisch umgaben; die Frauen aber saßen auf sellae, und ebenso die Kinder, denen niedere Sitzplätze angewiesen waren. Jeder Tisch war für je fünf bis neun Personen bestimmt; die Eckplätze des Halbkreises waren die Ehrenplätze. (S. Näheres Marquardt, Röm. Privat-alterth. I., 305 f.) — Auf den Gemälden der Katakomben findet

man seit ältester Zeit Darstellungen von Mahlzeiten, als Sinnbilder des himmlischen Hochzeitsmahles, zu welchem der Verstorbene eingegangen, das aber sein Vorbild wie sein Unterpfand
in dem eucharistischen Mahle des hl. Altarssakramentes hat.
Daher besteht auch auf allen diesen Darstellungen die Speise in
Brod und in jenem geheimnißvollen „Fisch", welcher das Symbol Christi war, den wir in dem consekrirten Brode empfangen.
Vgl. S. 398 die Abbildung eines Gemäldes aus den Katakomben des Callistus aus dem Anfange des III. Jahrhunderts, und
des hier gegebenen aus dem Coemeterium Ostrianum.

5) Dieses Mitnehmen von Leckerbissen war eine weit verbreitete
Unsitte; selbst die Servietten wurden gestohlen. (Vgl. Becker,
Gallus III., 274.) Um so viel davon zu tragen, daß es zur
Sättigung eines Vielfraßes ausreiche, dazu mußte man aller-
dings ein Crescens sein.

6) So war es Brauch bei den Hinrichtungen; ein solcher titulus
war auch die über dem Kreuze des Erlösers angeheftete Inschrift.
(Vgl. Kraus, Real-Encykl. II., 869.)

7) „Bonum lotum", das war der Ruf, unter welchem nach den Martyrerakten der hh. Perpetua und Felicitas der Pöbel von Carthago das Blut der Bekenner fließen sah.

8) Daß die wilden Thiere die heil. Blandina verschonten, worauf man die Bekennerin wieder in den Kerker zurückbrachte, sagen uns ausdrücklich ihre Akten, und Aehnliches wird uns wieder= holt von andern Martyrern berichtet. Schon im Briefe des Apostelschülers Ignatius an die Römer ist davon die Rede. Er bittet die Gläubigen, durch ihr Gebet doch nicht zu verhindern, daß die Bestien ihn tödten; ja, wenn dieselben ihn sollten scho= nen wollen, so werde er sie reizen. „Ich beschwöre euch, erweist mir doch kein unzeitiges Wohlwollen! Lasset mich eine Speise der wilden Thiere werden, damit ich durch sie Gott erlange. Ich bin ein Getreide Gottes und muß durch die Zähne der Bestien gemahlen werden, damit ich als reines Brod Christi erfunden werde. Stachelt vielmehr die Bestien an, daß sie mir zum Grabe werden und daß sie nichts von meinem Körper übrig lassen, damit ich Niemand, wenn ich entschlafen bin, Mühe mache. . . . . O, daß ich doch die für mich bestimmten Thiere erlangte, die es, wie ich sehnlichst wünsche, schnell mit mir machen, und die ich reizen will, daß sie mich rasch zerreißen und es nicht thun, wie bei Einigen, die sie scheuten anzurühren (non ut quosdam veritae non tetigerunt). Wenn sie sich aber sträuben und nicht wollen, will ich sie zwingen. Verzeiht mir; ich weiß, was mir gut ist."

9) Aus Psalm 31.

10) Wie seit den ältesten Zeiten Rom als die höchste Lehrerin des Glaubens angesehen, und wie die römische Gemeinde mit ihren Nachfolgern Petri selbst von Bischöfen aus den fernsten Gegenden aufgesucht wurde, lehrt u. a. die von ihm selbst verfaßte griechische Grabschrift des Bischofs Abercius von Hierapolis, der um das Jahr 200 lebte. Er erkennt es als eine unmittelbare göttliche Fügung, daß er nach Rom kam, und aus seinen Worten klingt noch die heilige Begeisterung wieder, mit welcher ihn die Heilig= thümer und die lebendigen Heiligen der Stadt erfüllt hatten: Qui Romam me misit urbem regiam contemplaturum visurumque reginam aurea stola, aureis calceis decoram: ibique vidi populum splendido sigillo insignem. (Vgl. de Rossi, Inscript. II, 1; XVII.)

11) Das vatikanische Coemeterium ist von Anfang an keine Kata= kombe, d. h. kein aus unterirdischen Gängen und Grabkammern bestehender Friedhof gewesen, da der dortige Sandboden eine

folche Anlage unmöglich machte. Es war vielmehr ein Friedhof
zu ebener Erde, am Südabhange des vatikanischen Hügels, ober=
halb der Heerstraße, die zwischen dem Hügel und dem Circus des
Nero hinführte. Das ursprüngliche, gewiß sehr bescheidene Grab
des heiligen Petrus hatte schon durch seinen dritten Nachfolger
Anacletus eine würdigere Ausstattung erhalten, indem derselbe
ein Grabgebäude aufführte (memoriam construxit), welches
in einer Art Kellerraum (Hypogeum) die Ruhestätte Petri
und seiner nächsten Nachfolger umschloß, darüber aber die cella
memoriae oder eine Kapelle hatte, wo sich die Gläubigen zur
Feier des Jahresgedächtnisses versammelten. An dieses Grabmal
schloß sich ein Grundstück, eine area, wahrscheinlich mit einer
Mauer eingefaßt, wo die Leichen anderer Gläubigen bestattet
wurden. Dieser vatikanische Friedhof ist schon unter Constantin
zerstört worden, als derselbe über dem Grabe des Apostelfürsten
seine prachtvolle Basilika baute; es haben sich aber von dort
noch einige Inschriften und Sarkophage erhalten, die dem zweiten
und dritten Jahrhundert angehören. Besonders merkwürdig,
zumal wegen der eingeritzten symbolischen Figuren, ist der
Sarkophag der Livia Primitiva, mit dem Bilde des guten
Hirten in der Mitte und dem Anker und dem Fisch auf beiden
Seiten. Alle drei Symbole gehören gerade dem ältesten christ=
lichen Bilderkreise an. —

LIVIA NICARVS
LIVIAE PRIMITIVAE
SORORI   FECIT
Q. V. AN. XXIIII. MVIIII.

Der Grabstein der LICINIA AMIAS hat zwei zu einem Anker
schwimmende Fische, und darunter die griechische Inschrift IXΘYC,

ZΩNTΩN, Fiſch der Lebenden, und einen Siegeskranz. Be=
kanntlich galt den alten Chriſten der Fiſch als Geheimſymbol

Chriſti, weil das griechiſche Wort für Fiſch, *IXΘYC*, in ſeinen
fünf Buchſtaben die Anfangsbuchſtaben der Worte enthielt:
Jeſus Chriſtus Gottes Sohn Erlöſer. Dadurch werden
die Darſtellungen auf den beiden Grabmonumenten in ihrem
Zuſammenhange verſtändlich. Unſere Hoffnung (Anker) hier auf
Erden beruht auf Jeſus Chriſtus, dem Sohne Gottes und unſerm
Erlöſer, daß er uns nach den Kämpfen dieſes Lebens als der
gute Hirt zu den Auen des Paradieſes und zu der Siegeskrone
ewiger Herrlichkeit emportrage. — Gehören dieſe beiden Monu=
mente der älteſten chriſtlichen Zeit an, ſo ſtammt aus dem vati=
kaniſchen Coemeterium auch noch ein mit Skulpturen verſehener
Sarkophag, vorkonſtantiniſcher Zeit, in welchem die Eltern des
Saturnius und Muſa ihren Sohn beiſetzten. (Bosio, Roma
sotterr. p. 95.) Auf der einen Seite der Inſchrifttafel ſteht der
gute Hirt, gegenüber auf der andern Seite eine Orante oder
betende Frau zwiſchen Bäumen, auf denen wir Vögel erblicken.
Es iſt der Himmelsgarten, in welchen die Seele durch die Gnade
des guten Hirten eingegangen iſt.

Als man im Jahre 1626 die Fundamente für den ehernen
Baldachin über dem Hochaltare (der confessio) in St. Peter
ausgrub, machte man die merkwürdige Entdeckung, daß ſich zu
beiden Seiten der apoſtoliſchen Gruft heidniſche Gräber befanden.
Ganz daſſelbe fand ſich auch, als in St. Paul nach dem Brande
von 1823 der neue Baldachin über dem Grabe des Völkerapoſtels

errichtet werden sollte; dort standen die Aschenkrüge noch unversehrt in den Nischen eines Columbarium's. Die alten Römer
begruben ihre Todten die Landstraßen entlang, und so haben
Christen auf ihren Besitzungen im Vatikan und an der Straße
nach Ostia die beiden Apostel in der Reihe mit anderen Todten
beigesetzt. In der Friedenszeit zwischen Nero und Domitian ist
dann für sie eine würdigere Grabstätte erbaut worden, allerdings
immer noch klein und bescheiden, bis Constantin seine Basiliken
über den Gebeinen der Apostel errichtete. Daß erst Constantin
die Reliquien Petri und Pauli an ihren jetzigen Ruhestätten beigesetzt hätte, ist eine durch nichts zu beweisende Annahme, der
die Zeugnisse der Monumente widersprechen.

12) Die ersten Christen waren eifrigst bemüht, sich in den Besitz der
Ueberreste der Martyrer zu setzen, welche im Amphitheater von
den wilden Thieren getödtet worden waren. Die älteste Nachricht
darüber haben wir in den Akten des Apostelschülers Ignatius,
der zu Rom im Colosseum den Löwen vorgeworfen wurde. Nur
die härteren Knochen waren von den Bestien übrig gelassen, und
die von Antiochien mit dem Bekenner Christi nach Rom gekommenen
Gläubigen sammelten dieselben und übertrugen sie als einen
unbezahlbaren Schatz in die Heimath. Solae duriores san-
ctarum eius reliquiarum partes relictae sunt, quae Antio-
chiam delatae sunt et in sudario depositae, thesaurus
sane inaestimabilis ad Martyris gratiam ecclesiae
relictus. Wir sehen daraus, wie alt die Reliquien-Verehr-
ung ist.

13) Die Kirche der heil. Caecilia in Trastevere erhebt sich an der
Stelle ihres ehemaligen Palastes, sei es, daß sie selber vor ihrem
Martertode den Gläubigen das Haus zum Gottesdienste schenkte,
sei es, daß ein Christ es vom Fiskus kaufte und es dann der
Kirche als Eigenthum überwies. Reste des ehemaligen Bade-
gemaches, in welchem Caecilia den Martertod erlitt, sind noch
erhalten. Sie starb wenige Jahre nach den in unserer Erzählung behandelten Ereignissen, noch unter der Regierung des Marc
Aurel, wahrscheinlich 177, und fand ihr Grab in den Katakomben von San Callisto an der appischen Straße. Im Jahre
821 übertrug Papst Paschalis, nachdem er jene Kirche von Grund
aus neu gebaut, ihre Leiche aus den Katakomben hierher und
setzte sie unter dem Hochaltar bei. Ihre ursprüngliche Grabkammer, die wir nachstehend wiedergeben, bildet, zumal an ihrem
Festtage, das Ziel frommer Pilger aus Nah und Fern. Das
an ihre Kirche stoßende Kloster ist seit Jahrhunderten die heilige
Stätte gottgeweihter Jungfrauen.

14) Die Verfügung des Concils von Jerusalem (A. G. 13) war bis dahin wenigstens in manchen Gegenden noch in Kraft.

15) Die beiden nachstehenden Bilder geben eine Vorstellung von der Form der Gräber in den Katakomben. Das eine zeigt uns ein mit drei Ziegelplatten durch Kalkbewurf verschlossenes, das andere ein geöffnetes Grab. Die häufig in den Kalk eingefügten Gefäße und Krüglein dienten wahrscheinlich zur Aufnahme von stark riechenden Essenzen, durch welche der Verwesungsgeruch in den Gängen und Grabkammern der Katakomben niedergeschlagen werden sollte.

16) So unbedenklich der Priester dem philosophisch gebildeten Manne die heilige Schrift in die Hand geben konnte, um ihm zudem Das, was er nicht verstand, nachher zu erklären, so vorsichtig ist die Kirche stets gewesen, die Bibel ohne Erläuterung den Ungebildeten anzuvertrauen; aber auch seit den ältesten Zeiten haben Bischöfe und Priester es als ihre besondere Pflicht erachtet, mündlich und schriftlich in ihren Homilien und Commentaren dem christlichen Volke die heilige Schrift zu erklären.

17) In der alten Zeit nannte man die Neugetauften, auch wenn sie in späterem Alter das Sakrament empfingen, pueri und infantuli Knäblein und Säuglinge, und diese Benennung kommt auch  wiederholt auf Grabsteinen vor. Eine Inschrift vom Jahre 406 nennt einen puer Helias argentarius, einen Silberschmied, der in seinem 35. Jahre getauft worden war. Auf einem andern Grabstein eines im 37. Jahre Verstorbenen heißt es: decessit de seclum puer Victorinus, qui vixit annus XXXVII. (Vergl. de Rossi, Inscript. I. p. 103 und 236.) — Darstellungen der Taufe finden sich wiederholt in den Katakomben, zumal in S. Callisto in den sog. Sakramentenkapellen aus dem Anfange des III. Jahrhunderts. Das alttestamentalische Vorbild der Taufe sah man in den Juden in der Wüste, denen Moyses aus dem Felsen das Wasser schlug, ihren Durst zu löschen, später auch im Durchzug der Israeliten durch das rothe Meer.

18) Die Kirche von Santa Pudenziana gehört zu den ältesten Titelkirchen Rom's; noch heute erkennt man den Umbau aus einem antiken Gebäude, sowohl auf der Rückseite, als in der jüngst ausgegrabenen Unterkirche. Das Mosaik der Apsis aus dem Jahre 398, eines der herrlichsten, welche Rom besitzt, stellt Christus

im Kreise der Apostel sitzend dar, hinter ihnen Pudentiana und ihre Schwester Praxedis. Die linke Seitenkapelle, in deren Altar ein Stück des Holzaltars Petri aufbewahrt wird, hat noch antike Mosaikflur; ein ehemaliges Wandgemälde aus dem 4. Jahrhundert zeigte Petrus als Lehrer sitzend in Mitte von Lämmern.

19) Zu dem Folgenden vergleiche die Abhandlung von Wilpert: Die gottgeweihten Jungfrauen in den ersten vier christlichen Jahrhunderten. (Herder, Freiburg.)

20) Lauter Wendungen und Ausdrücke der Väter, in welchen sie den Glanz und den Vorzug der Jungfrauschaft mit unerschöpflicher Beredtsamkeit preisen.

21) Es war der 44. Psalm, der bei der Einkleidung der Jungfrauen gesungen wurde.

22) Die Einkleidung einer christlichen Jungfrau findet sich dargestellt auf einem Wandgemälde im Coemeterium der heil. Priscilla, wo neben dem auf dem Throne sitzenden Bischof die Jungfrau, den Schleier in der Hand, abgebildet ist. Gegenüber ist, als

Vorbild der gottgeweihten Jungfrau, Maria dargestellt. Das vortreffliche Gemälde stammt noch aus der ältesten Zeit. Eine spätere Darstellung aus dem Coemeterium der Cyriaca zeigt uns die klugen und die thörichten Jungfrauen neben dem Heilande, jene mit erhobener und brennender, diese mit erloschener, gesenkter Fackel.

23) Vergleiche die ähnliche Vision in den Akten der hh. Perpetua und Felicitas. (Ruinart. I., p. 207 seq.)

24) Die Verleumdungen, die nach Angabe des h. Justinus aus der Synagoge ihren Anfang nahmen, richteten sich theils gegen den Glauben, theils gegen die Sitten der Christen. In ersterer Beziehung wurden sie als Atheisten angeklagt, in letzterer Hinsicht legte man ihnen die schrecklichsten Dinge zur Last. Justinus redet davon in seinem Dialog mit dem Juden Tryphon. (Cap. 10.) Man behauptete, die Christen schlachteten in ihren Versammlungen Kinder, um deren Fleisch zu essen; dann würden die Lichter ausgelöscht und die schändlichsten Sünden begangen. Die erstere Anklage hatte offenbar ihren Grund in der Lehre von der heil. Kommunion. („Wer mein Fleisch ißt und mein Blut trinkt".) So galten die Christen als Menschen ohne Religion und ohne Moral, als der Abschaum der Gesellschaft, deren Laster und Verbrechen den Zorn der Götter herausforderten, und die daher Schuld an allem öffentlichen Unglück seien. Wenn die Tiber austrat, oder Krankheiten wütheten, oder die römischen Heere geschlagen wurden, so mußten jedesmal die Christen dies büßen. Umsonst verfaßten die christlichen Apologeten ihre Vertheidigungsschriften, vergebens betheuerten die Martyrer unter den gräßlichsten Folterqualen, daß bei den Christen nichts Sündhaftes gethan werde; die Ueberzeugung blieb und fand wieder und wieder in den blutigsten Verfolgungen ihren Ausdruck. (Vgl. Kraus, Encycl. II, 938.)

25) Der heil. Justinus beklagt sich ausdrücklich, daß man Kinder und Sklaven dahin zu bringen gesucht habe, als Ankläger gegen die Christen aufzutreten: Rapuerunt etiam ad tormenta nostrorum servos, partim pueros, partim mulierculas, ac horrendis cruciatibus fabulosa illa facinora proferre coegerunt.

26) Vergl. de Rossi, Bull. 1867, pag. 5.

Zu dem Bilde auf S. 362.

Eine altchristliche Lampe aus Bronze als Schifflein der Kirche, am Steuerruder Petrus, vorne Paulus predigend. Die Lampe scheint als Geschenk, vielleicht am Tage der Taufe, bestimmt gewesen zu sein, wie man aus der Inschrift auf der Tafel des Mastbaumes schließen darf: „Dominus legem dat Valerio Severo. Eutropi vivas! Der Herr gibt das Gesetz dem Valerius Severus. Eutropius lebe!“ — Das Leben als Seefahrt aufzufassen, ist eine den alten Christen sehr geläufige Vorstellung; nicht selten ist der Namenszug des Herrn, also Christus, als das Ziel der Fahrt, neben dem Schiffe abgebildet. In gleicher Weise bedeutet auf dem nachstehenden Grab= stein der Firmia Victoria der Leuchtthurm „das wahrhaftige Licht“, das auf der Lebensfahrt als endliches, seliges Ziel vorleuchtet.

Inhalts-Verzeichniß.

		Seite
Vorwort zur ersten Auflage	. . . .	3
Vorwort zur zweiten Auflage	. . . .	5

Kranz und Krone.

Erstes Kapitel. Die priscilianische Villa	. . . .	9
Zweites Kapitel. Der Brand Rom's	. . . .	23
Drittes Kapitel. Vor dem Sturme	. . . .	38
Viertes Kapitel. In Nero's Gärten	. . . .	53
Fünftes Kapitel. Nach dem Festspiele	. . . .	67
Sechstes Kapitel. Frohe Hoffnungen	. . . .	80
Siebentes Kapitel. Der königliche Gast	. . . .	91
Achtes Kapitel. Auf der priscilianischen Villa	. .	106
Anmerkungen	. . . . . .	121

Domitian.

Erstes Kapitel. Die Tempelsteuer	. . . .	133
Zweites Kapitel. Der Kaiser	. . . .	145
Drittes Kapitel. Die Thronerben	. . .	157
Viertes Kapitel. Die Kalenden des Januar	. .	166
Fünftes Kapitel. Die Judensteuer	. . . .	178
Sechstes Kapitel. Schlangen	. . . .	188
Siebentes Kapitel. Die Würfel	. . . .	201
Achtes Kapitel. Das Osterfest	. . . .	211
Neuntes Kapitel. Die ersten Opfer	. . . .	225
Zehntes Kapitel. Die Entdeckung	. . . .	238
Elftes Kapitel. Zum Castrum der Prätorianer	. .	249
Zwölftes Kapitel. Der Abend	. . . .	259
Dreizehntes Kapitel. Die Nacht	. . . .	270
Vierzehntes Kapitel. Der Morgen	. . . .	280
Fünfzehntes Kapitel. Die Entscheidung	. . .	289
Anmerkungen	. . . . . .	300

Welt und Weisheit.

	Seite
Erstes Kapitel. Das Mahl	321
Zweites Kapitel. Die Festspiele	335
Drittes Kapitel. Der Unbekannte	350
Viertes Kapitel. Die Martyrin	363
Fünftes Kapitel. Bergauf	381
Sechstes Kapitel. Die Verlobte	392
Siebentes Kapitel. Die Entscheidung	403
Anmerkungen	418